Le procès de Laurent Gbagbo
devant la Cour pénale internationale

Collection
JUSTICE INTERNATIONALE
Dirigée par Joseph Bemba

La collection "Justice internationale" des Editions L'Harmattan se fixe avant tout pour but d'être un témoin privilégié de l'évolution de la justice internationale et les sujets connexes dans un monde marqué par le passage presque inespéré de la mondialisation des injustices à l'émergence d'une mondialisation de la justice. Elle est une contribution au devoir de mémoire auquel est tenue l'humanité entière, singulièrement depuis l'entrée en fonction de la Cour pénale internationale, le 1er juillet 2002.

Pour la première fois dans l'histoire de l'humanité, un nouveau système juridictionnel permet d'appliquer le droit international à des personnes physiques incluant les plus hauts responsables politiques et militaires qui se sont rendus coupables des crimes les plus graves (crimes de guerre, crimes contre l'humanité, crime de génocide, crime d'agression, autres violations graves du droit international humanitaire) et ce, indépendamment du bon vouloir des Etats concernés. On mesure le chemin parcouru depuis Nuremberg et Tokyo et celui qui reste à parcourir pour promouvoir la démocratie, les droits de l'homme et les libertés fondamentales, les droits de ces victimes qui doivent enfin pouvoir obtenir justice et laisser à nos enfants et petits enfants un monde nouveau où s'appliquera la règle du droit et de la justice. Ainsi le 21ème siècle sera le siècle de la Justice internationale.

Dans cette perspective, la collection "Justice internationale", qui concerne l'ensemble des juridictions internationales pénales et non pénales, y compris les juridictions régionales et les tribunaux spéciaux établis ou parrainés par les Nations Unies, est ouverte à toutes les approches du droit. Tout en publiant aussi des ouvrages à vocation professionnelle ou pédagogique, elle est susceptible de rassembler des recherches originales tirées notamment des travaux de doctorat, des ouvrages collectifs et entend faire une place importante au commentaire des décisions de la justice internationale, au règlement des différends par l'arbitrage international ainsi qu'aux contributions mettant l'accent sur l'apport de la Francophonie dans la lutte contre l'impunité.

Le but fondamental de la collection est d'informer sur l'évolution de la Justice internationale et les sujets connexes et de contribuer, par ses publications, à ce que la Justice internationale devienne une justice au quotidien.

Déjà parus

Statistiques(s) et génocide au Rwanda – La genèse d'un système de catégorisation « génocidaire », Facil Tesfaye, 2014. Prix "Faculty Research Award for Junior Tenure Track Professoriate Staff" de la faculté des Arts de l'Université de Hong Kong, 2015

Joseph Bemba

Le procès de Laurent Gbagbo devant la Cour pénale internationale

L'Harmattan

Le procureur de la Cour pénale internationale – Une évaluation de son indépendance, Fanfan Guerilus, 2013

L'effectivité du droit à l'éducation au Sénégal – Le cas des enfants talibés dans les écoles coraniques, Sophie D'Aoust, Préface de Patrice Meyer-Bisch, 2012

La protection des droits de l'accusé devant la Cour pénale internationale, Séraphine Tergalise Nga Essomba - Préface d'Annie Beziz-Ayache, 2012. Prix de l'Association des consultants internationaux en Droits de l'homme – CID, mai 2012. Prix de la thèse Droits de l'homme 2013 – Edition Robert Badinter

L'outrage aux tribunaux pénaux internationaux, Julie Pétré - Préface du professeur Hervé Ascensio, 2012

Côte d'Ivoire – Quelques réflexions d'ordre juridique, Joseph Bemba, 2011

Le recours à l'arbitrage par les organisations internationales, Stéphanie Bellier - Avant-propos d'Ahmed Mahiou, 2011

La convention des Nations Unies sur le droit de la mer – Instrument de régulation des relations internationales par le droit, Leslie-Anne Duvic-Paoli – Préface de Guillaume Devin, 2011

Dictionnaire de la justice internationale, de la paix et du développement durable - Principaux termes et expressions (2ème édition revue et complétée), Joseph Bemba, 2011

Le Canada face au terrorisme international, Emilie Grenier - Préface du Professeur Bernard Duhaime, 2011

Vers la création d'une prison internationale – L'exécution des peines prononcées par les juridictions pénales internationales, Evelise Plénet - Préface du Professeur Jean-Charles Froment, Avant-propos de Koffi Kumelio A. Afande, 2010

La Cour pénale internationale et les Etats-Unis - Une analyse juridique du différend, Mayeul Hiéramente, 2008

Justice internationale et liberté d'expression – Les médias face aux crimes internationaux, Joseph Bemba – Préface de Loïc Hervouët, 2008

Monnaie africaine – La question de la zone franc en Afrique centrale, Dominique Kounkou - Préface du Professeur Edmond Jouve, 2008

Dictionnaire de la justice internationale, de la paix et du développement, 1ère édition, Joseph Bemba, 2004

La profession d'avocat dans l'espace francophone – Principaux textes et documents, Joseph Bemba, 2004

5-7, rue de l'Ecole-Polytechnique, 75005 Paris

http://www.harmattan.fr
diffusion.harmattan@wanadoo.fr
harmattan1@wanadoo.fr

ISBN : 978-2-343-08719-1
EAN : 9782343087191

INTRODUCTION

Laurent Gbagbo

Le 23 novembre 2011, la Chambre préliminaire III de la Cour pénale internationale (CPI) a émis un mandat d'arrêt à l'encontre de Laurent Gbagbo, ex-président de la Côte d'Ivoire. Sur la base de preuves recueillies lors de l'enquête du Procureur, la Chambre a considéré qu'il y avait des motifs raisonnables de croire que Laurent Gbagbo aurait engagé sa responsabilité pénale individuelle, en tant que coauteur indirect, au sens de l'article 25-3-a du Statut de la CPI (Statut de Rome), pour quatre chefs de crimes contre l'humanité à raison de meurtres, de viols et d'autres violences sexuelles, d'actes de persécution et d'autres actes inhumains, qui auraient été perpétrés, dans le contexte des violences postélectorales survenues sur le territoire de la Côte d'Ivoire entre le 16 décembre 2010 et le 12 avril 2011. Le 30 novembre 2011, en exécution de ce mandat d'arrêt, Laurent Gbagbo a été transféré au quartier pénitentiaire de la CPI à La Haye, au Pays-Bas, par les autorités ivoiriennes.

L'audience de comparution initiale s'est tenue le lundi 05 décembre 2011 devant la Chambre préliminaire III. La date d'ouverture de l'audience de confirmation des charges a été initialement fixée au 18 juin 2012, puis reportée au 13 août 2012 et finalement au mardi 19 février 2013 devant la Chambre préliminaire I à 14h30 (heure locale de La Haye). Ouverte le 19 février 2013, l'audience de confirmation des charges a pris fin le 28 février 2013. L'Accusation et la Défense y ont présenté leurs éléments de preuve. Les représentants légaux des victimes ont également eu la possibilité de présenter des déclarations liminaires et de clôture.

Le 3 juin 2013, la Chambre préliminaire I a, à la majorité, la juge Fernández de Gurmendi étant en désaccord, ajourné l'audience de confirmation des charges et demandé au Procureur d'envisager d'apporter des éléments de preuve supplémentaires ou de procéder à de nouvelles enquêtes relativement aux charges portées contre Laurent Gbagbo, conformément à l'article 61-7-c-i du Statut. La Chambre a estimé que, dans l'ensemble, les preuves produites par le Procureur, bien qu'insuffisantes en apparence, ne semblaient pas manquer à ce point de pertinence et de valeur probante qu'elle n'avait d'autre choix que de refuser de confirmer les charges.

Au-delà de l'explication relative à son approche des éléments de preuve, la Chambre a également proposé au Procureur d'envisager d'apporter plus d'informations ou de mener de nouvelles enquêtes sur des points tels que les activités de tous les groupes armés opposés aux « forces pro-Gbagbo » dans Abidjan et alentour entre novembre 2010 et mai 2011, la structure organisationnelle des « forces pro-Gbagbo » et son évolution pendant la période considérée, et les allégations de violences sexuelles.

Pour décider d'ajourner l'audience de confirmation des charges, la Chambre a pris en considération les effets qu'aurait sa décision sur le droit de Laurent Gbagbo à « être jugé sans retard excessif ». Elle a estimé que, compte tenu des particularités de cette affaire et de la procédure prescrite par le Statut, permettre au Procureur de communiquer des éléments de preuve supplémentaires ou de mener de nouvelles enquêtes pour une durée limitée ne porterait pas indûment atteinte à ce droit. La Chambre préliminaire I a établi un nouveau calendrier de procédure, fixant notamment les dates auxquelles le Procureur, la Défense et les victimes participant à la procédure devaient communiquer leurs éléments de preuve et leurs écritures. Le Procureur devait ainsi communiquer tout élément de preuve supplémentaire qu'il souhaitait utiliser dans le cadre de la confirmation des charges et présenter un nouveau document indiquant les charges le 15 novembre 2013 au plus tard. La Défense avait quant à elle jusqu'au 16 décembre 2013 pour présenter ses observations sur les éléments de preuve du Procureur et communiquer ses propres éléments de preuve supplémentaires. Les participants avaient ensuite la possibilité de déposer leurs conclusions finales.

La juge Fernández de Gurmendi a joint une opinion dissidente à la décision d'ajourner l'audience de confirmation des charges. Elle a considéré que la décision d'ajournement, telle que formulée, supposait une interprétation du rôle de la Chambre préliminaire, de la norme d'administration de la preuve applicable à la confirmation des charges et du droit matériel et procédural applicable, interprétation qu'elle ne partageait pas. Elle était également en désaccord avec les termes spécifiques de la demande faite au Procureur[1].

Le 11 juin 2013, le Bureau du Procureur a décidé de demander l'autorisation de faire appel de la décision d'ajournement de l'audience de confirmation des charges. Dans un communiqué de presse du même jour, le Procureur déclarait :

« Mon Bureau a soigneusement examiné la décision dans laquelle deux des trois juges de la Chambre préliminaire de la CPI ont reporté l'audience de

---

[1] Communiqué de presse du 03/06/2013 : *La Chambre préliminaire I ajourne l'audience de confirmation des charges et demande au Procureur d'envisager d'apporter des éléments de preuve supplémentaires ou de procéder à de nouvelles enquêtes*. ICC-CPI-20130603-PR915. Situation : Côte d'Ivoire. Affaire : *Le Procureur c. Laurent Gbagbo*. Source : http://www.icc-cpi.int/fr

confirmation des charges dans l'affaire Laurent Gbagbo. Nous avons décidé de demander l'autorisation d'interjeter appel en ce qui concerne trois points : a) le niveau de la preuve applicable au stade de la procédure de confirmation des charges ; b) la question de savoir si chacun des événements qui sous-tendent les éléments contextuels des crimes contre l'humanité doit être établi selon le niveau de la preuve prévu à l'article 61-7 du Statut ; et c) la question de savoir si la Chambre préliminaire peut ordonner à l'Accusation de modifier les éléments factuels sur lesquels reposent ses accusations.

En attendant, M. Gbagbo reste placé en détention. Nous poursuivons notre enquête en Côte d'Ivoire et nous sommes disposés à présenter des éléments de preuve supplémentaires au moment opportun de la procédure.

Pour mon Bureau, il est capital que tout un chacun comprenne que l'impartialité et l'indépendance sont au cœur de la CPI en tant qu'institution judiciaire. Nous poursuivrons nos enquêtes, au nom de toutes les victimes, quelle que soit leur origine ethnique ou leur appartenance politique. Les Ivoiriens doivent garder leur sang-froid et avoir confiance dans la justice qui suivra son cours »[2].

Le 16 décembre 2013, la Chambre d'appel a rejeté l'appel de l'Accusation et confirmé la décision sur l'ajournement de l'audience de confirmation des charges. Le 13 janvier 2014, le Procureur a déposé le document amendé contenant les charges et la liste modifiée des éléments de preuve, qui fournissent des éléments de preuve supplémentaires et font suite à l'enquête menée par le Procureur à l'égard de tous les faits, conformément à la

---

[2] Communiqué de presse du 11/06/2013 : *Déclaration du Bureau du Procureur à propos de l'audience de confirmation des charges dans l'affaire Laurent Gbagbo.* Source : Bureau du Procureur - http://www.icc-cpi.int/fr

décision rendue par la Chambre préliminaire le 3 juin 2013.

Par sa décision en date du 12 juin 2014, la Chambre préliminaire I de la Cour pénale internationale, composée de Mme la juge Silvia Fernández de Gurmendi, juge président, M. le juge Hans-Peter Kaul et de Mme la juge Christine Van den Wyngaert, a confirmé, à la majorité, les quatre charges de crimes contre l'humanité à raison de meurtre, viol, autres actes inhumains ou tentative de meurtre, persécution, portées contre Laurent Gbagbo et l'a renvoyé devant une Chambre de première instance, en l'occurrence la Chambre de première instance I, pour y être jugé sur la base des charges confirmées. La juge Christine Van den Wyngaert a joint une opinion dissidente à cette décision[3].

Le 29 juillet 2014, la Défense a déposé une demande d'autorisation d'interjeter appel de la décision relative à la confirmation des charges. Cette demande ayant été rejetée le 11 septembre 2014, la décision confirmant les charges est devenue définitive.

Charles Blé Goudé

Né le 1er janvier 1972 à Niagbrahio, en Côte d'Ivoire, ex-chef des jeunes patriotes (mouvement pro-Gbagbo), nommé par Laurent Gbagbo Ministre de la jeunesse, de la formation professionnelle et de l'emploi en décembre 2010, Charles Blé Goudé a été remis à la CPI le 22 mars 2014 par les autorités de la Côte d'Ivoire suite à un mandat d'arrêt délivré par la CPI le 21 décembre 2011. L'audience de confirmation des charges a eu lieu du 29 septembre au 2 octobre 2014 devant la Chambre préliminaire I. Le 11

---

[3] CPI-Chambre préliminaire I : Décision relative à la confirmation des charges portées contre Laurent Gbagbo. Original : anglais N° : ICC-02/11-01/11. Date : 12 juin 2014 (Version publique expurgée).

décembre 2014, la Chambre a confirmé quatre charges de crimes contre l'humanité à l'encontre de l'intéressé et l'a renvoyé en procès devant une chambre de première instance. La Chambre préliminaire I a conclu qu'il existe des preuves suffisantes donnant des motifs substantiels de croire que Charles Blé Goudé serait pénalement responsable de quatre chefs de crimes contre l'humanité que constituent le meurtre, le viol, les autres actes inhumains ou – à titre subsidiaire – la tentative de meurtre, et la persécution perpétrés à Abidjan, en Côte d'Ivoire, entre le 16 décembre 2010 et le 12 avril 2011 ou vers cette date. Il s'agit des mêmes chefs de crimes contre l'humanité que ceux reprochés à Laurent Gbagbo et dans le même ordre.

Le 20 décembre 2014, la Présidence de la Cour pénale internationale a renvoyé l'affaire *Le Procureur c. Charles Blé Goudé* devant la Chambre de première instance I. C'est la même Chambre que celle chargée de juger l'affaire *Gbagbo*[4].

Jonction des affaires concernant Laurent Gbagbo et Charles Blé Goudé

Le 11 mars 2015, la Chambre de première instance I de la Cour pénale internationale a fait droit à la demande du Procureur de joindre les affaires concernant Laurent Gbagbo et Charles Blé Goudé, afin d'assurer l'efficacité et la rapidité de la procédure. La Chambre a annulé la date du début du procès dans l'affaire Gbagbo, initialement

---

[4] Communiqué de presse : 22/12/2014. *La Présidence de la CPI renvoie l'affaire Blé Goudé devant la Chambre de première instance* I. ICC-CPI-20141222-PR1079. Situation : Côte d'Ivoire.
Affaire : *Le Procureur c. Charles Blé Goudé*, Source : http://www.icc-cpi.int/fr_menus/icc/press%20and%20media/press%20releases/Pages/pr1079.aspx

prévue pour le 7 juillet 2015, et a prévu une conférence de mise en état le 21 avril 2015 à 09h30 afin d'examiner les questions de procédure liées au procès. Elle a noté que les charges confirmées contre Laurent Gbagbo et Charles Blé Goudé découlent des mêmes allégations, à savoir des crimes qui auraient été commis au cours de quatre mêmes incidents, par les mêmes auteurs directs, qui ont ciblé les mêmes victimes parce qu'elles étaient perçues comme étant des partisans d'Alassane Ouattara. Elle a également noté que, bien que leur participation et / ou contribution présumée à la conception et la mise en œuvre du projet ou objectif commun ne sont pas les mêmes, les conduites de M. Gbagbo et M. Blé Goudé, comme allégué dans les décisions de confirmation des charges, sont néanmoins étroitement liées. La Chambre a expliqué que, selon le Procureur, les éléments de preuve qui ont été ou qui seront divulgués et présentés dans les deux affaires sont en grande partie les mêmes.

Après avoir examiné les écritures et les observations de l'Accusation, des équipes de la Défense des deux accusés et des représentants légaux des victimes, la Chambre a conclu qu'un procès conjoint est adéquat pour garantir des procédures équitables et rapides ; que la jonction des affaires Gbagbo et Blé Goudé servirait l'intérêt de la justice en évitant la duplication d'un important corpus de preuves qui sera présenté à la Chambre, et en assurant la cohérence dans la présentation et l'évaluation des éléments de preuve ; que la jonction des affaires permettrait une meilleure utilisation des ressources de la Cour et de réduire l'exposition des témoins et des difficultés liées, qui, autrement, pourraient avoir à témoigner à deux reprises ; que des procès distincts ne sont pas nécessaires pour s'assurer que les accusés ne subiront aucun préjudice grave.

Enfin, la Chambre a désigné M. le juge Geoffrey Henderson en tant que juge président et en tant que juge unique aux fins de la préparation du procès dans l'affaire jointe ICC-02/11-01/15 *Le Procureur c. Laurent Gbagbo et Charles Blé Goudé.* Suite à la prestation de serment des juges élus à la Cour pénale internationale le 10 mars 2015 et l'élection de la Présidence de la CPI, le 11 mars 2015, la Présidence a affecté les juges aux trois sections judiciaires. Elle a également constitué les différentes Chambres et leur a affecté les situations et affaires dont la Cour est saisie. Ainsi, la Présidence a recomposé la Chambre de première instance I chargée de juger l'affaire ICC-02/11-01/15 *Le Procureur c. Laurent Gbagbo et Charles Blé Goudé* comme suit : Mme la juge Olga Herrera Carbuccia (République dominicaine), M. le juge Geoffrey A. Henderson, juge président (Trinité-et-Tobago), M. le juge Bertram Schmitt (Allemagne)[5].

Toutefois, le juge allemand Bertram Schmitt a été déchargé de ses fonctions de juge au sein de la Chambre de première instance I, en vertu de l'article 41(1) du Statut

---

[5]*La Chambre de première instance I de la CPI joint les affaires concernant Laurent Gbagbo et Charles Blé Goudé.* Communiqué de presse :
11/03/2015. ICC-CPI-20150311-PR1097. Source : http://www.icc-cpi.int/fr_menus/icc/press%20and%20media/press%20releases/Pages/pr1097.aspx. Voir aussi : *Jonction des procès de Gbagbo et Blé Goudé : La Cpi donne des explications.* Fadi El Abdallah, Porte-parole de la Cour pénale internationale (Cpi). Publié le dimanche 15 mars 2015 | Soir Info.
Source :
http://news.abidjan.net/h/528774.html ; *La Présidence de la CPI procède à l'affectation des juges aux sections judiciaires et aux Chambres.* Communiqué de presse CPI : 19/03/2015, ICC-CPI-20150319-PR1100. Source :
http://www.icc-cpi.int/fr_menus/icc/press%20and%20media/press%20releases/Pages/pr1100.aspx.

de Rome et de la règle 33(1) du Règlement de procédure et de preuve, dans l'affaire *Le Procureur c. Laurent Gbagbo et Charles Blé Goudé*. Rendue le 21 décembre 2015, cette décision répondait à une requête de ce dernier qui, invoquant un problème de calendrier devant la Présidence de la Cour, ne pouvait pas assister aux audiences de l'ex chef de l'Etat ivoirien et l'ancien chef des jeunes patriotes prévues pour le 28 janvier 2016. Il a été remplacé par le juge Cuno Tarfusser (Italie), élu juge président[6].

Le procès de Laurent Gbagbo et Charles Blé Goudé s'est ouvert le 28 janvier 2016 devant la Chambre de première instance I de la Cour pénale internationale. C'est ce que confirme un communiqué de presse de la Cour en date du 28 janvier 2016 :

Aujourd'hui, le 28 janvier 2016, le procès dans l'affaire *Le Procureur c. Laurent Gbagbo et Charles Blé Goudé* s'est ouvert à la Cour pénale internationale (CPI) à La Haye (Pays-Bas), devant la Chambre de première instance I, qui est composée de M. le juge Cuno Tarfusser (Italie), juge président, Mme la juge Olga Herrera Carbuccia (République dominicaine) et M. le juge Geoffrey Henderson (Trinité-et-Tobago).

Le procès s'est ouvert avec la lecture des charges retenues à l'encontre de MM. Gbagbo et Blé Goudé. M. le juge président Cuno Tarfusser s'est assuré auprès du Conseil de la Défense de M. Gbagbo, Emmanuel Altit, et du Conseil de la Défense de M. Blé Goudé, Geert-Jan Alexander Knoops, que les accusés aient compris la nature des charges portées à leur encontre. Les accusés ont plaidé

---

[6] *Côte d'Ivoire : Procès unique de Gbagbo et Blé Goudé, pourquoi la CPI a déchargé le juge allemand de ses fonctions,* par Donatien Kautcha, Abidjan, http://koaci.com/cote-divoire-proces-unique-gbagbo-goude-pourquoi-decharge-juge-allemand-fonctions-94887.html

non coupable. Le Procureur de la CPI, Mme Fatou Bensouda, et le premier substitut du Procureur, Eric MacDonald, ont ensuite pris la parole pour des déclarations liminaires.

Les audiences reprendront demain, vendredi 29 janvier 2016, avec les déclarations liminaires de la Représentante légale des victimes dans cette affaire, Paolina Massidda, ainsi que les déclarations liminaires des équipes de Défense des accusés (…)[7].

Des centaines de partisans de Laurent Gbagbo, qui reste une figure influente en Côte d'Ivoire, s'étaient déplacés à La Haye. Une cinquantaine d'entre eux avaient pris place dans la galerie du public et l'ont acclamé à la clôture de l'audience. Quelques centaines ont manifesté devant le bâtiment de la CPI. L'accusé est apparu détendu, souriant, portant un costume bleu foncé, mais conscient des enjeux et du caractère historique de son procès.

Entré dans sa phase de jugement, le procès de Laurent Gbagbo et Charles Blé Goudé est désormais soumis à

---

[7] Communiqué de presse : 28/01/2016 : *Le procès de Laurent Gbagbo et Charles Blé Goudé s'ouvre devant la Cour pénale internationale.* ICC-CPI-20160128-PR1184. Situation : Côte d'Ivoire. Affaire *Le Procureur c. Laurent Gbagbo et Charles Blé Goudé.* Source : https://www.icc-cpi.int/fr_menus/icc/press%20and%20media/press%20releases/Pages/pr1184.aspx ; *Procès Gbagbo : l'ancien président plaide non-coupable.* Par Lefigaro.fr avec AFP. Mis à jour le 28/01/2016 à 10:48. Publié le 28/01/2016 à 10:42. Source : http://www.lefigaro.fr/flash-actu/2016/01/28/97001-20160128FILWWW00116-proces-gbagbo-l-ancien-president-plaide-non-coupable.php ; *Côte d'Ivoire : à l'ouverture de son procès, Gbagbo plaide non coupable.* Par Marine Chassagnon, AFP Agence. Mis à jour le 28 janvier 2016 à 17 :02. Publié le 27 janvier 2016 à 16 :47.
Source : http://www.lefigaro.fr/international/2016/01/27/01003-20160127ARTFIG00300-cote-d-ivoire-le-proces-gbagbo-s-ouvre-jeudi-a-la-haye.php

l'épreuve des faits et du droit en vue du prononcé de la décision de la Cour au-delà de tout doute raisonnable et en vue d'une peine. Sur les plans judiciaire et juridique, il va marquer l'évolution du droit pénal international, du droit international humanitaire et de la jurisprudence de la Cour pénale internationale, Laurent Gbagbo étant le 1er ex-chef d'Etat à être poursuivi et jugé par la Cour.

Les deux accusés sont appelés à répondre de quatre charges de crimes contre l'humanité portées contre eux à raison de meurtre, de viol, d'autres actes inhumains ou tentative de meurtre et de persécution, présumés commis lors de la crise postélectorale de 2010-2011 en Côte d'Ivoire.

En se projetant dans l'avenir avec réalisme, ce livre analyse les principaux enjeux judiciaires, juridiques, politiques et autres, les conséquences et les perspectives d'un procès qui risque d'être long, particulièrement complexe, tendu et riche en rebondissements. L'ouvrage traite exclusivement du cas de Laurent Gbagbo en raison de sa qualité de président, puis d'ex-président de la Côte d'Ivoire. La dernière section tente de répondre à une série de questions sensibles susceptibles de faire l'objet de vifs débats au cours du procès, dont certaines pourraient faire grand bruit[8].

---

[8] *Procès Gbagbo et Blé Goudé : les temps forts du premier jour à la CPI.* Par RFI. Publié le 28-01-2016. Modifié le 29-01-2016 à 11:44. Par Florence Morice. Source : http://www.rfi.fr/afrique/20160128-proces-gbagbo-ble-goude-temps-forts-premier-jour-cpi ; *Laurent Gbagbo devant la CPI : les parties civiles « brisent le silence ».* Par RFI. Publié le 29-01-2016. Modifié le 30-01-2016 à 06:20. Florence Morice, envoyée spéciale à La Haye. Source : http://www.rfi.fr/afrique/20160129-proces-laurent-gbagbo-ble-goude-cpi-justice-internationale-victimes-crimes ;
Procès Gbagbo : l'accusation montre des vidéos de tueries devant la CPI. Vidéo par Pauline Simonet. Texte par France 24. Première publication : 29/01/2016. Dernière modification : 29/01/2016.
Source :

Ce livre s'articule autour de cinq chapitres :

Chapitre 1 : Compétence de la Cour pénale internationale et recevabilité
Chapitre 2 : Rapport de la Commission d'enquête internationale de l'ONU sur la Côte d'Ivoire
Chapitre 3 : Réconciliation nationale
Chapitre 4 : Victoire d'étape pour Laurent Gbagbo
Chapitre 5 : L'épreuve des faits et du droit et questions sensibles

---

http://www.france24.com/fr/20160129-proces-gbagbo-accusation-videos-tueries-cpi-ble-goude ; *CPI – Procès de Gbagbo et Blé Goudé : que retenir de l'argumentaire de l'accusation ?* 29 janvier 2016 à 19h30 - Mis à jour le 29 janvier 2016 à 19h47. Par Vincent Duhem - Envoyé spécial. Source : http://www.jeuneafrique.com/298231/societe/cpi-proces-de-gbagbo-ble-goude-retenir-de-largumentaire-de-laccusation/ ; *Procès Gbagbo : le camp de l'ancien président y croit encore.* Vidéo par Arnaud Froger, Anna Sylvestre-Treiner. Texte par France 24. Première publication : 29/01/2016. Dernière modification : 29/01/2016.

Chapitre premier

COMPETENCE DE LA COUR PENALE INTERNATIONALE ET RECEVABILITE

La question s'est posée de savoir si la Cour pénale internationale était ou non compétente pour juger les crimes reprochés à l'ex-président Laurent Gbagbo et quelles étaient les questions relatives à la recevabilité. Quel est l'état du droit en ces matières ? Quels ont été les fondements juridiques de la saisine de la Cour par la Côte d'Ivoire ?

En vertu de l'article 1er du Statut de Rome, la Cour pénale internationale, qui a son siège à La Haye, aux Pays-Bas, a été créée en tant qu'institution permanente. Elle peut exercer sa compétence à l'égard des personnes pour les *crimes les plus graves* ayant une portée internationale. Elle est complémentaire des juridictions nationales.

Conformément à l'article 5, la compétence de la Cour est limitée aux crimes les plus graves qui touchent l'ensemble de la communauté internationale, à savoir : a) le crime de génocide ; b) les crimes contre l'humanité ; c) les crimes de guerre ; d) le crime d'agression. Selon l'article 11 relatif à la compétence *ratione temporis,* la Cour n'a compétence qu'à l'égard des crimes relevant de sa compétence commis après l'entrée en vigueur du Statut de Rome, c'est-à-dire, après le 1er juillet 2002. C'est la date de l'entrée en fonction de la Cour pénale internationale.

La Cour peut être saisie soit par un Etat Partie au Statut de Rome (art.14), soit par le Conseil de sécurité agissant en vertu du Chapitre VII de la Charte des Nations Unies (art. 13), soit par le Procureur agissant de sa propre initiative (art. 15)[9]. Si un État devient Partie au Statut de Rome après l'entrée en vigueur de celui-ci, la Cour ne peut exercer sa compétence qu'à l'égard des crimes commis après l'entrée en vigueur du Statut pour cet État, sauf si ledit État fait la déclaration prévue à l'article 12, paragraphe 3.

L'article 12, qui concerne les *Conditions préalables à l'exercice de la compétence* dispose :

« 1. Un État qui devient Partie au Statut accepte par là même la compétence de la Cour à l'égard des crimes visés à l'article 5.

2. Dans les cas visés à l'article 13, paragraphes a) ou c), la Cour peut exercer sa compétence si l'un des États suivants ou les deux sont Parties au présent Statut ou ont accepté la compétence de la Cour conformément au paragraphe 3 :

a) L'État sur le territoire duquel le comportement en cause a eu lieu ou, si le crime a été commis à bord d'un navire ou d'un aéronef, l'État du pavillon ou l'État d'immatriculation ;

b) L'État dont la personne accusée du crime est un ressortissant.

3. Si l'acceptation de la compétence de la Cour par un État qui n'est pas Partie au présent Statut est nécessaire aux fins du paragraphe 2, cet État peut, par déclaration déposée auprès du Greffier, consentir à ce que la Cour

---

[9] Aux termes de l'article 13 intitulé « *Exercice de la compétence* », la Cour peut exercer sa compétence à l'égard d'un crime visé à l'article 5, conformément aux dispositions du Statut de Rome : a) Si une situation dans laquelle un ou plusieurs de ces crimes paraissent avoir été commis est déférée au Procureur par un État Partie, comme prévu à l'article 14 ; b) Si une situation dans laquelle un ou plusieurs de ces crimes paraissent avoir été commis est déférée au Procureur par le Conseil de sécurité agissant en vertu du Chapitre VII de la Charte des Nations Unies (art. 13); ou c) Si le Procureur a ouvert une enquête sur le crime en question en vertu de l'article 15.

exerce sa compétence à l'égard du crime dont il s'agit. L'État ayant accepté la compétence de la Cour coopère avec celle-ci sans retard et sans exception conformément au chapitre IX».

Lorsqu'elle a saisi la Cour pénale internationale de l'affaire Gbagbo, la Côte d'Ivoire avait certes antérieurement signé le Statut de Rome le 30 novembre 1998, mais ne l'avait pas encore ratifié. Elle n'était donc pas un Etat Partie au Statut de Rome à ce moment là. C'est pourquoi elle a utilisé les dispositions de l'article 12, paragraphe 3 du Statut de Rome pour reconnaître la compétence de la Cour.

En effet, le 1er octobre 2003, Laurent Gbagbo, alors président de la République de Côte d'Ivoire, avait déposé au Greffe de la CPI, par une note verbale, une déclaration datée du 18 avril 2003 et acceptant l'exercice de la compétence de la Cour pénale internationale, conformément à l'article 12, paragraphe 3 de son Statut. Cette déclaration concernait des crimes qui avaient été commis après le 19 septembre 2002 en Côte d'Ivoire, alors qu'il avait été victime d'une tentative de coup d'Etat. Le Greffier de la Cour avait accusé réception de cette déclaration le 31 octobre 2003. Le 14 décembre 2010, par lettre adressée au Président et au Greffier de la Cour pénale internationale, le nouveau président reconnu par la communauté internationale, Monsieur Alassane Ouattara, a indiqué qu'il confirmait la déclaration de compétence de son prédécesseur.

Déclaration du 14 décembre 2010

« République de Côte d'Ivoire (...)
Objet : Confirmation de la déclaration de compétence

Monsieur le Président,

Le 18 avril 2003, le Gouvernement de la République de Côte d'Ivoire reconnaissait solennellement, par son Ministère des Affaires Etrangères, la compétence de la Cour Pénale Internationale. Depuis le 02 décembre 2010, suite à l'élection présidentielle de sortie de crise qu'elle a organisée les 31 octobre et 28 novembre 2010, la Côte d'Ivoire a un nouveau Président de la République dont la victoire a été proclamée par la Commission Electorale Indépendante.

Le Représentant spécial du Secrétaire Général de l'ONU a certifié les résultats de cette élection, conformément aux accords politiques de sortie de crise. L'ensemble de la Communauté internationale, notamment le Conseil de Sécurité de l'ONU, les Etats-Unis d'Amérique, la France, l'Union Africaine, la Communauté Economique des Etats d'Afrique de l'Ouest et l'Union Européenne, a reconnu les résultats de cette élection et m'a apporté son soutien.

Aussi, en ma qualité de nouveau Président de la République de Côte d'Ivoire et conformément à l'article 12 paragraphe 3 du Statut de Rome qui dispose que : « Si l'acceptation de la compétence de la Cour par un Etat qui n'est pas Partie au présent Statut est nécessaire aux fins du paragraphe 2, cet Etat peut, par déclaration déposée auprès du Greffier, consentir à ce que la Cour exerce sa compétence à l'égard du crime dont il s'agit. L'Etat ayant accepté la compétence de la Cour coopère avec celle-ci sans retard et sans exception conformément au Chapitre

IX », j'ai l'honneur de confirmer la déclaration du 18 avril 2003.

A ce titre, j'engage mon pays, la Côte d'Ivoire, à coopérer pleinement et sans délai avec la Cour Pénale Internationale, notamment en ce qui concerne tous les crimes et exactions commis depuis mars 2004.

Je vous prie de croire, Monsieur le Président, à l'expression de ma considération distinguée. Alassane Ouattara »[10].

Déclaration du 18 avril 2003

« République de Côte d'Ivoire (...)
Déclaration de reconnaissance de la compétence de la Cour Pénale Internationale.

Conformément à l'article 12 paragraphe 3 du statut de la Cour Pénale Internationale, le Gouvernement ivoirien reconnaît la compétence de la Cour aux fins d'identifier, de poursuivre, de juger les auteurs et complices des actes commis sur le territoire ivoirien depuis les évènements du 19 septembre 2002.

En conséquence, la Côte d'Ivoire s'engage à coopérer avec la Cour sans retard et sans exception conformément au chapitre IX du statut. Cette déclaration, faite pour une durée indéterminée, entrera en vigueur dès sa signature.

Fait à Abidjan, le 18 avril 2003.

Pour le Gouvernement de la République de Côte d'Ivoire,

---

[10] La situation en Côte d'Ivoire a fourni à la CPI la première occasion d'ouvrir une enquête dans un État n'ayant pas (pas encore) ratifié le Statut de Rome, mais ayant toutefois reconnu la compétence de la Cour. Jusque-là, toutes les affaires portées devant la CPI concernaient des crimes commis sur le territoire d'États Parties ou découlaient d'un renvoi par le Conseil de sécurité de l'Organisation des Nations Unies.

Le Ministre d'Etat, Ministre des Affaires Etrangères, Bamba Mamadou ».

Par la Déclaration du 14 décembre 2010 confirmant celle du 18 avril 2003, la Côte d'Ivoire a reconnu la compétence de la Cour, ce, d'autant plus que les crimes présumés auraient été commis après l'entrée en vigueur du Statut de Rome le 1er juillet 2002. Cette Déclaration a été elle-même confirmée en mai 2011, suivie d'un accord de coopération judiciaire signé par la Cour et les autorités ivoiriennes le 28 juin 2011. Parallèlement aux poursuites judiciaires et militaires engagées devant les juridictions nationales ivoiriennes, le président Ouattara a adressé au Procureur de la Cour pénale internationale, le 4 mai 2011, une nouvelle lettre datée du 3 mai 2011, dans laquelle il lui a demandé d'ouvrir une enquête indépendante et impartiale à propos des *crimes les plus graves* qui auraient été commis sur l'ensemble du territoire ivoirien depuis le 28 novembre 2010, date du second tour de l'élection présidentielle. Afin de faciliter la réconciliation nationale, le nouveau président a insisté sur le fait que cette enquête concernerait tous les présumés criminels quels qu'ils soient, y compris ceux de son propre camp, alors même que certains de ses partisans étaient et sont toujours accusés par une partie de la population, de nombreuses ONG et même par l'ONU, d'avoir commis de graves violations des droits de l'homme sur le territoire national.

Après avoir conduit un examen préliminaire, le Procureur de la CPI a conclu à l'existence d'une base raisonnable de croire que des crimes relevant de la compétence de la Cour auraient été commis en République de Côte d'Ivoire depuis le 28 novembre 2010. Par lettre en date du 19 mai 2011, le Procureur a informé le Président de la Cour de son intention de soumettre à la Chambre préliminaire une requête afin d'obtenir l'autorisation d'ouvrir une enquête. Le 20 mai 2011, la Présidence de la Cour a assigné la situation en République de Côte d'Ivoire à la Chambre préliminaire III. Le 23 juin 2011, le Procureur Luis Moreno-Ocampo a demandé aux juges de la CPI l'autorisation d'ouvrir une enquête concernant les *crimes de guerre* et les *crimes contre l'humanité* qui auraient été commis en Côte d'Ivoire depuis le 28 novembre 2010. Selon les sources citées par le Procureur dans sa demande, au moins 3 000 personnes auraient été tuées, 72 auraient disparu et 520 auraient fait l'objet d'arrestations et de détentions arbitraires en Côte d'Ivoire lors des violences postélectorales. Plus de 100 cas de viol auraient également été rapportés, le nombre d'incidents non signalés étant sensiblement plus élevé. Les informations sur lesquelles s'est fondé le Bureau du Procureur ont fourni une base raisonnable de croire que les forces pro-Gbagbo et les forces pro-Ouattara auraient commis des crimes relevant de la compétence de la Cour. L'objectif de l'enquête était d'identifier les personnes portant la responsabilité pénale la plus lourde pour avoir ordonné ou facilité la commission des plus graves de ces crimes.

Il appartenait aux juges de la CPI de prendre une décision en se fondant également sur les observations envoyées par les victimes à la suite de l'avis du Bureau du Procureur au public, communiqué le 17 juin 2011. Le 3 octobre 2011, la Chambre préliminaire III a autorisé le Procureur à ouvrir une enquête en Côte d'Ivoire, comme le confirme un communiqué de presse du même jour :

« Le 3 octobre 2011, la Chambre préliminaire III de la Cour pénale internationale (CPI) a fait droit à la requête du Procureur aux fins de l'ouverture d'une enquête sur les crimes présumés relevant de la compétence de la Cour, qui auraient été commis en Côte d'Ivoire depuis le 28 novembre 2010, ainsi que sur les crimes qui pourraient être commis dans le futur dans le contexte de cette situation.

La Chambre préliminaire III, composée des juges Silvia Fernández de Gurmendi (juge présidente), Adrian Fulford et Elizabeth Odio Benito, a également demandé au Procureur de lui fournir toute information supplémentaire à sa disposition sur des crimes qui pourraient relever potentiellement de la compétence de la Cour et qui auraient été commis entre 2002 et 2010.

La juge présidente, Mme Silvia Fernández de Gurmendi, tout en rejoignant la position majoritaire de la Chambre sur la décision d'autoriser l'ouverture de l'enquête, rendra prochainement une décision séparée partiellement dissidente »[11].

Dans un autre communiqué de presse de la Cour on peut lire[12] :

« En rendant leur décision, les juges ont veillé à ce que justice soit rendue pour les victimes en Côte d'Ivoire » déclare le Procureur de la CPI qui ajoute « je mènerai une enquête efficace, indépendante et impartiale ».

« Il s'agit d'un processus judiciaire et l'enquête sera guidée uniquement par le droit. Mon Bureau commencera dès aujourd'hui à recueillir des éléments de preuve en toute impartialité et de manière indépendante. Nous présenterons nos affaires devant les juges dès que nous serons en mesure de le faire et il leur appartiendra de déterminer qui devra être jugé.

---

[11] Source : Site internet de la CPI. Communiqué de presse : 03.10.2011. *La Chambre préliminaire III de la CPI autorise le Procureur à ouvrir une enquête en Côte d'Ivoire.* ICC-CPI-20111003-PR730.

[12] Source : Site internet de la CPI. Communiqué de presse, Bureau du Procureur : 03.10.2011.

Notre enquête doit s'inscrire dans les efforts déployés sur le plan national et international pour empêcher que de nouveaux crimes ne soient commis en Côte d'Ivoire. La Commission dialogue, vérité et réconciliation récemment établie jouera un rôle essentiel dans la réalisation de ces efforts. Il pourrait s'avérer nécessaire que les autorités nationales définissent d'autres activités afin d'aider les victimes, de garantir une coexistence pacifique et d'empêcher l'éruption de nouvelles violences. Nous devons tous nous unir pour promouvoir la justice et la réconciliation en Côte d'Ivoire ».

Le 24 mai 2012, la défense de Laurent Gbagbo a soulevé l'exception d'incompétence de la Cour en demandant à la Chambre préliminaire I de déclarer que la Cour était incompétente concernant la période et les événements postérieurs aux élections de 2010, sur lesquels sont basés le mandat d'arrêt et les charges portées contre l'ex-président ivoirien. La défense de Gbagbo prétendait que la Côte d'Ivoire, qui était alors un Etat non-Partie au Statut de Rome, avait accepté la compétence de la CPI, le 18 avril 2003, par une déclaration, uniquement en rapport avec les événements de 2002 et 2003, et non en rapport avec les crimes commis ultérieurement. Elle soutenait que la confirmation faite le 14 décembre 2010 par Alassane Ouattara serait nulle car ce dernier ne pouvait pas engager l'Etat ivoirien à cette époque.

Le 15 août 2012, la Chambre préliminaire I a rejeté l'exception d'incompétence. La Défense a interjeté appel de cette décision. Le 12 décembre 2012, la Chambre d'appel a refusé d'y faire droit, à l'unanimité, confirmant ainsi la décision de la Chambre préliminaire I et donc la compétence de la Cour. Elle a estimé que, selon les termes de l'article 12, paragraphe 3 du Statut de Rome, un Etat peut accepter la compétence en général de la CPI. Selon elle, la déclaration de compétence de la Cour de 2003 ne contenait pas de limitation temporelle, comme le prétendait la Défense.

Le 15 février 2013, la Côte d'Ivoire a ratifié le Statut de Rome, devenant ainsi le 122e État Partie et le 33e membre africain de la CPI. Elle accepte désormais la compétence de la Cour en vertu de l'article 12, paragraphe 1 du Statut de Rome qui dispose :

« 1. Un État qui devient Partie au Statut accepte par là même la compétence de la Cour à l'égard des crimes visés à l'article 5. (…) ».

S'agissant des questions relatives à la recevabilité, l'article 17 du Statut de Rome prévoit ce qui suit :

1. Eu égard au dixième alinéa du préambule et à l'article premier, une affaire est jugée irrecevable par la Cour lorsque :

a) L'affaire fait l'objet d'une enquête ou de poursuites de la part d'un État ayant compétence en l'espèce, à moins que cet État n'ait pas la volonté ou soit dans l'incapacité de mener véritablement à bien l'enquête ou les poursuites ;

b) L'affaire a fait l'objet d'une enquête de la part d'un État ayant compétence en l'espèce et que cet État a décidé de ne pas poursuivre la personne concernée, à moins que cette décision ne soit l'effet du manque de volonté ou de l'incapacité de l'État de mener véritablement à bien des poursuites ;

c) La personne concernée a déjà été jugée pour le comportement faisant l'objet de la plainte, et qu'elle ne peut être jugée par la Cour en vertu de l'article 20, paragraphe 3 ;

d) L'affaire n'est pas suffisamment grave pour que la Cour y donne suite.

2. Pour déterminer s'il y a manque de volonté de l'État dans un cas d'espèce, la Cour considère l'existence, eu

égard aux garanties d'un procès équitable reconnues par le droit international, de l'une ou de plusieurs des circonstances suivantes :

a) La procédure a été ou est engagée ou la décision de l'État a été prise dans le dessein de soustraire la personne concernée à sa responsabilité pénale pour les crimes relevant de la compétence de la Cour visés à l'article 5 ;

b) La procédure a subi un retard injustifié qui, dans les circonstances, est incompatible avec l'intention de traduire en justice la personne concernée ;

c) La procédure n'a pas été ou n'est pas menée de manière indépendante ou impartiale mais d'une manière qui, dans les circonstances, est incompatible avec l'intention de traduire en justice la personne concernée.

3. Pour déterminer s'il y a incapacité de l'État dans un cas d'espèce, la Cour considère si l'État est incapable, en raison de l'effondrement de la totalité ou d'une partie substantielle de son propre appareil judiciaire ou de l'indisponibilité de celui-ci, de se saisir de l'accusé, de réunir les éléments de preuve et les témoignages nécessaires ou de mener autrement à bien la procédure.

Chapitre 2

RAPPORT DE LA COMMISSION D'ENQUETE INTERNATIONALE DE L'ONU SUR LA COTE D'IVOIRE

Face à l'aggravation de la situation des droits de l'homme en Côte d'Ivoire, une session extraordinaire du Conseil des Droits de l'Homme des Nations Unies (ci-après le Conseil) s'est tenue le 23 décembre 2010. A cette occasion, le Conseil a adopté une résolution condamnant énergiquement les violations des droits de l'homme commises dans ce pays et a invité toutes les parties concernées à y mettre fin immédiatement. Au cours de sa 16ème session ordinaire, le Conseil a adopté la résolution 16/25 qui a décidé d'établir une Commission d'enquête internationale chargée « d'enquêter sur les faits et les circonstances entourant les allégations de graves violations des droits de l'homme perpétrées en Côte d'Ivoire à la suite de l'élection présidentielle du 28 novembre 2010, en vue d'identifier les responsables de tels actes et de les traduire en justice, et soumettre ses constatations au Conseil à sa 17ème session ». La Haut Commissaire aux droits de l'homme était invitée à fournir à la Commission l'appui nécessaire à l'accomplissement de son mandat. Le 11 avril 2011, le Président du Conseil a nommé les trois membres de la Commission : M. Vitit Muntarbhorn de Thaïlande (Président), Mme Reine Alapini Gansou du Bénin (membre) et M. Suliman Baldo du Soudan (membre).

Les membres de la Commission ont tenu des consultations à Genève du 2 au 4 mai et ont notamment eu des entretiens avec les représentants de la Mission permanente de Côte d'Ivoire à Genève, le Président du

Conseil, la Haut Commissaire, diverses représentations diplomatiques, des agences des Nations Unies et des organisations humanitaires, ainsi que des organisations de la société civile. Les Commissaires ont ensuite séjourné en Côte d'Ivoire du 4 au 28 mai 2011. Outre Abidjan, ils se sont rendus dans le Nord, l'Ouest et le Sud du pays. Ils se sont également rendus au Libéria afin de mieux appréhender les aspects transfrontaliers du conflit. Sur le terrain, la Commission s'est entretenue avec les autorités Ivoiriennes, notamment le président Ouattara et Guillaume Soro, alors premier ministre, des acteurs politiques, des institutions nationales, des organisations internationales notamment l'ONUCI, et des organisations de la société civile. Assistée d'une équipe d'enquêteurs et d'un médecin légiste, la Commission s'est entretenue avec des centaines de victimes et de témoins directs de violations des droits de l'homme. Elle a enregistré les témoignages de parents ou de personnes ayant une connaissance indirecte de certaines violations.

La Commission a recueilli les témoignages collectifs d'organisations des droits de l'homme et d'autres associations, toutes contribuant à éclairer le déroulement des évènements. Elle s'est rendue sur différents sites considérés comme particulièrement affectés par les violations, dont les hôpitaux, des cliniques, des lieux d'exécutions sommaires, des morgues, mais aussi des fosses communes et des cimetières. Elle a visité les lieux où des personnalités étaient en résidence surveillée, notamment l'Hôtel Pergola à Abidjan et les villas de la Présidence à Korhogo et Odienné. Elle a recueilli de sources diverses des documents écrits, des photos et des enregistrements vidéos.

Il importe de souligner que la Constitution de la Côte d'Ivoire accorde une large place à la protection des droits de l'homme et des libertés publiques. Elle reconnaît la diversité ethnique, culturelle et religieuse du pays et consacre le principe d'égalité des personnes. Elle prévoit que les droits de la personne sont inviolables et que les autorités publiques ont l'obligation d'en assurer le respect, la protection et la promotion. En vertu de l'article 87, les traités ou accords internationaux ont une autorité supérieure à celle des lois. La Côte d'Ivoire est partie à la majorité des instruments internationaux et régionaux relatifs aux droits de l'homme et au droit humanitaire international, lesquels sont applicables aux évènements survenus pendant la période considérée.

Daté du 8 juin 2011, le rapport de la Commission a été présenté devant le Conseil des droits de l'homme des Nations Unies le 15 juin 2011. Les conclusions et les recommandations de ce rapport dressent un état des lieux de la situation des droits de l'homme en Côte d'Ivoire dans la période concernée. Largement reprises par le Procureur, elles sont susceptibles d'éclairer les débats et de contribuer à la manifestation de la vérité dans le procès Gbagbo-Blé Goudé[13].

---

[13] A/HRC/17/48, Advance Unedited Version, Distr. Générale, 8 juin 2011, Original : français - Conseil des droits de l'homme, Dix-septième session, Point 4 de l'ordre du jour, Situations relatives aux droits de l'homme qui requièrent l'attention du Conseil : *Rapport de la Commission d'enquête internationale indépendante sur la Côte d'Ivoire**(* Soumission tardive).
Source : http://www.afriscoop.net/journal/spip.php?article3839.

Section 1. Conclusions : les deux camps (pro-Gbagbo et pro-Ouattara) ont commis de nombreuses violations des droits de l'homme et du droit international humanitaire dont certaines pourraient constituer des crimes contre l'humanité et des crimes de guerre

Selon les conclusions du rapport de l'ONU, les responsabilités des crimes commis en Côte d'Ivoire dans la période postélectorale sont partagées (a). Il y a une responsabilité de l'Etat Ivoirien (1), une responsabilité des acteurs non-étatiques et des responsabilités individuelles (2) auxquelles s'ajoutent divers autres éléments (b). Après avoir exposé ces points, nous analyserons la description, la qualification des faits et la nomenclature des crimes commis (c).

a) Responsabilités partagées

La Commission d'enquête internationale de l'ONU a conclu que durant la période considérée, de nombreuses violations graves des droits de l'homme et du droit international humanitaire au regard du droit positif ivoirien comme des instruments internationaux et régionaux des droits de l'homme auxquels la Côte d'Ivoire est partie, ont été commises en Côte d'Ivoire par les deux camps. Certaines de ces violations pourraient constituer des crimes contre l'humanité et des crimes de guerre. Ces violations ont été commises par les Forces de Défense et de Sécurité (FDS) loyales à l'ex-président Gbagbo et leurs alliés (milices et mercenaires) puis, lors de leur contre-offensive et depuis leur contrôle du pays, par les Forces Républicaines de Côte d'Ivoire (FRCI) créées par le président Ouattara. Il s'agit de la responsabilité de l'Etat Ivoirien.

Le rapport de la Commission pointe aussi la responsabilité d'acteurs non étatiques et les responsabilités individuelles. La Commission a considéré que chaque personne tuée est une victime de trop et n'a pas souhaité contribuer à alimenter les débats sur le nombre de victimes. Les contraintes de temps et de ressources n'ont permis qu'une estimation des pertes en vies humaines durant la crise. Néanmoins, sur la base des informations recueillies lors de ses visites de terrain et des recoupements qu'elle a pu effectuer, une estimation raisonnable suggère que 3000 personnes au moins auraient été tuées.

1) Responsabilité de l'Etat Ivoirien

Selon le rapport précité, les graves violations des droits de l'homme qu'il décrit et commises par les forces militaires et de sécurité, seules ou en association avec des acteurs non étatiques identifiées entraînent des responsabilités et des obligations pour l'État ivoirien à l'égard des victimes de ces violations. Ces obligations relèvent des conventions internationales et régionales des droits de l'homme auxquelles la Côte d'Ivoire est partie et du droit international coutumier. La première responsabilité de l'État est celle de protéger la population de graves violations des droits de l'homme. Les forces ivoiriennes, seules ou renforcées par des combattants non étatiques, ont montré non seulement qu'elles avaient été incapables de protéger la population, mais encore, pour certaines, qu'elles étaient directement responsables de certaines violations. Selon de nombreux témoignages, les unités des FDS loyales à Laurent Gbagbo citées ci-dessous seraient concernées : la Garde Républicaine, le CECOS, les CRS, le BAE, le BASA, le BCP, FUMACO. Plus tard, au fur et à mesure qu'ils prenaient le contrôle des différentes villes, des éléments FRCI loyaux à Alassane Ouattara ont commis des violations des droits de l'homme.

Ensuite, l'Etat a la responsabilité d'entreprendre sans délai des enquêtes efficaces et de traduire en justice les responsables des graves violations des droits de l'homme identifiés. La Commission a noté que des démarches ont déjà été entreprises par le gouvernement ivoirien. Mais elle a souligné qu'elle n'a pas été informée de procédures effectives contre des éléments des FRCI accusés de violations des droits de l'homme. Bien que le contenu du droit à la vérité suscite encore quelques controverses, il existe néanmoins un consensus sur le droit des familles à connaître le sort de leurs disparus. A cet égard, le processus enclenché pour l'établissement d'une Commission dialogue, vérité et réconciliation a constitué un premier pas dans cette direction. L'Etat a également l'obligation de garantir la non-répétition des violations commises. Pour ce faire, la Côte d'Ivoire devait notamment procéder d'urgence à l'unification de la chaîne de commandement des FRCI et à la réforme des organes de sécurité. Enfin, selon le rapport, une autre obligation qui incombe au gouvernement ivoirien suite aux événements postélectoraux concerne « une réparation adéquate, effective et rapide » du préjudice subi par les victimes.

2) Responsabilité d'acteurs non étatiques et responsabilités individuelles

La Commission a considéré que les violations graves et massives des droits de l'homme et du droit humanitaire international décrites dans le rapport et commises par les groupes non étatiques engagent la responsabilité individuelle de leurs commanditaires. Elle était consciente du fait que la détermination finale de la responsabilité pénale d'un individu doit être effectuée par un tribunal pour assurer la garantie des droits des personnes concernées. Néanmoins, le mandat du Conseil des droits de l'homme lui a prescrit d'identifier les responsables. Selon la Commission, soit par les actions qu'ils ont commises ou par la position qu'ils occupaient, certains acteurs politiques ont engagé leur responsabilité. Ainsi, certains responsables politiques ont par la non-reconnaissance du résultat des urnes, les appels à la violence contre des personnes et des groupes particuliers et le fait qu'ils ne se soient pas prononcés contre certaines exactions commises par des personnes qui affirmaient œuvrer pour eux, ont engagé leur responsabilité. Au vu des informations qu'elle a pu recueillir, la Commission a conclu qu'il existe des motifs raisonnables de présumer, en relation avec les événements postélectoraux, une responsabilité pénale individuelle de certaines personnes dont le nom figure sur une liste confidentielle annexée au rapport et qui peut être transmise aux autorités compétentes dans le cadre d'une enquête judiciaire.

b) Autres éléments des conclusions de la Commission d'enquête

La Commission d'enquête a en outre conclu que la non-reconnaissance du résultat des urnes par l'ancien président Gbagbo est à l'origine de la crise politique et du conflit armé en Côte d'Ivoire. Elle a considéré que l'impunité qui prévalait dans ce pays s'explique notamment par la non mise en œuvre des différentes recommandations faites au fil des ans par les initiatives prises au niveau national et international pour lutter contre ce fléau. En particulier, les recommandations des multiples commissions internationales d'enquête sur la Côte d'Ivoire n'ont pas été mises en œuvre. Les commissionnaires ont estimé que la

Côte d'Ivoire ne connaîtra pas de paix durable ni de stabilité sans traduire effectivement les auteurs des crimes répertoriés dans leur rapport en justice (Point 120).

L'instrumentalisation négative de la question de l'ethnicité, la manipulation de la jeunesse ivoirienne pour en faire des instruments de violence par les acteurs politiques ainsi que les questions non résolues du foncier rural sont parmi les causes profondes des violations graves et massives des droits de l'homme en Côte d'Ivoire. Les élections ont servi d'évènement catalytique à un déchainement de violence (Point 121). La Commission a pris note des initiatives prises au plan national par le nouveau gouvernement, notamment la réforme des forces de défense et de sécurité (Point 124). Elle a noté que la plupart des personnes rencontrées ont exprimé leur volonté de vivre ensemble en bonne intelligence ; que le gouvernement, au plus haut niveau, a indiqué que la question de la réconciliation était prioritaire. La Commission a rappelé qu'une réconciliation sans justice ne saurait être pérenne (Point 125). Elle a souligné que les Nations Unies ont joué un rôle important durant la crise. Néanmoins, de nombreuses personnes rencontrées, y compris des victimes, considèrent qu'elle n'a pas pleinement utilisé les moyens donnés par son mandat pour protéger au mieux les populations (Point 126).

c) Description, qualification des faits et nomenclature des crimes commis

Est reproduit ci-après un large extrait de la description (1), de la qualification des faits et de la nomenclature des crimes commis telles qu'elles sont mentionnées dans le rapport de la Commission d'enquête internationale indépendante de l'ONU sur la Côte d'Ivoire (2).

1) Description des faits

(...) Description des faits saillants à Abidjan

44. Dans la période pré-électorale, des actes d'intimidation et de violence ont été enregistrés à l'égard de certains responsables de campagne ou de populations considérées comme favorables au candidat Ouattara. Plusieurs victimes et témoins ont déclaré que des maisons appartenant à des habitants du nord et à des membres de l'ethnie baoulé ont été marquées des lettres « X » ou « B » dans plusieurs quartiers d'Abidjan pour identifier facilement les occupants.

45. Entre le 27 et le 29 novembre, les manifestations de jeunes du RHDP à Abobo protestant contre le couvre-feu déclaré par l'ancien président Gbagbo ont été sévèrement réprimées par les FDS, ce qui a coûté la vie à 12 personnes. Dès la fin du second tour, des témoins ont aussi signalé l'existence de listes noires de personnes à éliminer comprenant notamment les représentants RHDP dans les bureaux de vote.

46. Le 16 décembre, lors de la marche du RHDP, au moins 18 personnes ont été tuées dans le quartier PK18 d'Abobo et 14 éléments des FDS auraient également trouvé la mort.

47. Le 4 janvier, les éléments des FDS attaquent le siège du Parti Démocratique de la Côte d'Ivoire (PDCI) à Cocody. 136 partisans du RHDP sont arrêtés, dont 19 femmes et un certain nombre d'enfants. Une personne a été tuée et 4 ont été grièvement blessées lors de l'incident.

48. Entre le 11 et le 12 janvier, les FDS dans des véhicules du BAE et du CECOS attaquent le quartier d'Abobo PK 18 et tuent au moins 9 personnes.

49. Du 18 au 20 janvier, les FDS (en particulier des membres du CECOS, des CRS, des agents de la Brigade

anti-émeute et des soldats de la Marine) répriment toute manifestation de soutien à l'opération pays mort lancée le 18 janvier par le RHDP par laquelle il appelle à la désobéissance civile dans tout le pays.

50. Les 7 et 8 février, au moins 10 personnes ont été tuées par des FDS-CI. En réponse à ces violences, un groupe d'auto-défense, connu plus tard comme le Commando invisible, se forme dans le quartier de PK18 d'Abobo. C'est le début de « la bataille d'Abidjan » puisque pour la première fois depuis les élections, un groupe armé s'oppose militairement aux FDS dans la capitale. Le 22 février, plusieurs personnes ont été tuées à Abobo, dans le cadre de violents combats entre des éléments des FDS, dont le CECOS, et des membres du Commando invisible.

51. Le 3 mars, 7 femmes et un jeune homme sont tués par balle par les FDS lors de la répression de la « Marche des femmes » qui avait rassemblé près de 3000 femmes au Carrefour Anador (Abobo) pour demander le départ de M. Gbagbo et protester contre les violations des droits de l'homme perpétrées dans leur quartier.

52. Entre le 6 et le 7 mars, des représailles menées par le Commando invisible contre des Ebriés vus comme soutenant M. Gbagbo dans le village d'Anonkoua-Kouté à Abobo ont fait 15 morts et forcé au déplacement toute la population Ebrié du village.

53. Entre le 13 et le 22 mars, la répression à l'arme lourde des éléments FDS, y compris de la BAE, du CECOS, de la Gendarmerie et de la Garde républicaine sur des quartiers et des populations accusés d'être favorables au candidat Ouattara notamment à Yopougon, Williamsville, Attécoubé, Adjamé et Abobo, a causé la mort d'au moins 40 personnes, y compris des femmes, des enfants et des vieillards. Plusieurs centaines de personnes

ont été blessées et les habitants de quartiers entiers ont fui les violences qui s'en sont suivies.

54. A partir du mois d'avril et particulièrement de l'arrestation de Laurent Gbagbo, le quartier de Yopougon est devenu le symbole des luttes entre les deux camps. En effet, dès le 11 avril, les miliciens et les mercenaires se sont repliés dans leur grande majorité sur ce dernier bastion à tendance pro-Gbagbo. C'est également à cette période qu'un grand nombre de mercenaires ont été impliqués dans des attaques contre les populations. Par exemple, le 8 avril 2011, le village Lokodjro à majorité dioula a subi une attaque par plusieurs petits groupes mixtes de miliciens et de mercenaires qui a mené à la mort de 7 personnes, tuées par balle ou par le feu. Entre le 11 et le 22 avril, au moins 24 personnes ont ainsi été tuées dans le quartier de Yopougon.

55. Le 26 avril, les FRCI ont mené une incursion violente dans les villages d'Abobo, de PK18 et d'Anyama pour mettre fin à la rébellion d'Ibrahim Coulibaly qui s'était nommé chef du Commando invisible et qui était considéré comme une menace pour le nouveau pouvoir. Ces incursions à l'arme lourde ont mené à la mort d'un certain nombre de personnes et à de nombreuses blessures, y compris sur des enfants et des vieillards.

56. Le 6 mai, la ville est déclarée libérée et les combats terminés par le Commandant Cherif Ousmane.

57. Depuis le 11 avril, et de manière plus marquée depuis le début du mois de mai, la ville d'Abidjan est le théâtre d'une répression violente d'éléments des FRCI à la recherche de miliciens. Cette recherche a mené à des abus sur les populations Ebriés et Guérés. La Commission a pu interroger des témoins et constater elle-même des cas presque quotidiens de détention arbitraire, de tortures et de traitements inhumains et dégradants sur des individus suspectés d'avoir été des miliciens ou des informateurs.

Description des faits dans les régions Ouest et Sud-Ouest

58. Selon les informations recueillies de différentes sources concordantes, les affrontements ont commencé dans cette région avec l'attaque, le 23 février, par les FDS, d'une position du FAFN à Bounta, en violation du cessez-le feu. Les FAFN ont alors entamé une contre offensive attaquant et conquérant les villes de l'Ouest les unes après les autres. La Commission a, en particulier, pris connaissance du rapport de l'ONUCI sur les violations des droits de l'homme et du droit international à l'Ouest de la Côte d'Ivoire qui, corroborant différentes informations recueillies sur le terrain, présente une analyse détaillée des évènements dans cette région.

59. Avant les combats, la situation des droits de l'homme dans cette région était caractérisée par des violences intercommunautaires récurrentes liées aux conflits fonciers. Des attaques régulières contre la population d'origine étrangère ont été rapportées, notamment lors de barrages routiers établis par des jeunes miliciens appuyés bien souvent par des FDS. Ces violations incluent notamment des atteintes au droit à la vie, à la sécurité de la personne et à la liberté de circulation. A San Pedro par exemple, les militaires de la force onusienne ont expliqué à la Commission que la ville était pendant plusieurs semaines contrôlée par les jeunes patriotes et qu'ils étaient obligés de négocier chaque déplacement avec eux, même pour leur ravitaillement.

60. Après le 28 novembre, la situation dans toute la région s'est considérablement détériorée avec une augmentation sensible des violences contre les personnes perçues comme appuyant le RHDP et d'origine du Nord. En outre, les tensions entre les communautés allaient grandissantes. Ainsi, à Duékoué, le 28 novembre, le

représentant du RDHP ayant supervisé le déroulement des élections au quartier Carrefour a été séquestré et violenté par les miliciens UPRGO et APWê dans ce quartier. A la même période, la mort de trois personnes à un barrage a fait éclater des affrontements entre les communautés Guéré et Malinké. Les Guérés ont été accusés d'être les auteurs du braquage et de la tuerie. Des membres de la communauté Malinké ont attaqué les quartiers Guéré et dans les quartiers Malinké, des Guérés ont été maltraités et chassés de leurs maisons. En représailles, les Guérés ont par la suite chassé les Malinkés habitant les quartiers traditionnellement Guéré, mettant le feu à des maisons habitées par ou appartenant à des Malinkés et d'autres ethnies du Nord. Le bilan de ces affrontements s'élèverait à des dizaines de morts, plus d'une centaine de blessés et au moins 450 maisons auraient été détruites.

61. A Divo, une manifestation du RHDP de Divo organisée le 16 décembre 2010 a été réprimée par les CRS, mis en place quelques mois auparavant dans la ville, sous le commandement de M. Seka Yapo, qui ont utilisé des grenades à gaz lacrymogène et ont tiré sur les manifestants avec des armes de guerre. Au moins 4 personnes seraient mortes et 27 blessées dont une fille de 8 ans.

62. A San Pedro, dans les semaines qui suivirent le 2ème tour des élections, les jeunes patriotes et autres organisations de la galaxie patriotique, sous le leadership – parfois contesté - de MM. Blé Sépé et Sylla Youssouf, tels que la « génération Blé Goudé » et le club de discussion « La Sorbonne », opéraient en ville en pleine connaissance des forces de l'ordre, incitant publiquement à la violence contre les supporters du RHDP et organisant des manifestations publiques non autorisées par la mairie, ainsi que des barrages et fouilles de véhicules et personnes civiles.

63. A partir de la violation du cessez-le-feu, le 23 février, les FAFN ont entamé une contre offensive attaquant et conquérant les villes de l'Ouest les unes après les autres, notamment Zouan Hounien, Toulepleu, Doké, Blolequin, Duékoué, Guiglo. Dans un certain nombre de cas, les FDS positionnées dans ces villes ont fui avant l'arrivée des FAFN et plus tard des FRCI. Néanmoins, entre leur départ et la prise de la ville par les FAFN ou les FRCI, des groupes de jeunes patriotes, des miliciens appuyés parfois par des mercenaires ont commis de nombreuses exactions contre la population civile. C'est le cas notamment de Guiglo et à Divo. A Duékoué, le 28 mars, les FDS se sont défendus pendant environ 24 heures, recevant des renforts en provenance de Guiglo.

64. D'après certains témoignages, les FDS étaient appuyés par des mercenaires anglophones, en provenance du Libéria, et soutenus par des milices locales armées. Ce même jour, les miliciens et mercenaires auraient procédé à des attaques contre des populations civiles entraînant des morts et portant atteinte à l'intégrité physique des personnes concernées. Par exemple, vers 9 h, des miliciens APWê et des mercenaires libériens auraient tué l'imam et son tuteur âgé de 72 ans. Ces attaques auraient pris fin en début d'après midi avec la prise de la ville par les FRCI. Dans leur retraite, les miliciens auraient pillé et incendié de nombreuses maisons. Le 29 mars, le quartier Carrefour, siège de plusieurs milices dont APWê et UPRGO, a été le théâtre des combats entre FRCI, appuyés par des Dozos, et les milices. D'après des témoignages concordants des parents des victimes, une fois le quartier pris par les FRCI, ils ont ordonné aux femmes et aux petits enfants de partir vers la mission catholique, leur demandant de scander le mot « guerrier ». Après les combats, des FRCI, accompagnés par des Dozos et des éléments armés appartenant à des milices Malinké ont fait des

perquisitions, arrêtant les personnes considérées comme appartenant aux FDS. Certaines ont été exécutées sur le champ.

65. La Commission a été informée qu'à leur arrivée dans les villes, les FRCI et leurs alliés ont également commis de nombreuses exactions contre les populations jugées favorables à l'ex-président Gbagbo (et cela s'est poursuivi ultérieurement).

2) Qualification des faits et nomenclature des crimes commis

2.1. Violations des droits de l'homme

66. Les évènements décrits ci-dessus constituent des graves violations des droits de l'homme au regard du droit positif ivoirien comme des instruments internationaux et régionaux des droits de l'homme auxquels la Côte d'Ivoire est partie. La Commission a noté que jusqu'à la fin de sa mission en Côte d'Ivoire, des graves violations ont continué d'être perpétrées quotidiennement.

67. Les informations recueillies par la Commission indiquent que les incidents les plus graves ont été commis à Abidjan et dans l'Ouest, notamment le long de la route entre Duékoué et Toulepleu, San Pedro, ainsi que le triangle Divo-Lakota-Gagnoa. Différents acteurs, de tous bords, sont responsables de ces violations. La Commission a également constaté que dans les mêmes régions, les victimes comme les auteurs des violations changeaient en fonction du moment dans l'évolution du conflit.

68. Ainsi à Abidjan et de manière schématique, on peut noter que juste après les élections présidentielles, ce sont les populations considérées comme pro-Ouattara du fait notamment de leur ethnie, leur appartenance politique ou de leur religion qui ont subi les répressions des FDS ou

des miliciens ou qui ne se sont pas senties suffisamment en sécurité pour rester chez elles. Dans un second temps, à partir de mars, les populations traditionnellement perçues comme étant en faveur de Gbagbo ont subi des représailles, particulièrement du Commando invisible à Abidjan et des FRCI au fur et à mesure de leur prise des différentes villes.

Droit à la vie

69. La Commission considère que chaque personne tuée est une victime de trop et ne souhaite pas alimenter les débats sur les chiffres. Faute de temps et de ressources suffisantes, la Commission ne peut fournir qu'une estimation des pertes en vies humaines. Elle n'a pas eu les moyens pour exhumer des corps des fosses communes, de reconstituer des squelettes ou d'analyser de cendres retrouvées dans des maisons incendiées. Néanmoins, sur la base des informations recueillies lors de ses visites de terrain et des recoupements qu'elle a pu effectuer, une estimation raisonnable suggère que 3000 personnes au moins auraient été tuées. De nombreuses personnes ont été tuées par des méthodes barbares, notamment par le supplice communément appelé « l'Article 125 » qui décrit le prix de l'essence (100 francs) et des allumettes (25 francs) nécessaires pour brûler un individu. Dans d'autres cas, elles ont été enfermées dans un container et sont mortes de suffocation.

70. A Duékoué, par exemple, la Commission a eu accès à quatre fosses communes où 197 corps avaient été inhumés. A la morgue IVOSEP d'Abidjan, 1300 corps ont été recueillis. Une grande quantité de tombes et d'ossements ont été trouvés un peu partout, certains brulés et avec des grandes quantités de cendres aux alentours.

71. La plupart des corps vus par la Commission ou sur des photos, ou selon les registres des unités de santé visitées, avaient des blessures par arme à feu, y compris des armes de guerre, dont des armes lourdes et des grenades. Des coups de feu, des marques d'éclat de projectiles, de brulures ont été décelés sur les corps.

72. Par exemple, à Péhé, on a signalé la présence d'une corde bleue autour de ce qui reste des ossements des membres supérieurs d'un corps. Des morceaux de corde avec les mêmes caractéristiques ont été trouvés au quartier Carrefour à Duékoué. Aussi à Abidjan, les témoins nous parlent de personnes brulées vivantes, utilisant de l'essence et des pneus. A l'Ouest, des témoignages indiquent que de nombreuses personnes ont été égorgées.

Droit à l'intégrité physique

73. Le fait qu'il y ait eu de nombreux blessés démontre qu'il y a eu violation du droit à l'intégrité physique. C'est le cas par exemple lors de la dissolution violente de manifestations civiles non violentes, notamment à Abidjan et Divo le 16 décembre 2010 et à Duékoué le 3 janvier 2011, où des armes de guerre, y compris des armes lourdes ont été utilisées de manière indiscriminée. Ce fut aussi le cas à Blolequin, Doké, Guiglo, Péhé, San Pedro et Toulepleu.

74. D'autres cas de violations de ce droit ont pu être relevés par la Commission dans les villes et villages où elle a mené ses enquêtes, y compris les bastonnades de personnes arrêtées ou en détention. La Commission a pu constater, suivant les informations fournies par les professionnels de la santé, qu'au moins 1740 blessés, la plupart par armes à feu, ou par arme blanche ont été accueillis.

Violation du droit à la liberté et à la sécurité de la personne humaine

75. Les arrestations et détentions arbitraires par les FDS et les FRCI, ainsi que l'absence de la possibilité effective d'introduire un recours devant un tribunal ou toute autre autorité judiciaire compétente constituent une violation de l'article 9 du Pacte international relatif aux droits civils et politiques. A Doké, par exemple, MM. X et Z ont été arrêtés par les FDS. Ils ont été attachés et emmenés sous prétexte qu'ils étaient des militants du RHDP. Le Chef du village ayant expliqué que M. Z était en fait du LMP, ce dernier a été libéré. M. X est toujours porté disparu. La Commission a également constaté de visu, à Abidjan, un certain nombre de cas de détention dépassant les délais légaux dans de nombreux commissariats sous le commandement d'éléments des FRCI. En effet, durant la période considérée et dans les localités visitées par la Commission, l'administration de la justice a été défaillante.

Liberté de circulation

76. Les différents barrages mis en place par les organisations de la « galaxie patriotique » bien avant le 28 novembre et tolérés par les forces de l'ordre, ainsi que les barrages mis en place plus tard par les FRCI constituent des violations de la liberté de circuler. A ces barrages, d'autres violations ont été commises notamment des viols et du racket. Les barrages érigés par les jeunes patriotes et des groupes de milices servaient de points de contrôle pour identifier des personnes considérées comme pro-Ouattara et limitaient la circulation de ces personnes, les confinant à certains quartiers sans motif. Ils limitaient

également la circulation du personnel civil des Nations Unies et des étrangers résidant en Côte d'Ivoire.

Liberté d'expression et d'information et incitation à la haine

77. Dans le contexte des élections, la plupart des observateurs ont noté le professionnalisme et le civisme des médias ivoiriens dans la couverture du premier tour des élections présidentielles. Les médias se sont cependant illustrés négativement dans la couverture de la campagne du second tour, en prenant des positions partisanes et relayant des propos incendiaires. Sous prétexte de défendre la souveraineté nationale, les médias d'Etat ont progressivement développé une campagne appelant à la résistance patriotique à travers des écrits et reportages virulents aux relents xénophobes. La RTI se serait dans ce contexte particulièrement illustrée et aurait été transformée en une « véritable machine de guerre et de propagande pour le LMP», monopolisant l'espace médiatique et diffusant des messages provocateurs. Par exemple, le 25 février 2011, elle retransmet un appel de Charles Blé Goudé aux Jeunes Patriotes : « *Vous devez contacter les présidents de quartier, vous devez (...) vérifier les entrées et les sorties de vos quartiers. Et dénoncer toute personne étrangère qui vient dans votre quartier* ».

78. La Commission a constaté que le respect du droit à la liberté d'expression, d'opinion et d'information s'est considérablement détérioré durant la crise. Certains partis politiques de l'opposition et des médias indépendants ont rencontré des difficultés systématiques dans l'exercice de ces libertés.

79. La Commission note que les journaux et les médias étaient divisés en journaux verts soutenant le camp Ouattara et les journaux bleus soutenant le camp Gbagbo,

les premiers étant sévèrement réprimés pendant l'administration de Monsieur Laurent Gbagbo. Pendant la prise de la ville d'Abidjan, les locaux des journaux bleus ont été saccagés. Certains de ces journaux commençaient à peine à reparaître à la fin de la visite de la Commission en Côte d'Ivoire.

Enseignements du procès des Médias devant le Tribunal pénal international pour le Rwanda (Radio des Mille Collines-RTLM et Journal Kangura)

La liberté d'expression et d'information et l'incitation à la haine lors de la crise postélectorale en Côte d'Ivoire renvoient, toutes proportions gardées, au procès des Médias devant le Tribunal pénal international pour le Rwanda (TPIR) et aux enseignements qu'on peut en tirer[14]. Il convient d'y ouvrir une parenthèse. Le procès (ou l'affaire) des Médias devant le TPIR concernait trois accusés responsables de médias : Ferdinand Nahimana, Jean-Bosco Barayagwiza et Hassan Ngeze.

D'après les informations recueillies par le TPIR, Ferdinand Nahimana a été nommé, en 1990, Directeur de l'ORINFOR (Office rwandais de l'information). Il est resté à ce poste jusqu'en 1992. En 1992, Nahimana et d'autres ont fondé un comité d'initiative pour constituer la société appelée Radio Télévision Libre des Mille Collines S.A. (RTLM). Il était membre du parti politique appelé

---

[14] Affaire n° ICTR-99-52-T, *Le Procureur c/ Ferdinand Nahimana, Jean-Bosco Barayagwiza, Hassan Ngeze*, Chambre de première instance I, Jugement et sentence, 3 décembre 2003 ; Arrêt de la Chambre d'appel du TPIR du 28 novembre 2007, *Ferdinand Nahimana, Jean-Bosco Barayagwiza, Hassan Ngeze c/ Le Procureur*, Affaire n° 99-52-A. ; Bemba, Joseph, *Justice internationale et liberté d'expression : les médias face aux crimes internationaux,* Paris, L'Harmattan, collection Justice internationale, 2008. Préface de Loïc Hervouët.

Mouvement révolutionnaire national pour le développement (MRND). Nahimana devait répondre devant le TPIR, aux termes de l'acte d'accusation modifié déposé le 15 novembre 1999 (ICTR-96-11-I), de sept chefs d'accusation, dans le cadre du génocide rwandais de 1994 : entente en vue de commettre le génocide, génocide et incitation directe et publique à commettre le génocide, complicité dans le génocide et crimes contre l'humanité (persécution, extermination et meurtre), prévus par les articles 2 et 3 du Statut du TPIR. Il lui était reproché d'avoir engagé sa responsabilité individuelle, selon l'article 6-1 du Statut, en commettant ces crimes et sa responsabilité de supérieur, selon l'article 6-3 concernant l'incitation directe et publique à commettre le génocide et les crimes contre l'humanité (persécution). Nahimana devait répondre principalement d'actes commis dans le cadre de la station de radio appelée Radio Télévision Libre des Mille Collines (RTLM).

Jean-Bosco Barayagwiza (décédé) était juriste de formation et un membre fondateur du parti de la Coalition pour la défense de la République (CDR) fondé en 1992. Il était entre autres membre du comité d'initiative qui avait organisé la constitution de la société Radio Télévision Libre des Mille Collines S.A. Barayagwiza devait répondre, aux termes de l'acte d'accusation modifié déposé le 14 avril 2000 (ICTR-97-19-I), de neuf chefs d'accusation : entente en vue de commettre le génocide, génocide, incitation directe et publique à commettre le génocide, complicité dans le génocide et crimes contre l'humanité (persécution, extermination et assassinat), et deux chefs de violation grave de l'article 3 commun aux Conventions de Genève du 12 août 1949 et du Protocole additionnel II. Sa responsabilité de supérieur était en outre engagée selon l'article 6-3 du Statut, au titre des autres chefs, sauf l'entente en vue de commettre le génocide. Il devait répondre principalement d'actes commis dans le cadre de la station de radio appelée RTLM et du parti de la Coalition pour la défense de la République (CDR).

Hassan Ngeze a travaillé comme journaliste à partir de 1978. En 1990, il a créé le journal *Kangura* dont il était le rédacteur en chef. Il était entre autres un membre fondateur du parti de la Coalition pour la défense de la République (CDR). Ce dernier devait répondre, aux termes de l'acte d'accusation en date du 10 novembre 1999 (ICTR-97-27-I), de sept chefs : entente en vue de commettre le génocide, génocide, incitation directe et publique à commettre le génocide, complicité dans le génocide et crimes contre l'humanité (persécution, extermination et assassinat), prévus par les articles 2 et 3 du Statut. L'acte d'accusation modifié déposé initialement le 22 novembre 1999 contenait des erreurs typographiques relatives aux chefs d'accusation, et une version corrigée de l'acte d'accusation modifié a été déposée le 19 novembre 2002. La responsabilité individuelle de l'accusé était engagée en vertu de l'article 6-1 du Statut au titre de ces crimes et sa responsabilité de supérieur, selon l'article 6-3 au titre de tous les crimes sauf un : l'entente en vue de commettre le génocide. Ngeze devait répondre principalement d'actes commis dans le cadre du journal *Kangura*.

Le procès des Médias a mis en évidence le rôle et la responsabilité pénale des médias radiophoniques et écrits dans le génocide qui a eu lieu au Rwanda en 1994. Il a permis de répondre aux questions telles que : où commence et où s'arrête la liberté d'expression et d'information en période de conflit ? Quels sont les droits et les devoirs attachés à la liberté d'expression et d'information ? La liberté d'expression signifie-t-elle le droit de dire ou de faire tout ou n'importe quoi et n'importe comment ? Lors de la crise postélectorale ivoirienne, par exemple, jusqu'où pouvait-on parler d'abus de la liberté d'expression, de parti pris ou d'intention malveillante dans l'exercice de cette liberté ?

Concrètement, la Chambre de première instance I du TPIR a rappelé l'importance, en l'espèce, d'une résolution de l'Assemblée générale des Nations Unies en 1946 qui déclare que la liberté d'information, droit de l'homme fondamental est « impérativement subordonnée à la volonté et à la capacité de jouir des privilèges qu'elle confère sans en abuser et, à titre de discipline élémentaire, à l'obligation morale de rechercher des faits sans parti pris et de répandre des connaissances sans intention malveillante »[15].

Les juges du TPIR ont examiné le rôle et la responsabilité pénale des médias. Ils ont pris en considération non seulement le contenu des émissions et des articles de presse particuliers, mais également l'application plus large de ces principes à la programmation des médias, ainsi que les responsabilités inhérentes à la possession et au contrôle institutionnel des médias.

Incitation directe et publique à commettre le génocide par des discours haineux et violents

L'une des questions les plus âprement discutées dans cette affaire était celle de savoir quels sont les éléments constitutifs du crime d'incitation directe et publique à commettre le génocide, notamment à travers des discours

[15] Affaire n° ICTR-99-52-T, *Le Procureur c/ Ferdinand Nahimana, Jean-Bosco Barayagwiza, Hassan Ngeze,* Chambre de première instance I, Jugement et sentence, 3 décembre 2003, paragraphe 944 ; Résolution de l'Assemblée générale des Nations Unies 59 (I) (1946).

haineux et violents. Les accusés auraient utilisé les médias écrits et radiophoniques, non seulement pour diffuser leurs propres paroles, mais encore celles des autres, en vue de la communication d'idées et de la mobilisation de la population à grande échelle.

La Chambre a procédé au rappel du droit et de la jurisprudence internationale sur l'incitation à la discrimination et à la violence, estimant que ce rappel constituait un guide pour évaluer la responsabilité pénale en matière d'incitation directe et publique à commettre le génocide, à la lumière du droit fondamental à la liberté d'expression. Elle a été dès lors conduite à examiner successivement la jurisprudence du Tribunal militaire international de Nuremberg en invoquant notamment les cas de Julius Streicher et de Hans Fritzsche et celle relative aux conventions des Nations Unies et à la convention européenne de sauvegarde des droits de l'homme et des libertés fondamentales du 4 novembre 1950. La Chambre a également discuté d'un certain nombre de principes généraux qui émergent de la jurisprudence internationale relative à l'incitation, à la discrimination et à la violence pour définir les éléments de « l'incitation directe et publique à commettre le génocide » appliqués aux médias, sans oublier la jurisprudence du TPIR.

De cette analyse, on relèvera notamment que le droit international protège à la fois le droit de ne pas subir de discrimination et le droit à la liberté d'expression. La déclaration universelle des droits de l'homme prévoit dans son article 7 que « Tous ont droit à une protection égale contre toute discrimination … et contre toute provocation à une telle discrimination ». L'article 19 prévoit : « Chacun a droit à la liberté d'opinion et d'expression ». Ces deux principes sont élaborés dans des traités internationaux et régionaux, comme l'est la relation entre ces deux droits fondamentaux, qui dans certains contextes semblent entrer en conflit et nécessiter une médiation[16].

Le Pacte international relatif aux droits civils et politiques prévoit dans son article 19-2 que « Chacun a droit à la liberté d'expression », tout en précisant dans son article 19-3 que l'exercice de ce droit « comporte des devoirs spéciaux et des responsabilités spéciales » et peut dès lors être soumis à certaines restrictions : « pour le respect des droits ou de la réputation d'autrui » et « pour la sauvegarde de la sécurité nationale, de l'ordre public, de la santé publique ou de la morale publique ».

De même, en vertu des dispositions de l'article 20 du même Pacte, certains discours non seulement peuvent mais encore doivent être restreints. L'article 20-2 prévoit que « Tout appel à la haine nationale, raciale ou religieuse qui constitue une incitation à la discrimination, à l'hostilité ou à la violence est interdit par la loi ». Dans le même sens, l'article 4 a) de la Convention internationale sur l'élimination de toutes les formes de discrimination raciale demande aux Etats Parties de déclarer délits punissables par la loi « toute diffusion d'idées fondées sur la supériorité ou la haine raciale, toute incitation à la discrimination raciale, ainsi que tous actes de violence, ou provocation à de tels actes, dirigés contre toute race ou tout groupe de personnes d'une autre couleur ou d'une autre origine ethnique, de même que toute assistance apportée à des activités racistes, y compris leur financement ». L'article 4 b) de la Convention exige en outre l'interdiction des organisations et de tout autre type d'activités de propagande qui « incitent et encouragent à la discrimination raciale », et la reconnaissance que la

---

[16] Affaire n° ICTR-99-52-T, *Le Procureur c/ Ferdinand Nahimana, Jean-Bosco Barayagwiza, Hassan Ngeze*, Chambre de première instance I, Jugement et sentence, 3 décembre 2003, paragraphe 983.

participation à ces organisations ou activités constitue un délit punissable par la loi[17].

Le 12 janvier 2007, la Chambre d'appel du TPIR a autorisé l'organisation non gouvernementale « Open Society Justice Initiative » (« *amicus curiae* ») à déposer un mémoire (« Mémoire d'*amicus curiae* ») portant sur 1) la distinction entre le discours haineux, l'incitation directe et publique à commettre le génocide et le génocide (incluant une section sur la compétence temporelle du Tribunal) et 2) la question de savoir si le discours haineux pouvait constituer le crime contre l'humanité de persécution[18].

Dans la même décision, elle a autorisé les parties à répondre au Mémoire d'*amicus curiae*, ce qu'elles ont fait par la suite dans le respect du délai accordé. S'inspirant de ce mémoire et après avoir analysé les arguments des parties et les conclusions de la Chambre de première instance, la Chambre d'appel a conclu en ces termes, s'agissant du discours haineux et de l'incitation directe à commettre le génocide :

« La Chambre d'appel considère qu'il y a une différence entre le discours haineux en général (ou l'incitation à la discrimination ou à la violence) et l'incitation directe et publique à commettre le génocide. En effet, il y aura incitation directe et publique à commettre le génocide si le discours constitue un appel direct à commettre un ou des actes de génocide énumérés à l'article 2-2 du Statut ; une suggestion vague et indirecte ne suffira pas. Dans la plupart des cas, une incitation directe et publique à commettre le génocide pourra

---

[17] Affaire n° ICTR-99-52-T, *Le Procureur c/ Ferdinand Nahimana, Jean-Bosco Barayagwiza, Hassan Ngeze*, Chambre de première instance I, Jugement et sentence, 3 décembre 2003, paragraphe 985.

[18] Decision on the Admissibility of the Amicus Curiae Brief Filed by the "Open Society Justice Initiative" and on its Request to Be Heard at the Appeals Hearing, 12 janvier 2007 ("Decision du 12 janvier 2007").

être précédée ou accompagnée de discours haineux, mais seule l'incitation directe et publique à commettre le génocide est prohibée en vertu de l'article 2-3-c du Statut. Cette conclusion est confirmée par les travaux préparatoires de la Convention sur le génocide[19].

La Chambre d'appel conclut donc que lorsque l'accusé est inculpé en vertu de l'article 6-3-c du Statut, il ne peut être tenu responsable pour des discours haineux qui n'appellent pas directement à commettre le génocide. La Chambre d'appel est aussi d'avis que, étant donné que tous les discours haineux ne constituent pas de l'incitation directe à commettre le génocide, la jurisprudence relative à l'incitation à la haine, à la discrimination et à la violence n'est pas immédiatement applicable pour déterminer ce qui caractérise une incitation directe à commettre le génocide (…) »[20].

Le verdict et les sentences en première instance ont été exemplaires. Les trois accusés ont été déclarés coupables de génocide, d'incitation directe et publique à commettre le génocide et d'extermination et persécution en tant que crimes contre l'humanité.

Ayant pris en considération tous les facteurs pertinents, la Chambre de première instance I a condamné Ferdinand Nahimana au titre de tous les chefs dont il a été reconnu coupable à l'emprisonnement à vie. Ayant pris en considération tous les facteurs pertinents et prenant en compte la violation de ses droits, la Chambre a condamné Jean-Bosco Barayagwiza au titre de tous les chefs dont il a été reconnu coupable à un emprisonnement de 35 ans. Ayant pris en considération tous les facteurs pertinents, la Chambre a condamné Hassan Ngeze au titre de tous les

---

19 Les Appelants n'ayant pas allégué d'erreurs quant à la notion d'incitation « publique », la Chambre d'appel s'est concentrée sur la signification d'une incitation « directe » à commettre le génocide ; Arrêt de la Chambre d'appel du TPIR du 28 novembre 2007, *Ferdinand Nahimana, Jean-Bosco Barayagwiza, Hassan Ngeze c/ Le Procureur,* Affaire n° 99-52-A, paragraphe 692.

20 Idem, paragraphe 693.

chefs dont il a été reconnu coupable à l'emprisonnement à vie.

Toutefois, en raison de l'annulation de certaines déclarations de culpabilité prononcées à l'encontre des accusés, la Chambre d'appel du TPIR a réduit la peine d'emprisonnement à vie de Ferdinand Nahimana à une peine de 30 ans. Pour le même motif, la peine d'emprisonnement de 35 ans de Jean-Bosco Barayagwiza a été réduite à 32 ans. La peine d'emprisonnement à vie d'Hassan Ngeze a été réduite à 35 ans.

Comme l'énonce dans ses conclusions juridiques le TPIR, le procès des médias « touche à d'importants principes concernant le rôle des médias, qui n'ont pas été discutés au niveau de la justice pénale internationale depuis Nuremberg. Le pouvoir des médias de créer et détruire des valeurs humaines fondamentales a pour contrepartie une lourde responsabilité. Ceux qui contrôlent ces médias doivent répondre de leurs conséquences »[21].

Cet énoncé souligne à lui seul l'importance et l'intérêt du jugement rendu en cette affaire, près de 60 ans après le procès de Nuremberg, en ce qui concerne la liberté d'expression et ses limites. Lors d'un point presse du 3 décembre 2003, le Procureur du TPIR a déclaré que : « Le TPIR a établi un nouveau précédent pour la justice internationale (…). C'est un précédent en ce qui concerne la liberté d'expression, la liberté de la presse et la limitation de ces droits (…). Ces droits ne doivent pas être utilisés en tant qu'armes de destruction, mais en tant qu'outils de solidarité nationale, de stabilité sociale (…). Pour la première fois, un tribunal international a statué sur

[21] *Idem*, paragraphe 945.

des allégations de crimes commis par voie de communication écrite ou audio »[22].

Le procès des médias est l'un des plus importants procès dont le TPIR a été saisi. Ses enseignements sont susceptibles d'éclairer le procès Gbagbo-Blé Goudé dans l'analyse du rôle des médias lors de la crise postélectorale en Côte d'Ivoire.

Nous fermons ici la parenthèse et poursuivons l'examen du rapport de la Commission d'enquête des Nations Unies sur la Côte d'Ivoire.

Droit à la manifestation et à l'assemblée paisible en public

80. L'interdiction générale de manifestations dans le cadre de la déclaration d'un couvre-feu et les dissolutions des manifestations à Abidjan et Divo le 16 décembre 2010 et à Duékoué le 3 janvier 2011 sont une violation de l'article 21 du Pacte international relatif aux droits civils et politiques. La Commission note que dans ce cadre, toutes tentatives de membres de l'opposition pour organiser des manifestations ont été sévèrement réprimées par les FDS, parfois avec des armes lourdes et des armes de guerre.

Liberté de religion et profanation de lieux de culte

81. Au cours de ses enquêtes et ses entretiens, la Commission a noté que des églises et des mosquées ont fait l'objet d'attaques et de perquisitions illégales. Par exemple, une église catholique a été détruite au quartier

[22] Communiqué de presse, Fondation Hirondelle, n° CE/GF/FH (PQ 1203 A), 3 décembre 2003, TPIR/Parquet, « Le TPIR a établi un nouveau précédent avec le jugement dans le procès des médias », déclare le Procureur ».

Carrefour de Duékoué par les milices Guéré pro-Gbagbo et la cathédrale a été profanée par les FRCI.

82. A Blolequin, la mosquée a été profanée par les milices Guéré et les mercenaires libériens. A Abidjan, une église pentecôtiste a été attaquée par des membres du FRCI à la recherche d'armes.

Droits économiques, sociaux et culturels

83. L'Etat de Côte d'Ivoire n'a pas pris les mesures nécessaires en vue de préserver et d'assurer la jouissance des droits économiques, sociaux et culturels. Ces violations se sont particulièrement aggravées avec la crise postélectorale du 28 novembre 2010 jusqu'à la prise d'Abidjan notamment dans les domaines de l'éducation, de la santé et de l'accès à l'eau potable, de la nourriture suffisante et du logement adéquat.

Droit à l'éducation

84. La Commission a constaté que la crise postélectorale a quasiment paralysé le système éducatif de ce pays, privant par conséquent des centaines de milliers d'enfants pendant plusieurs mois de la jouissance du droit à l'éducation.

Droit à la santé

85. Dans de très nombreux cas, les infrastructures sanitaires ont été pillées, comme la clinique d'Anonkoua-Kouté, ou ont dû fermer pour diverses raisons liées notamment à l'insécurité. En outre, des pharmacies et autres postes de santé ont connu de sérieuses difficultés d'approvisionnement avec de graves conséquences sur la

vie et la santé des populations de ces régions ainsi que celles de l'ouest ou la situation est identique voire pire.

Droit à l'alimentation, à l'eau et au logement

86. La crise des droits de l'homme s'est couplée à une crise humanitaire avec des centaines de milliers de personnes déplacées vivant dans des conditions extrêmes. Un nombre indéterminé d'entre elles sont encore réfugiées en brousse. Le taux de malnutrition s'est aggravé pendant la crise, notamment dans la région ouest et surtout dans les centres abritant des personnes déplacées. Le fait que les semences de nombreux cultivateurs aient été incendiées avec leurs habitations, notamment à l'ouest, suscitent de grandes inquiétudes pour les mois à venir avec un risque de famine. Le fait que certains corps aient été jetés par les combattants dans les puits, notamment à l'ouest, a conduit à la contamination de l'eau utilisée par les habitants. Aussi, le fait que des fosses communes soient situées près des cours d'eau, avec le risque potentiel de contamination des sols, engendre des conséquences sérieuses. Quant au droit au logement, la Commission a visité les ruines de centaines d'habitations incendiées qui ont engendré le déplacement forcé de communautés entières.

Droits des enfants à ne pas être recrutés par des groupes armés

87. Sur la base des rapports recueillis et ses observations sur le terrain, la Commission a noté que des enfants étaient associés aux groupes armés tout au long du conflit. L'appel de l'ancien ministre de la Jeunesse, M. Blé Goudé, le 19 mars 2011, a conduit des milliers de jeunes, notamment des élèves et des étudiants, parfois mineurs, à s'enrôler dans les milices. La présence d'enfants a aussi

été observée à des barrages FRCI notamment à Guiglo, Toulepleu et Blolequin.

2.2. Violations du droit humanitaire international

88. L'attaque des positions FAFN, par les FDS, le 23 février, à Bounta, marque le début du conflit armé non international en Côte d'Ivoire. Le conflit qui a ainsi opposé les FAFN aux FDS, ainsi que les différents groupes armés qui les appuient, remplit les conditions d'applicabilité de l'article 3 commun des Conventions de Genève et du 2ème protocole additionnel auxquels est partie la Côte d'Ivoire.

89. Le conflit qui a ensuite opposé les FRCI aux FDS loyales à l'ancien président Gbagbo ne constitue pas, selon la Commission, un conflit distinct, mais devrait plutôt être analysé comme la suite d'un conflit déjà en cours. Il est à noter que le conflit ne s'est pas déroulé sur toute l'étendue du pays, le droit international humanitaire s'appliquant donc uniquement au territoire où un conflit armé non international a effectivement eu lieu.

90. Les parties au conflit ainsi que leurs forces armées auxiliaires ont violé les dispositions du droit international humanitaire statutaire et coutumier, notamment le droit à la vie et à l'intégrité physique des personnes protégées ; dans certains cas, les personnes protégées ont été violées et leurs biens pillés. La Commission a également constaté à Abidjan et dans d'autres villes des régions ouest et sud-ouest, des cas d'exécutions sommaires de personnes civiles ou de personnes hors de combat. Dans d'autres cas, comme au quartier Carrefour de Duékoué où les attaques à l'arme lourde contre les quartiers de Yopougon ou Abobo, les forces armées ont fait un usage indiscriminé de la force.

2.3. Violations du droit pénal international

Crimes contre l'humanité

91. Les informations reçues, les témoignages donnés et les constatations sur le terrain reflètent la gravité des violations et des crimes qui ont été commis par les différents acteurs durant la période considérée. Les crimes graves tels les meurtres et viols ayant eu lieu lors des attaques généralisées et systématiques contre des populations ciblées sur la base de leurs sympathies politiques supposées ou de leur appartenance ethnique pourraient constituer des crimes contre l'humanité. Dans ce cadre, la Commission a relevé en particulier les attaques des éléments FDS avec des miliciens et mercenaires alliés contre les populations des quartiers d'Abobo et de Yopougon à Abidjan, en particulier le quartier PK18 et le village Sikasso à Abidjan ; les pillages et tueries par des éléments du Commando invisible contre le village Ebrié, Anonkoua-Kouté ; dans l'axe Duékoué-Toulepleu : les attaques et exactions par les FRCI et leurs alliés contre les populations d'origine Guéré et la destruction de biens de ces derniers. Certains de ces évènements pourraient constituer des crimes contre l'humanité. Cependant, en raison du temps limité, la Commission considère qu'elle n'a pas pu approfondir suffisamment cette question pour proposer une qualification définitive d'évènements spécifiques.

Crimes de guerre

92. Certains des actes décrits ci-dessus sont des violations graves de l'article 3 commun aux quatre Conventions de Genève du 12 août 1949 au sens de l'article 8 du Statut de Rome. Ces actes commis dans les

combats à Abidjan et d'autres villes depuis la fin mars 2011 sont des atteintes à la vie et à l'intégrité corporelle, des traitements cruels et de torture, ainsi que des traitements humiliants et dégradants portant atteinte à la dignité de personnes qui n'ont pas participé directement aux hostilités.

93. Ces actes peuvent également être qualifiés comme violations graves des lois et coutumes applicables aux conflits armés ne présentant pas un caractère international. Il s'agit notamment d'attaques dirigées intentionnellement contre la population civile en tant que telle ou contre des personnes civiles qui ne participent pas directement aux hostilités ; des attaques dirigées intentionnellement contre les bâtiments, le matériel, les unités et les moyens de transport sanitaires ; des attaques dirigées intentionnellement contre le personnel, les installations, le matériel, les unités ou les véhicules employés par l'ONUCI dans le cadre d'une mission de maintien de la paix ; des attaques dirigées intentionnellement contre des bâtiments consacrés à la religion, à l'enseignement et des hôpitaux ; des pillages des villes et villages, ainsi que des viols et autres formes de violences sexuelles. La Commission n'a pas pu confirmer la conscription ou l'enrôlement d'enfants de moins de 15 ans par les parties au conflit, mais exprime de sérieuses inquiétudes quant à la présence de mineurs dans les unités des FDS et des FRCI. (…).

3) Inquiétudes sur la situation des droits de l'homme en Côte d'Ivoire

Dans son rapport, la Commission d'enquête internationale de l'ONU a émis de sérieuses inquiétudes sur la situation des droits de l'homme en Côte d'Ivoire. On peut y lire :

« La Commission conclut que durant la période considérée, de nombreuses violations des droits de l'homme et du droit international humanitaire ont été commises en Côte d'Ivoire par différents acteurs. Les nombreuses victimes, essentiellement dans les régions de l'ouest, du sud-ouest et d'Abidjan continuent de payer un lourd tribut » (Point 119) ; « La Commission constate que, malgré une normalisation de la situation sécuritaire à Abidjan et dans de nombreuses villes de l'ouest, de nombreuses violations continuent d'être commises. Dans ce contexte, lors de sa visite au Liberia, des réfugiés Ivoiriens continuaient à arriver fuyant des exactions des membres des FRCI. A Abidjan, ainsi que dans d'autres villes, la Commission s'inquiète de la présence dans les rues d'un grand nombre de jeunes armés qui contribuent au sentiment d'insécurité des populations. La Commission s'inquiète également de l'impact au niveau sous-régional des mouvements transfrontaliers de miliciens et mercenaires, et de la circulation des armes » (Point 122) ; « La Commission s'inquiète de la crise humanitaire qui sévit dans le pays notamment la situation des milliers de déplacés et des réfugiés. En conséquence, une réponse globale devrait être développée d'urgence qui prenne en compte tous les aspects, guidée par les principes de non-discrimination » (Point 123).

Section 2. Recommandations

Dans ce contexte, la Commission d'enquête a fait les recommandations suivantes au gouvernement ivoirien (a), au Conseil des droits de l'homme (b), à la Haut Commissaire des Nations Unies pour les droits de l'homme (c), à l'Organisation des Nations Unies, aux organisations humanitaires et à la communauté internationale en général (d).

a) Recommandations au gouvernement ivoirien

Il a été recommandé au gouvernement ivoirien :

a) d'assurer que les responsables des violations des droits de l'homme et du droit humanitaire international soient traduits en justice ; dans ce contexte, les enquêtes initiées doivent être conduites de manière exhaustive, impartiale et transparente ;

b) d'assurer que les causes profondes de la crise, en particulier celles liées à la discrimination, soient examinées ;

c) d'assurer la sécurité des personnes et des biens notamment par le désarmement rapide des personnes ne faisant pas partie des forces de défense et de sécurité ;

d) dans le cadre de la réforme des institutions de sécurité, d'assurer que les personnes responsables de violations ne soient pas intégrées dans l'armée nationale ou toute autre force de sécurité et qu'une armée professionnelle et respectueuse des droits de l'homme soit mise sur pied rapidement ;

e) d'assurer que les initiatives prises pour la réconciliation, notamment l'établissement et le fonctionnement de la Commission dialogue, vérité et réconciliation répondent aux principes et bonnes pratiques internationales établies en la matière notamment en ce qui à trait à une réparation juste et équitable ;

f) de fournir une assistance adéquate aux victimes, notamment les femmes, enfants, personnes âgées et handicapées ;

g) de prendre les mesures nécessaires pour le développement de solutions durables pour les personnes déplacées ;

h) de prendre toutes mesures urgentes et appropriées en vue de la ratification sans délai du Statut de Rome, de la

Charte africaine sur la démocratie, les élections et la gouvernance, du Protocole à la Charte africaine sur les droits de la femme en Afrique, la Charte africaine sur les droits de l'enfant, la Convention africaine sur les réfugiés, les personnes déplacées et les demandeurs d'asile et la Convention sur le mercenariat.

b) Recommandations au Conseil des droits de l'homme

Il a été recommandé au Conseil des droits de l'homme :

a) d'établir un mécanisme indépendant sur la situation des droits de l'homme en Côte d'Ivoire qui devra lui faire rapport régulièrement, afin d'assurer un suivi effectif des recommandations de la Commission et accompagner les autorités ivoiriennes dans la lutte contre l'impunité ;

b) de publier le rapport de la Commission d'enquête internationale établie par la Commission des droits de l'homme en 2004 afin d'avoir une compréhension plus globale de la situation des droits de l'homme en Côte d'Ivoire et contribuer à lutter contre l'impunité dans ce pays.

c) Recommandations au Haut-Commissariat des Nations Unies pour les droits de l'homme

Il a été recommandé au Haut-Commissariat des Nations Unies pour les droits de l'homme d'apporter une assistance technique aux autorités ivoiriennes dans toutes les initiatives relatives aux droits de l'homme, en particulier pour l'établissement et le fonctionnement de la Commission dialogue, vérité et réconciliation.

d) Recommandations à l'Organisation des Nations Unies, aux organisations humanitaires et à la communauté internationale en général

Il a été recommandé à l'Organisation des Nations Unies, aux organisations humanitaires et à la communauté internationale en général :

a) d'appuyer les autorités gouvernementales, notamment du point de vue financier, dans leurs efforts pour lutter contre l'impunité et créer un état de droit en Côte d'Ivoire ;

b) que les Nations Unies réalisent, dans les meilleurs délais, une évaluation du travail accompli durant la crise, y compris par l'ONUCI et les agences humanitaires, afin d'améliorer sa capacité de prévention des conflits et de protection des populations civiles ;

c) de renforcer la coordination entre les différents acteurs pour assurer une réponse adéquate à la crise humanitaire.

Chapitre 3

RECONCILIATION NATIONALE

Le président Alassane Ouattara a annoncé la création d'une Commission dialogue, vérité et réconciliation (CDVR) en mai 2010, au lendemain de l'arrestation de son prédécesseur, le 11 avril 2011. Sur le modèle de celle établie en Afrique du sud à la fin de l'apartheid en 1995, cette commission était chargée de faire la lumière, sans esprit partisan, sur les crimes commis en Côte d'Ivoire suite à l'élection présidentielle organisée les 31 octobre et 28 novembre 2010. Sous la présidence de Charles Konan Banny, ancien premier ministre de transition de Laurent Gbagbo de décembre 2005 à mars 2007, ancien gouverneur de la Banque centrale des Etats de l'Afrique de l'Ouest, elle visait à ramener la paix sociale et la réconciliation nationale par le dialogue, pour la réunification et la reconstruction du pays.

Après plusieurs mois de tractations et plusieurs reports, la liste officielle des membres de la CDVR a été rendue publique le 5 septembre 2011, à l'issue d'un conseil des ministres extraordinaire qui s'est tenu au Palais de la présidence de la République à Abidjan, sous la présidence de Monsieur Ouattara. La commission était composée de 11 membres, représentant les principales régions et les communautés vivant en Côte d'Ivoire. Il s'agissait des représentants des régions du sud, du nord, de l'ouest, du centre et de l'est, auxquels s'ajoutaient les membres cooptés au sein des principaux groupes religieux (chrétien et musulman), des résidents africains en Côte d'Ivoire et de la diaspora ivoirienne.

Officiellement installée le 28 septembre 2011 à Yamoussoukro par le président Ouattara, la CDVR a notamment organisé trois semaines d'audiences publiques qui se sont terminées le mardi 30 septembre 2014. Ces audiences avaient pour but de rendre compte, à travers les récits de victimes et d'auteurs de violences issus des deux camps adverses, de dix années de violences en Côte d'Ivoire.

Sur le papier, la CDVR apparaissait comme un mécanisme de la justice transitionnelle efficace, susceptible de contribuer à la réconciliation nationale en Côte d'Ivoire. Initialement dotée d'un mandat de 2 ans, elle devait voir ses activités s'achever en 2013. En novembre 2013, un rapport, qui n'était en fait qu'un rapport d'étape, a été remis au président Ouattara par Charles Konan Banny, arrivé officiellement au terme de son mandat deux mois plus tôt. Toutefois, en raison du retard accumulé et des problèmes restant à résoudre, le mandat de ce dernier a été prolongé d'un an. C'est finalement en octobre 2014 que Charles Konan Banny a déclaré avoir « achevé le plan d'action prévu pour la réconciliation nationale », remettant, en décembre 2014, le rapport final de la Commission.

Suite à la remise de ce rapport, la Présidence a annoncé « la mise à disposition dès 2015 d'un fonds de 10 milliards de FCFA (environ 15 millions d'€) pour l'indemnisation des victimes ». Afin de répartir équitablement ce fonds, le Président Alassane Ouattara a signé, le mardi 24 mars 2015, une ordonnance portant création, attributions, composition et fonctionnement d'une nouvelle Institution : la Commission nationale pour la Réconciliation et l'Indemnisation des Victimes (CONARIV) dont l'archevêque de Bouaké, Paul Siméon Ahouana, a été nommé Président. Cette instance a pour mission de procéder au recensement des victimes de la crise ivoirienne qui pourront faire valoir leur droit à une réparation.

Malgré les progrès accomplis dans le sens de la réconciliation nationale, de 2011 à 2014, le bilan de la CDVR reste néanmoins en-deçà des attentes. Elle n'a pas atteint totalement les résultats espérés[23].

Il existe un lien étroit entre le procès de Laurent Gbagbo et la réconciliation nationale en Côte d'Ivoire. Ce lien est marqué par la question essentielle de savoir si ce procès aide et aidera à la réconciliation nationale. Qu'en est-il du point de vue du droit et dans les faits ?

Section 1. Du point de vue du droit, le procès de Laurent Gbagbo devant la Cour pénale internationale est censé aider à la réconciliation nationale

La Commission dialogue, vérité et réconciliation était l'un des piliers et sans doute le pilier central du dispositif de réconciliation nationale fondé sur la justice et le pardon. Pour les autorités ivoiriennes et le peuple ivoirien dans sa grande majorité, il s'agissait d'une question prioritaire. C'est ce que confirme le rapport de la Commission d'enquête internationale indépendante de l'ONU sur la Côte d'Ivoire précité au point 125 : « La Commission a noté que la plupart des personnes rencontrées ont exprimé leur volonté de vivre ensemble en bonne intelligence. Elle constate également que le Gouvernement, au plus haut niveau, a indiqué que la question de la réconciliation était prioritaire (…) ».

Dans un Etat de droit, il ne saurait y avoir de réconciliation pérenne sans justice, car la justice est l'un des fondements de l'Etat de droit comme l'indiquait Montesquieu dans son ouvrage *De l'esprit des lois*. Même

---

[23] *La Commission Dialogue Vérité et Réconciliation ivoirienne : une belle coquille vide ? Par* Hélène Calame et Joël Hubrecht, 5 octobre 2015. Source : http://ihej.org/publications/decryptages/la-commission-dialogue-verite-et-reconciliation-ivoirienne-une-belle-coquille-vide/

s'ils ne font pas toujours bon ménage et même si le châtiment des coupables ne suffira pas à lui seul à résoudre tous les problèmes de la Côte d'Ivoire, la (vraie) justice (nationale et internationale), la réconciliation et le pardon ne sont pas incompatibles, mais conciliables et complémentaires pour aider à la réconciliation nationale. Dans le même sens, le rapport de la Commission d'enquête précité souligne : « (…) La Côte d'Ivoire ne connaîtra pas de paix durable ni de stabilité sans traduire effectivement les auteurs des crimes répertoriés dans le présent rapport en justice » (Point 120) ; « (…) La Commission souhaite néanmoins rappeler qu'une réconciliation sans justice ne saurait être pérenne ». (Point 125).

L'ex-premier ministre du Kenya, Raila Odinga, qui avait conduit plusieurs médiations pendant la crise postélectorale, a préconisé l'amnistie de l'ancien président Gbagbo en vue d'apaiser les tensions. Ce n'est pas la voie choisie par le gouvernement ivoirien et par la Commission Dialogue, vérité et réconciliation. Le président Banny a précisé que la Commission n'était en aucun cas dotée d'un pouvoir d'amnistie. Elle avait notamment pour mission de combattre l'impunité et la vengeance en privilégiant le pardon. La solution de l'amnistie a permis à l'Afrique du sud de se reconstruire rapidement un avenir uni, sans passer par des institutions judiciaires souvent lentes et accusées de partialité. A partir du moment où les crimes étaient avoués, ils étaient pardonnés et amnistiés. La réconciliation en Côte d'Ivoire devait donc passer par la reconnaissance des crimes commis et par le pardon, mais sans amnistie, à la différence de la commission d'Afrique du sud. On pouvait aussi envisager une grâce présidentielle, à condition de ne pas ignorer les victimes des crimes commis.

En tout état de cause, justice impartiale et équitable (une vraie justice) devrait être rendue en mémoire des victimes et conformément au droit, pour dissuader ceux qui seraient tentés de commettre des crimes similaires et soustraire à l'impunité ceux qui succomberaient à la tentation de les commettre. La problématique de la conciliation et de la complémentarité entre justice, réconciliation et pardon est au centre des enjeux, des défis et des perspectives pour une démocratie et une paix durable en Côte d'Ivoire. Sous cet angle, le procès de Laurent Gbagbo devant la Cour pénale internationale est censé aider à la réconciliation nationale.

Section 2. Dans les faits, le procès de Laurent Gbagbo n'aide pas à la réconciliation nationale

Plusieurs éléments permettent de soutenir ce point de vue.

a) L'influence non négligeable de Gbagbo

Que ce soit en bien ou en mal, le souvenir de l'ancien président Gbagbo reste vivace dans la mémoire collective des ivoiriens et de la communauté internationale. Ce dernier conserve une influence non négligeable dans le pays. Il en est de même des pro-Gbagbo de l'intérieur comme de l'extérieur, déplacés et réfugiés inclus. Cette influence est palpable notamment à travers les meetings pacifiques organisés par le Front patriotique ivoirien (FPI) dont Gbagbo est l'ancien président, par exemple à Yopougon, Port-Bouet, Bonoua et Koumassi, lesquels ont été presque systématiquement empêchés ou réprimés par les autorités au pouvoir.

Un meeting du 21 janvier 2012 à Abidjan (Yopougon) a fait l'objet d'une attaque attribuée aux partisans du président Ouattara, faisant au moins un mort et plusieurs blessés, au point que le rassemblement a été finalement annulé. L'attaque a été entre autres « énergiquement » condamnée par le gouvernement des États-Unis dans un communiqué publié par son ambassade en Côte d'Ivoire, jugeant que "la violence est un obstacle inacceptable au progrès en cours" dans le pays et demandant au gouvernement ivoirien "d`ouvrir une enquête complète et impartiale et de prendre les mesures nécessaires pour éviter que pareils incidents ne se répètent". Lors de sa visite à Abidjan les 16 et 17 janvier 2012, quelques jours avant cet incident, l'ex-secrétaire d`Etat américaine, Hillary Clinton, avait appelé le régime du président Ouattara au "dialogue" avec l`opposition. L'ONUCI a également vigoureusement condamné ces violences et demandé au gouvernement d'arrêter les responsables en proposant son aide pour enquêter. Il en est de même, dans un communiqué, de la Convention de la société civile ivoirienne (CSCI), une importante ONG, qui a demandé "une enquête effective et crédible sur cette énième perturbation de meetings". Cette dernière a invité « tous les acteurs de la scène politique ivoirienne à s`abstenir d`attitudes ou comportements de nature à compromettre la fragile réconciliation nationale en cours en Côte d`Ivoire ».

En octobre 2014, l'annonce faite par son fils Michel de la candidature de Laurent Gbagbo à la présidence du Front populaire ivoirien (FPI) a fait couler beaucoup d'encre au sein de son parti, de l'opinion nationale et internationale. Dans un courriel, l'Unité des affaires publiques de la Cour pénale internationale aurait répondu : « La CPI est une institution indépendante et purement judiciaire. La CPI n'intervient pas dans les questions d'ordre politique. Il appartient aux autorités du pays concerné d'appliquer ou d'interpréter leur constitution et leurs lois. La CPI n'est donc pas l'autorité compétente pour répondre à cette question »[24]. Le secrétaire national de la jeunesse du FPI a indiqué, dans les colonnes d'un média local, que : « Ceux qui s'entêtent à proposer la candidature du président Gbagbo à la présidence du FPI sont contre lui. Le nom de Laurent Gbagbo doit être épargné pour lui donner la chance de sortir des griffes de la CPI. Il ne faut pas insulter Gbagbo. Il ne faut pas dégrader Gbagbo en voulant le ramener à la présidence du FPI »[25].

En revanche, lors de l'audience de mise en état du 4 novembre 2014, le conseil principal de Laurent Gbagbo, Maître Emmanuel Altit, a déclaré que le fait que des cadres du Front populaire ivoirien cherchent à se mettre sous la responsabilité de Laurent Gbagbo est une bonne nouvelle : «Le procureur reproche à des cadres du FPI de vouloir se mettre sous les auspices du président Laurent Gbagbo, mais pour nous, c'est une bonne chose. Car cela confirme la légitimité du président Gbagbo. Cela montre qu'il est présent dans le débat politique et cela facilitera la réconciliation nationale ». Maître Altit a saisi cette occasion pour critiquer la vision que l'Accusation a du parti de Laurent Gbagbo. Il a estimé que la Procureure de la CPI, Fatou Bensouda, « tente d'entretenir la confusion entre un fantasmatique réseau et le FPI », au point qu'il suffirait d'exprimer des sentiments positifs à l'endroit de

---

[24] Source : http://www.connectionivoirienne.net/104331/cote-divoire-cpi-pas-opposee-candidature-gbagbo-presidence-du-front-populaire-fpi - *Côte d'Ivoire : La CPI pas opposée à la candidature Gbagbo à la présidence du Front populaire (FPI).* Mis en ligne le mercredi 29 octobre 2014.

[25] Source : http://koaci.com/cote-divoire-candidature-annoncee-gbagbo-insulte-personne-selon-navigue-95943.html - *Côte d'Ivoire : FPI, candidature annoncée de Gbagbo, une insulte en sa personne selon Navigué.* Publié le mardi 28 octobre 2014.

Laurent Gbagbo et de son œuvre politique « pour être ipso facto considéré comme un criminel en puissance »[26].

La candidature de Laurent Gbagbo à la présidence du FPI en vue de l'organisation du congrès du parti en décembre 2014 a fait l'objet d'une requête en annulation introduite par Marcel Gossio, directeur de campagne du candidat Pascal Affi N'guessan, président sortant du FPI, élu en 2001. Le candidat sortant demandait "le retrait pur et simple du nom" de Laurent Gbagbo de la liste des postulants en raison de sa "situation spécifique". Le comité de contrôle du parti a déclaré irrecevable la requête en annulation, estimant qu'il convenait "de déclarer valable le dossier de candidature du candidat Laurent Gbagbo". Il a ainsi validé la candidature de Gbagbo à la présidence du FPI et celle du candidat sortant Affi N'guessan, l'enjeu étant la participation à la présidentielle de 2015[27].

L'influence de Laurent Gbagbo a été également observée lors du décès de sa mère, âgée de plus de 90 ans, survenu le 15 octobre 2014 en Côte d'Ivoire. L'ancien

---

[26]Source :http://www.lanouvelleexpression.info/index.php?option=com_k2&view=item&id=403:cpi-proc%C3%A8s-de-laurent-gbagbo--pas-avant-2015&Itemid=665 – *CPI : Procès de Laurent Gbagbo : Pas avant 2015*. Jeudi 6 novembre 2014. Écrit par Edmond Kamguia K. Notons au passage qu'il a été demandé aux avocats de Gbagbo de s'abstenir d'utiliser le titre de « Président » s'agissant de l'ex-président, dans le dépôt des dossiers d'écritures. Source : http://koaci.com/cote-divoire-date-proces-gbagbo-enfin-connue-96175.html - *Côte d'Ivoire : CPI, la date du procès de Gbagbo enfin connue*. Mercredi 05 novembre 2014. Par Donatien Kautcha.

[27] Source : http://www.connectionivoirienne.net/105133/cote-divoire-la-candidature-de-gbagbo-validee-presidence-du-front-populaire-ivoirien - *Côte-d'Ivoire – La candidature de Gbagbo validée* [présidence du Front populaire Ivoirien]. *Mis en ligne par* La Rédaction | Mercredi 26 novembre 2014 ; http://news.abidjan.net/h/516775.html - *Côte d'Ivoire : Gbagbo candidat à la tête de son parti*. Publié le mercredi 26 novembre 2014 | AFP.

président a demandé à être « relâché pour une période d'au moins trois jours (...), pour organiser et assister à l'enterrement de [sa] mère ». La Cour pénale internationale a rejeté cette demande le mercredi 29 octobre 2014. Elle a évoqué des questions de sécurité, indiquant qu'autoriser Laurent Gbagbo à se rendre à l'enterrement « risquerait de mettre en danger la population de Côte d'Ivoire, le personnel de la Cour ainsi que Monsieur Gbagbo lui-même ».

Selon le porte-parole de la Cour, Fadi el-Abdallah, « Les juges ont considéré la demande de la défense de Monsieur Gbagbo, mais également les observations du gouvernement ivoirien, du greffe de la CPI, du Procureur et des représentants des victimes. La chambre préliminaire a considéré que la demande de Monsieur Gbagbo d'être transféré en Côte d'Ivoire afin d'organiser les funérailles de sa mère constituait des circonstances humanitaires. Mais pour bénéficier d'une mise en liberté provisoire, il faut pouvoir imposer certaines conditions spécifiques pour garantir la sécurité et répondre aux préoccupations pouvant naître à propos de cette demande. Selon les juges, toute condition spécifique ne pourrait suffisamment réduire les préoccupations logistiques et sécuritaires identifiées par la Côte d'Ivoire et les autres partis participant à la procédure. La chambre a conclu qu'elle ne pouvait pas accéder à cette demande »[28].

Vu l'influence de Laurent Gbagbo en Côte d'Ivoire, on pouvait s'attendre à une telle décision. Le gouvernement ivoirien ne souhaite en aucun cas le retour de l'ancien président au pays.

---

[28]Source : http://www.rfi.fr/afrique/20141031-cote-ivoire-laurent-gbagbo-enterrer mere-CPI - *Côte d'Ivoire : Laurent Gbagbo ne sera pas libéré pour enterrer sa mère.* Publié le 31-10-2014. Modifié le 31-10-2014 à 10:26.

Enfin, le vendredi 25 septembre 2015, l'avocat principal de Laurent Gbagbo, Me Altit, a adressé un document aux juges de la CPI, publié sur le site de la Cour, dans lequel il a demandé aux juges de "recommander à la présidence de la CPI que les discours d'ouverture se tiennent soit en Côte d'Ivoire (Abidjan), soit à Arusha, en Tanzanie". Il a estimé que "C'est un procès qui concerne au premier chef les Ivoiriens" et qu' "il est donc crucial que les Ivoiriens ne se sentent pas exclus du procès". De même, selon lui et les autres membres de la défense de Gbagbo, ouvrir le procès de ce dernier à Abidjan, ou à Arusha, "permettr(ait) de contribuer au processus de réconciliation en Côte d'Ivoire", en rapprochant "la justice des communautés affectées"[29].

L'Accusation a estimé que les points positifs d'un procès à Abidjan "seraient balayés par les problèmes sécuritaires, dont le risque que les auditions provoquent de violentes manifestations". Elle a jugé par ailleurs que la tenue du procès en Tanzanie, pays "sans apparente connexion" avec la Côte d'Ivoire, n'aurait "pas plus de sens qu'un procès à La Haye".

Pour les avocats représentant les familles des victimes, la volonté manifestée par la Défense d'organiser le procès de Laurent Gbagbo à Abidjan « vis(ait) essentiellement à fournir une tribune politique à l'accusé, sous couvert de déclaration à l'ouverture de l'audience »[30].

---

[29] *CPI : la défense de Gbagbo demande d'ouvrir le procès en Côte d'Ivoire.* Source : http://www.voaafrique.com/content/cpi-la-defense-de-gbagbo-demande-d-ouvrir-le-proces-en-cote-d-ivoire/2979394.html - 25.09.2015 19:01. Avec AFP.

[30] *La CPI refuse d'ouvrir le procès de Gbagbo en Côte d'Ivoire.* Publié le lundi 26 octobre 2015 | AFP.
Source : http://news.abidjan.net/h/569003.html. Voir aussi : *Le procès de Gbagbo ne se tiendra pas en Côte d'Ivoire.* Tribune de Genève (afp/nxp). (Créé : 26.10.2015, 19h52). Source :

Le lundi 26 octobre 2015, la Cour pénale internationale a rejeté cette demande, en invoquant des problèmes de sécurité et de logistique. Dans un communiqué du même jour, le président de la Cour, Geoffrey Henderson, a expliqué :

« La Chambre a prêté une attention particulière aux risques sécuritaires et aux implications logistiques que poserait l'organisation des déclarations d'ouverture en Côte d'Ivoire et au fait qu'organiser ces déclarations à Arusha ne permettrait pas de remplir l'objectif principal de rapprocher la justice des populations concernées en Côte d'Ivoire »[31].

---

http://www.tdg.ch/monde/proces-gbagbo-tiendra-cote-ivoire/story/10130882 ; *Côte d'Ivoire : La CPI dit non au jugement de Gbagbo à Abidjan ou Arusha.* Par Donatien Kautcha, Abidjan, Koaci.com – Lundi 26 octobre 2015. Source : http://koaci.com/cote-divoire-jugement-gbagbo-abidjan-arusha-92651.html ; *Justice : La CPI rejette la demande des avocats de Laurent Gbagbo, Senenews.*com | 27/10/2015 à 13:22. Mis en ligne par Abdoulaye Fall.
Source : http://www.senenews.com/2015/10/27/justice-la-cpi-rejette-la-demande-des-avocats-de-laurent-gbagbo_142787.html ; *CPI : Gbagbo ne sera pas jugé en Côte d'Ivoire.* Par Lefigaro.fr avec AFP. Mis à jour le 26/10/2015 à 19:00. Publié le 26/10/2015 à 18:58. Source : http://www.lefigaro.fr/flash-actu/2015/10/26/97001-20151026FILWWW00279-cpi-gbagbo-ne-sera-pas-juge-en-cote-d-ivoire.php ; *Délocalisation de son procès à Abidjan : La CPI dit non à Gbagbo.* Par Saint-Claver Oula. Publié le mardi 27 octobre 2015 | La Tribune Ivoirienne. Source : http://news.abidjan.net/h/569064.html.

[31] Cité par Noé Michalon : *Côte d'Ivoire – La CPI rejette la demande d'ouverture du procès de Gbagbo à Abidjan ou à Arusha.* Source : http://www.connectionivoirienne.net/114426/cote-divoire-la-cpi-rejette-la-demande-douverture-du-proces-de-gbagbo-a-abidjan-ou-a-arusha. *Mis en ligne par* La Rédaction | mardi 27 octobre 2015.

b) Les cicatrices vivaces de l'ère Gbagbo

La crise postélectorale a été particulièrement meurtrière. Elle a été marquée par de nombreuses violations graves des droits de l'homme et des libertés fondamentales par les partisans des deux camps. Par diverses initiatives, le président Ouattara et son gouvernement, mais aussi la population civile ivoirienne ont commencé à panser les plaies résultant de cette crise sans précédent. Cependant, les cicatrices restent si vivaces qu'elles ne permettent pas (encore) de véritablement tourner la page Gbagbo et de recoller les morceaux. Le traumatisme subi est si grand qu'il faudra du temps, beaucoup de temps, pour y parvenir.

Tourner la page Gbagbo suppose que la réconciliation, la paix durable, la démocratie, la justice, le pardon, la sécurité et une vie améliorée deviennent le partage quotidien de l'ensemble des Ivoiriens. Tel ne semble pas encore être tout à fait le cas aujourd'hui, malgré les progrès réalisés. Un gouvernement d'union nationale, fût-il de transition, y aurait peut-être contribué. Les difficultés de la vie quotidienne, la persistance du sentiment d'insécurité et d'injustice, la présence de Laurent Gbagbo à la CPI expliquent en partie le fait que la page Gbagbo ne soit pas encore tournée et fragilisent la réconciliation nationale.

c) Une « justice des vainqueurs » ?

Ainsi qu'il a été dit plus haut, dans sa lettre adressée le 4 mai 2011 au Procureur de la CPI, par laquelle il a demandé que le Bureau du Procureur ouvre une enquête indépendante et impartiale à propos des crimes les plus graves qui auraient été commis sur l'ensemble du territoire ivoirien depuis le 28 novembre 2010, le président Ouattara a souligné que cette enquête concernerait tous les présumés criminels quels qu'ils soient, y compris ceux de son propre camp, ce, alors même que ses partisans sont accusés par une partie de la population, de nombreuses ONG et même par l'ONU, d'avoir commis ou de continuer à commettre de graves violations des droits de l'homme sur le territoire national. Il convient de saluer cette initiative courageuse qui va dans le sens de la réconciliation et de la reconstruction du pays. Mais elle suppose aussi que le président Ouattara pourrait être traduit devant la Cour pénale internationale dans les mêmes conditions que son prédécesseur, si l'enquête du Procureur de la CPI venait à le présumer coupable d'avoir commis directement ou indirectement des crimes relevant de la compétence de la Cour.

Rappelons que selon les conclusions du rapport de la Commission d'enquête internationale sur la Côte d'Ivoire précité, « les deux camps pro-Gbagbo et pro-Ouattara ont commis de nombreuses violations des droits de l'homme et du droit international humanitaire dont certaines pourraient constituer des crimes contre l'humanité et des crimes de guerre ». Force est de constater que jusqu'à la date d'ouverture du procès de Laurent Gbagbo, aucun partisan du président Ouattara n'a été traduit devant la Cour. Pour l'heure, le fait que Laurent Gbagbo et Charles Blé Goudé soient les seuls à devoir répondre devant la CPI des crimes commis en Côte d'Ivoire consacre une « justice des vainqueurs » et alimente un sentiment d'injustice. Dans un monde idéal, la justice internationale devrait pouvoir se passer des pressions et interférences politiques. Elle ne devrait pas livrer une justice à deux vitesses ni privilégier la justice des vainqueurs sur les vaincus[32].

---

[32] *Politique et justice internationale : je t'aime, moi non plus.* Par Joseph Bemba | Publié le 28 Juin 2011.

http://www.atlantico.fr/fiche/joseph-bemba-1500579 ; voir aussi : *Procès Gbagbo à la CPI : quel impact sur la réconciliation ?* Par RFI – Source : http://www.rfi.fr/afrique/20140613-cote-ivoire-proces-gbagbo-cpi-impact-reconciliation-fpi/ - Publié le 13-06-2014. Modifié le 13-06-2014 à 08:40 ;
Côte d'Ivoire : "Le procès Gbagbo devant la CPI n'aide pas à la réconciliation nationale avec le camp Ouattara". Par Joseph Bemba | Publié le 27 Janvier 2012. http://www.atlantico.fr/fiche/joseph-bemba-1500579

Chapitre 4

VICTOIRE D'ETAPE POUR LAURENT GBAGBO

Avant sa jonction avec l'affaire Blé Goudé, l'affaire Gbagbo a été marquée par différentes étapes qui ont été favorables tantôt à l'Accusation, tantôt à la Défense, chacune des parties défendant âprement ses intérêts. Il en est ainsi de la victoire d'étape obtenue par Laurent Gbagbo et sa défense à travers les trois moments forts suivants.

A la demande de ces derniers et malgré l'opposition acharnée de l'Accusation, la Cour pénale internationale a déclaré Laurent Gbagbo « indigent ». Cela signifie qu'il n'aurait pas assez d'argent pour payer ses avocats et que ses dépenses judiciaires seraient prises en charge par la Cour pénale internationale. La Cour a également décidé que les enquêtes du Procureur sur la situation en Côte d'Ivoire partiraient désormais de 2002 et non plus de 2010 comme initialement prévu. Enfin, faisant droit à la demande de la défense de Gbagbo, la CPI a accepté de reporter au moins à deux reprises la date de l'audience de confirmation des charges portées contre Laurent Gbagbo. Cette audience devait permettre aux juges de déterminer si les preuves rassemblées par l'Accusation contre l'ancien président étaient suffisamment solides pour la tenue d'un procès.

Ces moments favorables à Laurent Gbagbo ont eu pour conséquence le renforcement de la stratégie du Procureur et de celle de la Défense quant à la suite du procès[33].

---

[33] *Procès Gbagbo : victoire d'étape pour l'ex- président ivoirien.* Par Joseph Bemba | Publié le 24 Juin 2012.

Section 1. Reports successifs de l'audience de confirmation des charges

Les reports successifs de l'audience de confirmation des charges, notamment du 18 juin 2012 (date initiale) au 13 août 2012, puis au mardi 19 février 2013 avant l'ajournement du 3 juin 2013 et la confirmation du 12 juin 2014, ont permis à Laurent Gbagbo d'affiner sa stratégie de défense. Il a pu stopper, fût-ce momentanément, l'énorme pression qu'exerçait sur lui le Bureau du Procureur. La défense de Gbagbo a ainsi obtenu un temps supplémentaire précieux pour éplucher l'énorme masse de documents et autres pièces fournis aux juges par l'Accusation, aux fins d'y trouver des éléments de riposte. Elle a notamment approfondi l'examen des témoignages à charge et y a décelé une mine d'informations et de contradictions susceptibles d'aider à la manifestation de la vérité. Le temps supplémentaire obtenu a été également utilisé par la défense de Gbagbo pour étudier plus précisément les responsabilités dans les crimes commis en Côte d'Ivoire entre 2002 et 2010 et non pas seulement à partir de 2010 comme initialement prévu.

Section 2. Période de référence concernant l'enquête du Procureur

Les autorités ivoiriennes ont pris le soin de limiter au 28 novembre 2010, date du second tour de l'élection présidentielle, la période de référence à partir de laquelle porterait l'enquête qu'elles ont demandée à la CPI à propos des crimes les plus graves présumés commis par les deux camps sur l'ensemble du territoire ivoirien. C'est

---

http://www.atlantico.fr/fiche/joseph-bemba-1500579 ; Bemba, Joseph, *Côte d'Ivoire : quelques réflexions d'ordre juridique*, Paris, L'Harmattan, collection Justice internationale, 2011.

la même date qui a été retenue par l'ex-Procureur de la Cour pénale internationale, Luis Moreno-Ocampo, en demandant aux juges de la CPI l'autorisation d'ouvrir une enquête concernant les crimes de guerre et les crimes contre l'humanité qui auraient été commis en Côte d'Ivoire depuis le 28 novembre 2010. Ceci pouvait être interprété comme un message adressé à la Cour par les autorités ivoiriennes, disant que si celle-ci étendait ses enquêtes à la période antérieure au 28 novembre 2010, la justice ivoirienne se réserverait le droit, au nom de la souveraineté nationale, d'agir comme bon lui semblerait et de défendre ainsi les intérêts de la Côte d'Ivoire.

Aux points 34 et 35 de son rapport précité, la Commission d'enquête internationale sur la Côte d'Ivoire fait remonter les causes lointaines de la crise ivoirienne depuis le décès en 1993 du président Houphouët-Boigny, date à partir de laquelle les acteurs politiques ivoiriens se sont livrés à une lutte acharnée pour sa succession. Ces tensions ont notamment facilité le développement du concept d'« ivoirité», véritable outil de bataille politique créé par M. Henri Konan Bédié qui l'a matérialisé par la législation sur le domaine foncier rural, écartant de ce fait une partie de la population ivoirienne de l'accession à la propriété. Après avoir conclu que des crimes contre l'humanité et des crimes de guerre auraient été perpétrés par les deux camps rivaux, la Commission a recommandé au Conseil des droits de l'homme des Nations Unies, comme nous l'avons vu plus haut, « de publier le rapport de la Commission d'enquête internationale établie par la Commission des droits de l'homme en 2004 afin d'avoir une compréhension plus globale de la situation des droits de l'homme en Côte d'Ivoire et contribuer à lutter contre l'impunité dans ce pays »[34].

---

[34] Rapport de la Commission d'enquête internationale sur les allégations de violations des droits de l'homme en Côte d'Ivoire -

Dans sa décision du 3 octobre 2011 autorisant le Procureur à ouvrir une enquête en Côte d'Ivoire, la Chambre préliminaire III de la Cour pénale internationale a indiqué que cette enquête porterait sur les crimes présumés relevant de la compétence de la Cour, qui auraient été commis en Côte d'Ivoire depuis le 28 novembre 2010, ainsi que sur les crimes qui pourraient être commis dans le futur dans le contexte de cette situation. La Chambre a également demandé au Procureur de lui fournir toute information supplémentaire à sa disposition sur des crimes qui pourraient relever potentiellement de la compétence de la Cour et qui auraient été commis entre 2002 et 2010[35].

Le 22 février 2012, faisant droit à une demande de la Défense, la Chambre préliminaire III a décidé d'élargir son autorisation d'enquêter sur la situation en Côte d'Ivoire pour inclure les crimes relevant de la compétence de la Cour qui auraient été commis entre le 19 septembre 2002 et le 28 septembre 2010, période au cours de laquelle la Côte d'Ivoire traversait une crise née en 2002 avec la tentative de coup d'Etat contre l'ancien président Gbagbo.

Rapport sur la situation des droits de l'homme en République de Côte d'Ivoire depuis le 19 septembre 2002 jusqu'au 15 octobre 2004 conformément aux dispositions de l'annexe VI de l'Accord de Linas-Marcoussis et à la Déclaration du président du Conseil de Sécurité du 25 mai 2004 (PRST/2004/17). Ce rapport concerne les violations des droits de l'homme commises pendant la guerre civile en 2002 et 2003 en Côte d'Ivoire à la suite du coup d'état manqué les 18 et 19 septembre 2002 contre Laurent Gbagbo, alors président de la République. Il a été tenu secret en raison de certaines craintes exprimées à l'époque au niveau national et international selon lesquelles ses conclusions auraient pu faire échouer les négociations de paix de Linas-Marcoussis en France.

[35] Communiqué de presse : 03.10.2011. *La Chambre préliminaire III de la CPI autorise le procureur à ouvrir une enquête en Côte d'Ivoire.* ICC-CPI-20111003-PR730.

La Chambre a considéré que tous les événements violents survenus en Côte d'Ivoire pendant cette période, de même que ceux qui auraient eu lieu depuis le 28 novembre 2010, devaient être traités comme une seule situation. Elle a conclu qu'il y avait une base raisonnable de croire que des crimes de meurtres et de viols, qui pourraient constituer des crimes de guerre ou des crimes contre l'humanité, auraient été commis au cours de ces événements. Or, il est généralement allégué et admis que de hauts responsables du pouvoir en place sont présumés avoir quelques responsabilités dans la commission de ces crimes. La défense de Gbagbo ne manquera pas d'exploiter cet argument.

Section 3. Gbagbo « indigent »

A la demande de Laurent Gbagbo et de sa défense, malgré l'opposition de l'Accusation, la Cour pénale internationale a déclaré l'ex-président « indigent ». Elle a considéré qu'il n'aurait pas les moyens de rémunérer ses avocats et a décidé en conséquence que ses dépenses judiciaires seraient prises en charge par la Cour pénale internationale. L'indigence de Gbagbo est venue contredire les accusations de « crimes économiques », de « vol aggravé, atteinte à l'économie nationale, détournement de deniers publics, pillage » portées contre lui par la justice ivoirienne. Cette garantie est prévue par l'article 67 du Statut de Rome relatif aux droits de l'accusé, qui dispose :

« 1. Lors de l'examen des charges portées contre lui, l'accusé a droit à ce que sa cause soit entendue publiquement, compte tenu des dispositions du présent Statut, équitablement et de façon impartiale. Il a droit, en pleine égalité, au moins aux garanties suivantes : (...) d) Sous réserve des dispositions du paragraphe 2 de l'article

63, être présent à son procès, se défendre lui-même ou se faire assister par le défenseur de son choix ; s'il n'a pas de défenseur, être informé de son droit d'en avoir un et, chaque fois que l'intérêt de la justice l'exige, se voir attribuer d'office un défenseur par la Cour, sans frais s'il n'a pas les moyens de le rémunérer ; (…) ».

Face à cette victoire d'étape de Laurent Gbagbo, le Procureur a opposé une riposte attendue.

Section 4. La riposte du Procureur

Les reports successifs de l'audience de confirmation des charges n'ont pas été une mauvaise chose pour le Procureur. Ce dernier a également mis à profit ce supplément de temps pour préparer la riposte. Il a affiné sa « stratégie de déstabilisation » de la Défense, en augmentant, par exemple, le volume des témoignages et autres pièces à charge versés au dossier, afin de rendre la tâche plus difficile pour la Défense. Il s'est davantage rapproché du régime d'Abidjan pour obtenir des éléments supplémentaires à charge, en utilisant de manière plus efficace l'ensemble des moyens matériels, humains et financiers à sa disposition. Le Procureur a présenté de nouveaux éléments à charge notamment à l'audience de confirmation des charges qui s'est tenue du 19 au 28 février 2013.

Quoi qu'il en soit, même si lors de cette dernière audience Laurent Gbagbo avait obtenu l'abandon des poursuites et sa mise en liberté, il est probable que le Procureur aurait interjeté appel d'une telle décision. Souvenons-nous de l'affaire *Le Procureur c/ Jean-Bosco Barayagwiza* devant le Tribunal pénal international pour le Rwanda. L'arrêt de la Chambre d'appel du TPIR du 3 novembre 1999 avait ordonné l'abandon des poursuites et la mise en liberté de l'accusé Barayagwiza en raison de la violation de certains de ses droits, ce qui avait quasiment donné suite à une crise diplomatique entre le TPIR et les autorités du Rwanda hostiles à cette libération. Le Procureur avait néanmoins réussi à relever le défi en obtenant du Tribunal le réexamen et la révision de cette décision par l'arrêt de la Chambre d'appel du 31 mars 2000. Le Procureur de la CPI aurait sans doute réalisé pareil exploit dans le cas de Laurent Gbagbo[36].

En droit, l'arrêt de principe du 3 novembre 1999 a consacré la théorie de l'abus de procédure, reprise par le Tribunal pénal international pour l'ex-Yougoslavie dans l'affaire *Nikolic* puis par la CPI, pour la première fois, dans une décision d'appel du 14 décembre 2006, dans le cadre de l'affaire *Lubanga*[37]. La théorie jurisprudentielle de l'abus de procédure vise à empêcher les atteintes aux principes fondamentaux de la justice. Elle est une stratégie, un moyen de protéger l'individu contre les violations de ses droits fondamentaux et de garantir un procès équitable et rapide. L'abus de procédure résulte de l'usage irrégulier d'une procédure elle-même régulièrement établie.

Nul doute que cette théorie sera invoquée dans la défense de Laurent Gbagbo.

---

[36] Affaire n° ICTR-97-19-AR72, Arrêt du 3 novembre 1999 et *Le Procureur c/ Jean-Bosco Barayagwiza*, Affaire n° ICTR-97-19-AR72, Arrêt (Demande du Procureur en révision ou réexamen) du 31 mars 2000).

[37] *Le Procureur c/ Dragan Nikolic*, affaire n° IT-94-2-AR73, Décision relative à l'appel interlocutoire concernant la légalité de l'arrestation, 5 juin 2003 ; *Le Procureur c/ Thomas Lubanga Dyilo,* affaire n° ICC-01/04-01/06-772-tFR., Arrêt relatif à l'appel interjeté par Thomas Lubanga Dyilo contre la décision du 3 octobre 2006 relative à l'exception d'incompétence de la Cour soulevée par la défense en vertu de l'article 19-2-a du Statut, 14 décembre 2006.

Section 5. Renforcement des stratégies de l'Accusation et de la Défense

Peut-on dire que les évolutions intervenues à ce stade concernant Laurent Gbagbo ont changé la stratégie de la Défense et celle de l'Accusation pour la suite du procès ? Il ne le semble pas. Leurs stratégies respectives se sont au contraire renforcées et adaptées aux circonstances. La stratégie offensive de l'ancien Procureur Louis Moreno-Ocampo a été poursuivie, avec plus de vigueur, par son successeur Fatou Bensouda. Chaque partie n'a rien négligé, à toutes les étapes de la procédure, pour bâtir une stratégie victorieuse. C'est dans ce cadre qu'il faut situer, même si cela a été jugé parfois tardif ou incohérent, la requête en incompétence de la Cour, la demande de mise en liberté provisoire de Laurent Gbagbo présentée par sa défense, les demandes de report de l'audience de confirmation des charges et, plus généralement, la contre-offensive de l'équipe Gbagbo.

On connaît la suite.

Le 3 juin 2013, la Chambre préliminaire I a, à la majorité, la juge Fernández de Gurmendi étant en désaccord, ajourné l'audience de confirmation des charges et demandé au Procureur d'envisager d'apporter des éléments de preuve supplémentaires ou de procéder à de nouvelles enquêtes relativement aux charges portées contre Laurent Gbagbo, conformément à l'article 61-7-c-i du Statut de Rome. La Chambre a estimé que, dans l'ensemble, les preuves produites par le Procureur, bien qu'insuffisantes en apparence, ne semblaient pas manquer à ce point de pertinence et de valeur probante qu'elle n'avait d'autre choix que de refuser de confirmer les charges.

Le 12 juin 2014, la Chambre préliminaire I de la CPI, composée de Mme la juge Silvia Fernández de Gurmendi, juge président, M. le juge Hans-Peter Kaul et de Mme la juge Christine Van den Wyngaert, a confirmé, à la majorité, les quatre charges de crimes contre l'humanité à raison de meurtre, viol, autres actes inhumains ou tentative de meurtre, persécution, portées contre Laurent Gbagbo et l'a renvoyé devant une chambre de première instance, en l'occurrence la Chambre de première instance I, pour y être jugé sur la base des charges confirmées[38].

Le 29 juillet 2014, la Défense a déposé une demande d'autorisation d'interjeter appel de la décision relative à la confirmation des charges. La Chambre préliminaire I ayant rejeté cette demande, la décision confirmant les charges est devenue définitive.

Section 6. Conférence de mise en état du 4 novembre 2014 concernant l'affaire Gbagbo

Le 4 novembre 2014 s'est tenue à la CPI une conférence de mise en état destinée à discuter des mesures devant être prises avant le début du procès de Laurent Gbagbo. Conduite par le juge Geoffrey Henderson, alors président de la Chambre de première instance I, cette conférence s'est déroulée en l'absence de l'ancien président ivoirien, qui avait renoncé à son droit d'être présent, pour des raisons personnelles, selon ses avocats. La conférence était prévue en deux audiences distinctes. La première audience a porté sur des questions procédurales, notamment la date d'ouverture du procès. La deuxième audience s'est inscrite dans le cadre du réexamen périodique de la détention de l'accusé, qui doit

[38]CPI-Chambre préliminaire I : Décision relative à la confirmation des charges portées contre Laurent Gbagbo. Original : anglais N° : ICC-02/11-01/11. Date : 12 juin 2014 (Version publique expurgée).

être effectué par les juges, lors d'une audience publique, au moins une fois tous les 120 jours, et au moins une fois par an, conformément à l'article 60-3 du Statut de Rome et à la règle 118 du Règlement de procédure et de preuve.

Le Procureur a proposé d'ouvrir le procès Gbagbo au mois de septembre 2015. Les avocats de Gbagbo ont proposé le mois de novembre ou de décembre 2015. La Défense a notamment argué qu'il s'agit d'un procès « particulièrement complexe » en raison de « l'énormité de la charge » de travail à effectuer. Elle a expliqué avoir besoin de temps pour plancher sur près de 7 000 documents, représentant 34 734 pages, déposés par l'Accusation et pour visionner « les centaines de vidéos que s'apprête à divulguer le Procureur ». Sans compter la « nécessité (pour la Défense) de diligenter des enquêtes » en Côte d'Ivoire, tout cela ayant « clairement un impact sur la date du commencement du procès »[39].

Sur la question du réexamen périodique de la détention (mise en liberté) de l'accusé, après avoir écouté les deux

---

[39]Source :http://www.connectionivoirienne.net/104548/cote-divoire-proces-gbagbo-debutera-pas-an-fin-2015 - *Côte d'Ivoire : Le procès Gbagbo ne débutera pas avant un an* [fin 2015]. Par Serge Alain Koffi. Mis en ligne le mercredi 5 novembre 2014.
Voir aussi : http://news.abidjan.net/h/513833.html - *Laurent Gbagbo à nouveau devant les juges de la CPI mardi prochain.* Publié le vendredi 31 octobre 2014 ; http://news.abidjan.net/h/514095.html - *CPI : Ouverture de deux audiences pour Laurent Gbagbo.* Publié le mardi 4 novembre 2014 ; http://news.abidjan.net/h/514202.html - *CPI : Le Procureur propose septembre 2015 pour l'ouverture du procès de Gbagbo.* Publié le mercredi 5 novembre 2014 ; http://www.afrik.com/cpi-vers-un-proces-de-laurent-gbagbo-en-septembre-2015 - *CPI : Vers un procès de Laurent Gbagbo en septembre 2015 ?* Mercredi 5 novembre 2014. Par Frédéric Schneider ;http://www.lanouvelleexpression.info/index.php?option=com_k2&view=item&id=403:cpi-proc%C3%A8s-de-laurent-gbagbo--pas-avant-2015&Itemid=665 – *CPI : Procès de Laurent Gbagbo : Pas avant 2015.* Jeudi 6 novembre 2014. Écrit par Edmond Kamguia K.

parties, les juges de la Chambre de première instance I se sont prononcés, le 11 novembre 2014, en décidant de maintenir Laurent Gbagbo en détention[40].

Le 17 novembre 2014, la Chambre de première instance I a fixé la date initiale d'ouverture du procès de Laurent Gbagbo au 7 juillet 2015. Cette date a été annoncée par un communiqué de presse du même jour dont voici un extrait :

Communiqué de presse : 17/11/2014

Le procès de Laurent Gbagbo s'ouvrira devant la Chambre de première instance I de la CPI le 7 juillet 2015
ICC-CPI-20141117-PR1064
Situation : Côte d'Ivoire
Affaire : *Le Procureur c. Laurent Gbagbo*

Aujourd'hui, le 17 novembre 2014, la Chambre de première instance I de la Cour pénale internationale (CPI) a fixé la date d'ouverture du procès dans l'affaire *Le Procureur c. Laurent Gbagbo* au 7 juillet 2015. La Chambre a également ordonné au Procureur de la CPI de communiquer à la Défense, au plus tard le 6 février 2015, l'ensemble des pièces, éléments de preuve et rapports d'experts, ainsi que la liste des témoins et des moyens de preuve sur lesquels l'Accusation entend s'appuyer au cours du procès. (…)[41].

---

[40] Source : http://news.abidjan.net/h/514668.html - *CPI : nouvelle décision de maintien de Laurent Gbagbo en détention* (communiqué). Publié le mardi 11 novembre 2014 – AIP/Abidjan - *La Chambre de première instance I de la Cour pénale internationale (CPI) a décidé, mardi, du maintien en détention de l'ex-président ivoirien, Laurent Gbagbo, poursuivi pour crimes contre l'humanité.* kkp/tm.

[41]Source :cpi.int/fr_menus/icc/press%20and%20media/press%20releases/Pages/pr1064.aspx Communiqué de presse : 17/11/2014.

Section 7. Conférence de mise en état du 21 avril 2015 concernant l'affaire *Le Procureur c. Laurent Gbagbo et Charles Blé Goudé*

Ainsi qu'il a été dit précédemment, en raison de la jonction, le 11 mars 2015, des affaires concernant Laurent Gbagbo et Charles Blé Goudé, la Chambre de première instance I a annulé la date du début du procès dans l'affaire Gbagbo, initialement prévue pour le 7 juillet 2015, et a prévu une conférence de mise en état le 21 avril 2015 à 09h30 afin d'examiner les questions de procédure liées au procès. Au cours de cette première conférence de mise en état dans l'affaire Gbagbo et Blé Goudé, le sujet le plus important était celui relatif à l'ouverture du procès commun des deux accusés. La Cour a indiqué ne pas vouloir être perturbée par l'élection présidentielle ivoirienne qui devait se dérouler en octobre 2015 et éviter que le procès devienne un argument de campagne pour certains candidats. L'Accusation a proposé le mois de janvier 2016. Les avocats de Laurent Gbagbo (Me Emmanuel Altit) et de Charles Blé Goudé (Me Alexander Knoops) ont proposé « le mois d'avril 2016 », en invoquant notamment la complexité des dossiers, le nombre élevé des pages de preuves à éplucher et la préparation du contre-interrogatoire de plusieurs témoins[42].

Lors de la conférence de mise en état du 21 avril 2015, c'est la date du 10 novembre 2015 qui a été retenue par la Cour pour l'ouverture du procès. Cette date a été annoncée

---

[42] *CPI : la défense de Gbagbo et Blé Goudé propose « avril 2016 » pour l'ouverture de leur procès.* Publié le mercredi 22 avril 2015 | APA. Source : http://news.abidjan.net/h/549706.html ; *Côte d'Ivoire-CPI : un procès Laurent Gbagbo/Charles Blé Goudé en avril 2016 ?* Mercredi 22 avril 2015. Par Frédéric Schneider. Source : http://www.afrik.com/cote-d-ivoire-cpi-un-proces-laurent-gbagbo-charles-ble-goude-en-avril-2016

par le communiqué de presse en date du 7 mai 2015 ci-après reproduit[43].

Communiqué de presse : 07/05/2015

Affaire Laurent Gbagbo et Charles Blé Goudé : le procès s'ouvrira le 10 novembre 2015. ICC-CPI-20150507-PR1106

Situation : Côte d'Ivoire

Affaire : *Le Procureur c. Laurent Gbagbo et Charles Blé Goudé*

Le 7 mai 2015, la Chambre de première instance I de la Cour pénale internationale (CPI) a programmé l'ouverture du procès dans l'affaire *Le Procureur c. Laurent Gbagbo et Charles Blé Goudé* pour le 10 novembre 2015, afin d'entendre les déclarations d'ouverture des parties et participants. Le Procureur commencera sa présentation des éléments de preuve en janvier 2016, à une date qui sera confirmée ultérieurement.

---

[43]http://www.icc-cpi.int/fr_menus/icc/press%20and%20media/press%20releases/Pages/pr1106.aspx. Voir aussi : *CPI : le procès de l'ex-président ivoirien Laurent Gbagbo fixé au 10 novembre,* http://www.france24.com/fr/20150507-cpi-proces-laurent-gbagbo-10-novembre-cote-ivoire-charles-ble-goude-justice, avec AFP. Première publication : 07/05/2015. Dernière modification : 07/05/2015 ; *Côte d'Ivoire : l'ancien président Gbagbo sera jugé par la CPI en novembre,* 07/05/2015 à 18:15, http://www.estrepublicain.fr/actualite/2015/05/07/l-ancien-president-gbagbo-sera-juge-par-la-cpi-en-novembre ; *Procès Gbagbo devant la CPI le 10 novembre.* Par Le Figaro.fr avec AFP. Mis à jour le 07/05/2015 à 18 : 04. Publié le 07/05/2015 à 18 : 03, http://www.lefigaro.fr/flash-actu/2015/05/07/97001-20150507FILWWW00296-proces-gbagbo-devant-la-cpi-le-10-novembre.php

À la lumière de son devoir d'assurer un procès équitable et rapide, la Chambre a fixé la date de l'ouverture du procès en tenant compte de l'engagement du Procureur à terminer la divulgation des preuves au plus tard fin juin 2015 et des observations de la Défense concernant le temps nécessaire pour sa préparation au procès. La Chambre a noté que la Défense aura plus de quatre mois entre la date de la divulgation complète par l'Accusation et les déclarations d'ouverture, et deux mois supplémentaires avant le début de la présentation des éléments de preuve. La Chambre a conclu que ce calendrier donnerait suffisamment de temps à la Défense pour mener à bien toutes les préparations nécessaires.

Le procès se tient devant la Chambre de première instance I, composée de M. le juge Geoffrey Henderson, juge président, Mme la juge Olga Herrera Carbuccia, et M. le juge Bertram Schmitt.

Contexte : Laurent Gbagbo, ancien Président de la Côte d'Ivoire, a été remis à la CPI le 30 novembre 2011 et sa première comparution devant la Chambre préliminaire a eu lieu le 5 décembre 2011. Le 12 juin 2014, la Chambre préliminaire I a confirmé, à la majorité, quatre charges de crimes contre l'humanité (meurtre, viol, autres actes inhumains ou – à titre subsidiaire – tentative de meurtre, et persécution) à son encontre et l'a renvoyé devant une chambre de première instance pour y être jugé.

Charles Blé Goudé, né le 1er janvier 1972 à Niagbrahio, Côte d'Ivoire, a été remis à la CPI le 22 mars 2014 par les autorités de la Côte d'Ivoire suite à un mandat d'arrêt délivré par la CPI le 21 décembre 2011. L'audience de confirmation des charges a eu lieu du 29 septembre au 2 octobre 2014. Le 11 décembre 2014, la Chambre préliminaire I a confirmé quatre charges de crimes contre l'humanité que constituent le meurtre, le viol, les autres actes inhumains ou – à titre subsidiaire – la tentative de meurtre, et la persécution à l'encontre de Charles Blé Goudé et l'a renvoyé en procès devant une chambre de première instance.

Ces crimes auraient été perpétrés en Côte d'Ivoire, entre le 16 décembre 2010 et le 12 avril 2011 ou vers cette date.

Section 8. Ouverture du procès : 28 janvier 2016

Par un communiqué de presse du 28 octobre 2015[44], la Chambre de première instance I de la Cour pénale internationale a reporté les déclarations d'ouverture dans l'affaire *Le Procureur c. Laurent Gbagbo et Charles Blé Goudé*, prévues le 10 novembre 2015, au 28 janvier 2016. Selon le communiqué, le 27 octobre 2015, l'équipe de la Défense de M. Gbagbo a présenté une requête demandant aux juges d'ordonner la comparution des trois experts, nommés par la Chambre pour fournir leurs rapports respectifs sur l'état de santé de M. Gbagbo, afin de donner aux parties l'opportunité de les interroger. La Chambre a rappelé que l'objectif de l'examen médical ordonné était de faciliter le règlement de toutes questions relatives à

---

[44] Communiqué de presse (CPI) : 28/10/2015 : *Le procès de Laurent Gbagbo et Charles Blé Goudé s'ouvrira le 28 janvier 2016.* ICC-CPI-20151028-PR1163. Situation : Côte d'Ivoire. Affaire : *Le Procureur c. Laurent Gbagbo et Charles Blé Goudé.* Voir aussi : *La CPI reporte le procès de Laurent Gbagbo*, Journal Métro, 28/10/2015. Mise à jour : 28 octobre 2015 | 15:23. Source : http://journalmetro.com/monde/864865/la-cpi-reporte-le-proces-de-laurent-gbagbo/ ; *CPI : l'ouverture du procès de l'ex-président ivoirien Gbagbo reportée au 28 janvier* (2016). Par ndy/jkb/jhd. Publié le mercredi 28 octobre 2015 | AFP. Source : http://news.abidjan.net/h/572210.html ; *CPI : l'ouverture du procès Laurent Gbagbo reportée au 28 janvier* (2016). Le Monde.fr le 29/10/2015 à 11h39. Mis à jour le 29/10/2015 à 11h44. Source : http://www.lemonde.fr/afrique/article/2015/10/29/cpi-l-ouverture-du-proces-laurent-gbagbo-reportee-au-28-janvier_4799349_3212.html#

l'aptitude de M. Gbagbo à participer au procès, ainsi que les modalités pratiques nécessaires pour faciliter sa présence au procès.

Après examen de la demande de la Défense et des observations du Procureur, la Chambre a décidé de faire droit à la demande de la Défense et a prévu à cette fin une audience du 10 au 12 novembre 2015. En conséquence, compte tenu de l'obligation pour la Chambre d'évaluer et d'examiner attentivement les rapports présentés par les experts nommés, ainsi que des observations des parties à cet égard, la Chambre a reporté les déclarations d'ouverture au 28 janvier 2016.

La Chambre de première instance I a conclu en rappelant que l'ouverture du procès était initialement prévue le 10 novembre 2015 et le Bureau du Procureur devait commencer la présentation de ses éléments de preuve en janvier 2016. La Chambre a considéré, dans sa décision rendue le 28 octobre 2015, que le nouveau calendrier est sans préjudice pour M. Gbagbo et M. Blé Goudé, étant donné que l'Accusation commencera (a commencé) la présentation de ses éléments de preuve directement après les déclarations d'ouverture en janvier 2016.

Par un communiqué en date du 27 novembre 2015, citant les conclusions du rapport des trois experts nommés pour examiner la santé de l'ex-président ivoirien, la Cour pénale internationale a indiqué que « *Les experts ont souligné une grande amélioration de l'état de santé de M. Gbagbo et observé qu'il ne souffre plus du syndrome de stress post-traumatique ou du syndrome d'hospitalisation* ». Citée dans la décision, la défense avait argué que Laurent Gbagbo n'est pas en mesure de participer à son procès, car l'ancien président est « *malade, fatigué et fragile* », et que les « *pathologies de M. Gbagbo n'ont pas disparu* ».

Les juges de la Cour ont estimé que « *Compte tenu des conclusions unanimes des trois experts nommés, M. Gbagbo est physiquement et mentalement en mesure d'assister à son procès et de suivre son déroulement* ». Ils ont précisé avoir *« ordonné au Greffe de la Cour de s'assurer que des installations nécessaires soient mises en place pour donner la possibilité à M. Gbagbo de se reposer entre les séances lors de son procès (...). En outre, des mesures devront être prises pour que Monsieur Gbagbo ait la possibilité de s'absenter brièvement lors des audiences, si cela s'avère nécessaire »*[45].

[45]*Côte d'Ivoire – La CPI déclare Gbagbo « physiquement et mentalement en mesure d'assister à son procès ».* Mis en ligne par La Rédaction. Samedi 28 novembre 2015. Par Serge Alain Koffi (SKO). Source : http://www.connectionivoirienne.net/115105/cote-divoire-la-cpi-declare-gbagbo-physiquement-et-mentalement-en-mesure-dassister-a-son-proces ; *Laurent Gbagbo apte à participer à son procès, décide la CPI.* Par RFI. Publié le 27-11-2015. Modifié le 27-11-2015 à 23:39. Source : http://www.rfi.fr/afrique/20151127-laurent-gbagbo-apte-participer-son-proces-decide-cpi ; *Gbagbo est apte à subir son procès, dit la CPI.* Par Rédaction, journalmetro.com. The Associated Press. 27/11/2015. Mise à jour : 27 novembre 2015 | 12:38.
Source : http://journalmetro.com/monde/881491/gbagbo-est-apte-a-subir-son-son-proces-dit-la-cpi/ ; *Côte d'Ivoire : Laurent Gbagbo est apte à participer à son procès, selon la CPI*, 27 novembre 2015 à 18h56. Source : http://www.jeuneafrique.com/282479/politique/cote-divoire-laurent-gbagbo-apte-a-participer-a-proces-selon-cpi/ ; *Laurent Gbagbo déclaré apte pour son procès* (afp/nxp). Créé : 27.11.2015, 17h50. Source :http://www.tdg.ch/monde/laurent-gbagbo-declare-apte-proces/story/15707634 ; *Côte d'Ivoire : formelle, la CPI tranche pour « monsieur Gbagbo ».* Par Richard Le Guerinec, 28 novembre 2015. Source : http://www.afrique-sur7.fr/11387/cote-divoire-formelle-cpi-tranche-monsieur-gbagbo/

Chapitre 5

L'EPREUVE DES FAITS ET DU DROIT ET QUESTIONS SENSIBLES

Après la longue phase préliminaire rappelée ci-dessus, le procès de Laurent Gbagbo et Charles Blé Goudé est entré, le 28 janvier 2016, dans sa phase de jugement où les faits vont être confrontés au droit en vue du prononcé de la décision de la Chambre de première instance I et en vue d'une peine. Outre les juges et les parties (Accusation et Défense), les victimes auront aussi leur mot à dire conformément à leur droit prévu par le Statut de Rome de participer aux procédures de la Cour pénale internationale en leur nom propre et pas seulement comme témoins de l'Accusation, par l'intermédiaire des représentants légaux des victimes.

Ce chapitre portera successivement sur l'examen des faits et de la qualification juridique des faits reprochés à Laurent Gbagbo tels que confirmés par la Chambre préliminaire I et sur l'analyse du droit applicable (Section 1). Seront également abordés les modes de responsabilité (Section 2), l'opinion dissidente de la Juge Van den Wyngaert et son impact sur le déroulement du procès du point de vue de la Défense (Section 3) et quelques questions sensibles (Section 4).

Section 1. Faits et qualification juridique des faits reprochés à Laurent Gbagbo tels que confirmés par la Chambre préliminaire I et droit applicable

Par souci de précision et afin de ne pas en altérer le contenu, nous avons jugé utile de reproduire ci-dessous un extrait de la décision de la Chambre préliminaire I du 12 juin 2014 confirmant les charges dans l'affaire *Laurent Gbagbo*, en particulier la section 4 confirmant les faits, les circonstances et leur qualification juridique.

EXTRAIT

Source : http://www.icc-cpi.int/iccdocs/PIDS/other/Gbagbo-Sec4-Fra.pdf

SECTION 4. CONCLUSION : CONFIRMATION PAR LA CHAMBRE DE FAITS ET CIRCONSTANCES ET DE LEUR QUALIFICATION JURIDIQUE

266. Au vu de ce qui précède, la Chambre conclut qu'il existe des preuves suffisantes donnant des motifs substantiels de croire que Laurent Gbagbo, né le 31 mai 1945 à Mama, en Côte d'Ivoire, est pénalement responsable des crimes contre l'humanité que constituent le meurtre, le viol, les autres actes inhumains ou – à titre subsidiaire – la tentative de meurtre, et la persécution à Abidjan, en Côte d'Ivoire, perpétrés entre le 16 et le 19 décembre 2010 pendant et après une marche de partisans d'Alassane Ouattara qui se rendaient au siège de la RTI, perpétrés le 3 mars 2011 lors d'une manifestation de femmes à Abobo, perpétrés le 17 mars 2011 par bombardement au mortier d'un secteur densément peuplé d'Abobo et perpétrés le 12 avril 2011 ou vers cette date à Yopougon, et ce, pour avoir, au sens de l'article 25–3–a du Statut, commis ces crimes conjointement avec des membres de son entourage immédiat et par l'intermédiaire de membres des forces pro-Gbagbo ou, subsidiairement, pour avoir, au sens de l'article 25–3–b du Statut ou, subsidiairement, de l'article 25-3-d du Statut, contribué de toute autre manière à la commission de ces crimes.

I. Faits et circonstances décrits dans les charges et confirmés par la Chambre

267. Les faits et circonstances décrits par le Procureur dans les charges portées à l'encontre de Laurent Gbagbo (section 9 du Document amendé de notification des charges) et confirmés par la Chambre en application de l'article 61-7-a du Statut sont les suivants :

268. Avant l'élection présidentielle de 2010, Laurent Gbagbo et son entourage immédiat ont, conjointement, conçu et mis en œuvre un plan commun en vue de le maintenir à la Présidence par tous les moyens nécessaires, y compris en commettant les crimes en cause. À la date du 27 novembre 2010, la mise en œuvre du plan commun avait évolué pour inclure une politique d'État ou organisationnelle qui avait pour but le lancement d'une attaque généralisée et systématique contre les civils considérés comme soutenant Alassane Ouattara. La poursuite du plan commun et de la politique était de nature criminelle : la mise en œuvre de cette attaque généralisée ou systématique comprenait de multiples actes criminels tels que le meurtre, le viol, d'autres actes inhumains et la persécution de la population civile. Les crimes en cause ont donc résulté de la mise en œuvre du plan commun.

269. À l'époque visée, Laurent Gbagbo exerçait commandement, contrôle et autorité sur les Forces de défense et de sécurité (FDS). À l'époque visée, il exerçait également contrôle et autorité, directement et à travers son entourage immédiat, sur les jeunes pro-Gbagbo, les miliciens et les mercenaires qui prêtaient main-forte aux FDS (ensemble, «les forces pro-Gbagbo»).

270. Les forces pro-Gbagbo constituaient un appareil de pouvoir organisé et hiérarchisé. Du fait de leur position d'autorité et des contributions qu'ils apportaient au plan commun et à la politique, Laurent Gbagbo et son entourage immédiat pouvaient se servir de ces forces pour mettre en œuvre le plan et la politique en commettant les crimes en cause.

271. Entre le 16 décembre 2010 et le 12 avril 2011 ou vers cette date, les forces pro-Gbagbo ont tué au moins 160 personnes lors des quatre événements ci-après :
a) Entre le 16 et le 19 décembre 2010, elles ont tué au moins 45 personnes à Abidjan pendant et après la marche de partisans d'Alassane Ouattara qui se rendaient au siège de la RTI ;
b) Le 3 mars 2011, elles ont tué sept femmes qui avaient pris part à une manifestation de partisanes d'Alassane Ouattara dans la commune d'Abobo à Abidjan ;
c) Le 17 mars 2011, elles ont tué au moins 40 personnes au marché d'Abobo ou dans les environs en bombardant au mortier un secteur densément peuplé ;
d) Le 12 avril 2011 ou vers cette date, elles ont tué dans la commune de Yopougon à Abidjan 68 personnes au moins, originaires pour la plupart du nord de la Côte d'Ivoire et de pays voisins de l'Afrique de l'Ouest.

272. Entre le 16 décembre 2010 et le 12 avril 2011 ou vers cette date, les forces pro-Gbagbo ont violé au moins 38 femmes et filles lors des deux événements ci-après :
a) Entre le 16 et le 19 décembre 2010, les forces pro-Gbagbo ont violé au moins 16 femmes et filles à Abidjan pendant et après la marche de partisans d'Alassane Ouattara qui se rendaient au siège de la RTI ;
b) Le 12 avril 2011 ou vers cette date, elles ont violé au moins 22 femmes à Yopougon.

273. Entre le 16 décembre 2010 et le 12 avril 2011 ou vers cette date, les forces pro-Gbagbo ont infligé à 118 personnes au moins de grandes souffrances et des atteintes graves à leur intégrité physique, lors des quatre événements ci-après :
a) Entre le 16 et le 19 décembre 2010, elles ont blessé au moins 54 personnes à Abidjan pendant et après la marche de partisans d'Alassane Ouattara qui se rendaient au siège de la RTI ;
b) Le 3 mars 2011, elles ont blessé trois personnes au moins qui avaient pris part à une manifestation de partisanes d'Alassane Ouattara à Abobo ;
c) Le 17 mars 2011, elles ont blessé au moins 60 personnes au marché d'Abobo ou dans les environs en bombardant au mortier un secteur densément peuplé ;
d) Le 12 avril 2011 ou vers cette date, elles ont blessé au moins une personne à Yopougon.

274. Les crimes en cause ont été commis pour des motifs d'ordre politique, national, ethnique ou religieux. Les victimes de ces crimes ont été visées parce qu'elles étaient considérées comme des membres des groupes politiques d'Alassane Ouattara ou des partisans de ce dernier, ou parce qu'elles vivaient dans des quartiers d'Abidjan perçus comme des bastions de celui-ci. Souvent, les cibles étaient aussi choisies pour des motifs ethniques (principalement des Dioula et des Baoulé), religieux (des musulmans), ou nationaux (des citoyens d'États ouest-africains tels que le Mali, le Burkina Faso et le Nigéria, ainsi que des Ivoiriens d'ascendance ouest-africaine). Laurent Gbagbo et d'autres membres du plan commun considéraient tous les membres des groupes politiques, ethniques, nationaux et religieux susmentionnés comme des partisans d'Alassane Ouattara.

275. Du 27 novembre 2010 jusqu'au 12 avril 2011 ou vers cette date, à Abidjan, les forces pro-Gbagbo ont mené une attaque généralisée et systématique contre la population civile considérée comme soutenant Alassane Ouattara, attaque qui a consisté en la commission multiple d'actes criminels, en application de la politique des forces pro-Gbagbo, dirigées par Laurent Gbagbo et son entourage immédiat. Les crimes en cause ont été commis dans le cadre de cette attaque.

276. Laurent Gbagbo a contribué à la commission des crimes en cause de la manière suivante :
a) Laurent Gbagbo a conçu et mis en œuvre le plan commun, qui s'est traduit par la commission des crimes ;
b) Laurent Gbagbo a créé une structure lui permettant de mettre en œuvre le plan commun, ce qui s'est traduit par la commission des crimes, en nommant ou promouvant des personnes qui lui étaient loyales à des postes-clés du Gouvernement et des FDS, en chargeant ses subordonnés de recruter au sein des FDS des éléments supplémentaires, y compris des jeunes pro-Gbagbo et des miliciens, et en supervisant leur recrutement ;
c) Laurent Gbagbo a armé les forces qui lui étaient loyales et qui ont commis les crimes en cause, en mettant les armes qu'il contrôlait à leur disposition, en chargeant ses subordonnés d'en acheter d'autres, en octroyant les fonds nécessaires pour ce faire et en s'assurant que des armes et des munitions étaient fournies à ces forces ;
d) Laurent Gbagbo a coordonné la mise en œuvre du plan commun, qui s'est traduite par la commission des crimes, en tenant des réunions et en s'entretenant régulièrement avec son entourage immédiat et d'autres membres de son réseau de soutien à ce sujet, pour être informé de la situation sur le terrain par ses commandants et leur donner des instructions dans le cadre des opérations. Laurent

Gbagbo, que ce soit directement ou par l'intermédiaire des membres de son entourage immédiat, a chargé ses subordonnés de mettre en œuvre le plan commun ou les a incités à le faire, ce qui s'est traduit par la commission des crimes, et il a i) ordonné le déploiement des forces armées contre des manifestants opposés à sa politique ; ii) chargé les forces qui lui étaient loyales d'arrêter la marche des partisans d'Alassane Ouattara qui se rendaient au siège de la RTI le 16 décembre 2010 ; iii) ordonné à ces forces de faire le siège de l'hôtel du Golf avec ses résidents ; iv) enjoint à ces forces de tenir bon et de ne pas perdre Abobo ; v) employé des termes péjoratifs et de nature haineuse à l'encontre de ses opposants politiques, notamment en traitant ces derniers de «bandits», d'«ennemis» et de « terroristes » ; et vi) incité les jeunes pro-Gbagbo et les miliciens de Yopougon, directement ou par l'intermédiaire de Charles Blé Goudé, à se battre pour protéger la nation et ne pas laisser le pays aux mains des ennemis, et appelé ses partisans à continuer à résister et à combattre Alassane Ouattara et ses « terroristes » ;
e) Laurent Gbagbo a incité les forces qui lui étaient loyales à commettre des crimes : i) en leur ordonnant de ne pas remettre en question la légalité des ordres qu'elles avaient reçus, en leur faisant clairement savoir qu'elles ne seraient pas punies pour les crimes commis ; ii) en ne prenant pas les mesures qui étaient en son pouvoir pour empêcher ou réprimer la commission de ces crimes pendant la crise postélectorale, ou en punir les auteurs et ; iii) en s'abstenant d'en référer aux autorités compétentes aux fins d'enquête et de poursuites.

277. En posant ces actes et omissions, Laurent Gbagbo avait l'intention et la connaissance requises relativement aux crimes en cause. En outre, il savait que son comportement faisait partie d'une attaque généralisée ou

systématique dirigée contre une population civile en application ou dans la poursuite de la politique, ou entendait qu'il en fasse partie.

II. Qualification juridique des faits

278. La qualification juridique des faits décrite par le Procureur dans les charges portées à l'encontre de Laurent Gbagbo (section 9 du Document amendé de notification des charges) et confirmée par la Chambre en application de l'article 61-7-a du Statut est la suivante :

Chef 1 – Meurtre constituant un crime contre l'humanité

Au vu des faits et des circonstances exposés plus haut, Laurent Gbagbo est responsable, en vertu de l'article 7-1-a et des alinéas a), b) ou subsidiairement d) de l'article 25-3 du Statut, du crime contre l'humanité que constitue le meurtre d'au moins 160 personnes, commis par les forces pro-Gbagbo.

Chef 2 – Viol constituant un crime contre l'humanité

Au vu des faits et des circonstances exposés plus haut, Laurent Gbagbo est responsable, en vertu de l'article 7-1-g et des alinéas a), b) ou subsidiairement d) de l'article 25-3 du Statut, du crime contre l'humanité que constitue le viol d'au moins 38 personnes, commis par les forces pro-Gbagbo.

Chef 3 – Autres actes inhumains ou tentative de meurtre constituant un crime contre l'humanité

Au vu des faits et des circonstances exposés plus haut, Laurent Gbagbo est responsable, en vertu de l'article 7-1-k et des alinéas a), b) ou subsidiairement d) de l'article 25-3 du Statut, du crime contre l'humanité que constituent d'autres actes inhumains, à savoir des actes ayant causé à au moins 118 personnes de grandes souffrances et des atteintes graves à leur intégrité physique, commis par les forces pro-Gbagbo ou, à titre subsidiaire, il est responsable, en vertu des articles 7-1-a et 25-3-f, ainsi que des alinéas a), b) ou subsidiairement d) de l'article 25-3 du Statut, du crime contre l'humanité que constitue la tentative de meurtre, commis par les forces pro-Gbagbo.

Chef 4 – Persécution constituant un crime contre l'humanité

Au vu des faits et des circonstances exposés plus haut, Laurent Gbagbo est responsable, en vertu de l'article 7-1-h et des alinéas a), b) ou subsidiairement d) de l'article 25-3 du Statut, du crime contre l'humanité que constitue la persécution pour des motifs d'ordre politique, national, ethnique et religieux d'au moins 316 personnes, commis par les forces pro-Gbagbo[46].

On relèvera en particulier les quatre incidents survenus à Abidjan au cours desquels les forces pro-Gbagbo auraient commis les crimes retenus contre Laurent Gbagbo, à savoir : (i) les 16 et 19 décembre 2010, pas moins de 45 personnes auraient été tuées à Abidjan pendant et après une marche de partisans d'Alassane Ouattara qui se rendaient aux locaux de la RTI, au moins

---

[46] Sur les définitions de ces notions, voir Bemba Joseph, *Dictionnaire de la Justice internationale, de la paix et du développement durable*, 2ème édition revue et complétée, Paris, L'Harmattan, collection Justice internationale, 2011.

16 femmes et filles auraient été violées, au moins 54 personnes auraient été blessées (grandes souffrances et atteintes graves à l'intégrité physique) ; (ii) le 3 mars 2011, les forces pro-Gbagbo auraient tué sept femmes qui auraient participé à une marche pro-Ouattara dans la commune d'Abobo à Abidjan, et blessé au moins trois personnes ; (iii) le 17 mars 2011, les forces pro-Gbagbo auraient tué au moins 40 personnes, et en auraient blessées au moins 60, au marché d'Abobo ou dans ses alentours durant le bombardement au mortier d'un secteur densément peuplé d'Abobo ; (iv) dans les alentours du 12 avril 2011, dans la commune de Yopougon à Abidjan, les forces pro-Gbagbo auraient tué au moins 68 personnes venues principalement du nord de la Côte d'Ivoire et des pays voisins d'Afrique de l'ouest, auraient violé au moins 22 femmes, et blessé au moins une personne.

Section 2. Les modes de responsabilité

Le Procureur a estimé utile de présenter des modes alternatifs de responsabilité, confirmés par la Chambre préliminaire I, afin de permettre à la Chambre de première instance I de décider du mode de responsabilité le plus approprié à la conduite de Laurent Gbagbo.

a) Laurent Gbagbo aurait engagé sa responsabilité pénale individuelle, en tant que coauteur indirect, au sens de l'article 25-3-a du Statut de la CPI

L'article 25-3-a du Statut de Rome concernant la responsabilité pénale individuelle dispose :

(…) 3. Aux termes du présent Statut, une personne est pénalement responsable et peut être punie pour un crime relevant de la compétence de la Cour si :

a) Elle commet un tel crime, que ce soit individuellement, conjointement avec une autre personne ou par l'intermédiaire d'une autre personne, que cette autre personne soit ou non pénalement responsable ; (…).

La Chambre préliminaire I a conclu que Laurent Gbagbo aurait commis les crimes retenus contre lui conjointement avec les membres de son entourage immédiat et par l'intermédiaire des forces pro-Gbagbo. Selon la Chambre, Laurent Gbagbo et son entourage immédiat auraient conjointement conçu et mis en œuvre un plan commun en vue de le maintenir au pouvoir et de lancer une attaque généralisée et systématique contre la population civile considérée comme soutenant Alassane Ouattara. Les membres de son entourage proche auraient partagé son intention de commettre ces crimes. Les forces pro-Gbagbo, qui seraient les auteurs directs de ces crimes, auraient été sous le contrôle effectif conjoint de Gbagbo et de son entourage proche. Ce contrôle résulterait de la nature organisée et hiérarchique des forces pro-Gbagbo (paragraphes 230-231 de la Décision relative à la confirmation des charges portées à l'encontre de Laurent Gbagbo).

b) Responsabilité pénale individuelle pour avoir ordonné, sollicité ou encouragé la commission de ces crimes (Article 25(3) (b) du Statut de Rome)

L'article 25(3) (b) du Statut de Rome dispose :

(…) 3. Aux termes du présent Statut, une personne est pénalement responsable et peut être punie pour un crime relevant de la compétence de la Cour si :

(…) b) Elle ordonne, sollicite ou encourage la commission d'un tel crime, dès lors qu'il y a commission ou tentative de commission de ce crime ; (…).

Selon la Chambre préliminaire I, Laurent Gbagbo serait en position d'autorité vis-à-vis des auteurs directs des crimes. Il aurait donné l'ordre ou aurait incité les forces pro-Gbagbo à effectuer certaines actions à la suite desquelles les crimes auraient été commis. Les instructions de Gbagbo auraient eu un effet direct sur la commission des crimes. Gbagbo aurait donné ces instructions consciemment sachant que les crimes retenus contre lui seraient commis à la suite de ses instructions.

c) *Responsabilité pénale individuelle pour avoir contribué de toute autre manière à la commission ou à la tentative de commission des crimes par un groupe de personnes agissant de concert (Article 25(3) (d) du Statut de Rome)*

L'article 25(3) (d) du Statut de Rome dispose :

(…) 3. Aux termes du présent Statut, une personne est pénalement responsable et peut être punie pour un crime relevant de la compétence de la Cour si :
(…) d) Elle contribue de toute autre manière à la commission ou à la tentative de commission d'un tel crime par un groupe de personnes agissant de concert.
Cette contribution doit être intentionnelle et, selon le cas :
i) Viser à faciliter l'activité criminelle ou le dessein criminel du groupe, si cette activité ou ce dessein comporte l'exécution d'un crime relevant de la compétence de la Cour ; ou

ii) Être faite en pleine connaissance de l'intention du groupe de commettre ce crime ; (…).

La Chambre préliminaire I a conclu que les forces pro-Gbagbo auraient agi dans le but commun de garder Laurent Gbagbo au pouvoir, et auraient pour cela commis des crimes ; que Laurent Gbagbo aurait contribué intentionnellement à la commission de ces crimes.

d) *Absence de responsabilité en vertu de l'article 28(a) et (b) du Statut de Rome*

L'article 28(a) et (b) dispose :

Article 28 - Responsabilité des chefs militaires et autres supérieurs hiérarchiques

Outre les autres motifs de responsabilité pénale au regard du présent Statut pour des crimes relevant de la compétence de la Cour :

a) Un chef militaire ou une personne faisant effectivement fonction de chef militaire est pénalement responsable des crimes relevant de la compétence de la Cour commis par des forces placées sous son commandement et son contrôle effectifs, ou sous son autorité et son contrôle effectifs, selon le cas, lorsqu'il ou elle n'a pas exercé le contrôle qui convenait sur ces forces dans les cas où :

i) Ce chef militaire ou cette personne savait, ou, en raison des circonstances, aurait dû savoir, que ces forces commettaient ou allaient commettre ces crimes ; et

ii) Ce chef militaire ou cette personne n'a pas pris toutes les mesures nécessaires et raisonnables qui étaient en son pouvoir pour en empêcher ou en réprimer l'exécution ou pour en référer aux autorités compétentes aux fins d'enquête et de poursuites ;

b) En ce qui concerne les relations entre supérieur hiérarchique et subordonnés non décrites au paragraphe a), le supérieur hiérarchique est pénalement responsable des crimes relevant de la compétence de la Cour commis par des subordonnés placés sous son autorité et son contrôle effectifs, lorsqu'il ou elle n'a pas exercé le contrôle qui convenait sur ces subordonnés dans les cas où :

i) Le supérieur hiérarchique savait que ces subordonnés commettaient ou allaient commettre ces crimes ou a délibérément négligé de tenir compte d'informations qui l'indiquaient clairement;

ii) Ces crimes étaient liés à des activités relevant de sa responsabilité et de son contrôle effectifs ; et

iii) Le supérieur hiérarchique n'a pas pris toutes les mesures nécessaires et raisonnables qui étaient en son pouvoir pour en empêcher ou en réprimer l'exécution ou pour en référer aux autorités compétentes aux fins d'enquête et de poursuites.

La Chambre préliminaire a refusé de confirmer la responsabilité de Laurent Gbagbo en vertu de l'article 28. Elle a déclaré que « les preuves, prises dans leur ensemble, démontrent que l'échec à prévenir ces violences était une composante inhérente de l'effort délibéré de garder le pouvoir à tous prix, même si cela veut dire commettre des crimes » et que « considérer la responsabilité de Laurent Gbagbo en vertu de l'article 28 du Statut de Rome exigerait de la Chambre qu'elle s'écarte considérablement de son analyse du déroulement des faits en Côte d'Ivoire durant la crise postélectorale et l'implication de Gbagbo dans cette crise » (paragraphes 264-265 de la Décision relative à la confirmation des charges contre Laurent Gbagbo).

e) Différence entre les modes de responsabilité de l'article 25 et de l'article 28

Il convient de souligner la différence qui existe entre les deux modes de responsabilité. L'article 25 du Statut de Rome établit la responsabilité d'une personne pour ses propres crimes, alors que l'article 28 établit la responsabilité d'une personne pour violation de ses obligations en ce qui concerne les crimes commis par autrui. Plus précisément, l'article 28 établit la responsabilité d'un supérieur pour les crimes commis par ses subordonnés pour n'avoir pas pris toutes les mesures nécessaires et raisonnables qui étaient en son pouvoir pour en empêcher ou en réprimer l'exécution ou pour en référer aux autorités compétentes.

f) Pouvoir de la Chambre de première instance de modifier la qualification juridique des faits

La Chambre de première instance a le pouvoir de modifier la qualification juridique des faits. Ce pouvoir est prévu par la Norme 55 du Règlement de la Cour pénale internationale, dont le texte est reproduit ci-dessous :

Règlement de la Cour, Norme 55
Pouvoir de la Chambre de première instance
de modifier la qualification juridique des faits

1. Sans dépasser le cadre des faits et circonstances décrits dans les charges et dans toute modification qui y aurait été apportée, la chambre peut, dans la décision qu'elle rend aux termes de l'article 74, modifier la qualification juridique des faits afin qu'ils concordent avec les crimes prévus aux articles 6, 7 ou 8 ainsi qu'avec la

forme de participation de l'accusé auxdits crimes prévue aux articles 25 et 28.

2. Si, à un moment quelconque du procès, la chambre se rend compte que la qualification juridique des faits peut être modifiée, elle informe les participants à la procédure d'une telle possibilité et, après avoir examiné les éléments de preuve, donne en temps opportun aux participants la possibilité de faire des observations orales ou écrites.

Elle peut suspendre les débats afin de garantir que les participants disposent du temps et des facilités nécessaires pour se préparer de manière efficace, ou, en cas de besoin, convoquer une audience afin d'examiner toute question concernant la proposition de modification.

3. Aux fins de l'application de la disposition 2, la chambre garantit notamment à l'accusé :

a) le temps et les facilités nécessaires pour préparer sa défense de manière efficace, conformément à l'alinéa b) du paragraphe 1er de l'article 67, et

b) en cas de besoin, la possibilité d'interroger ou de faire interroger de nouveau tout témoin, de citer à comparaître tout nouveau témoin ou de présenter tout autre élément de preuve admissible, conformément à l'alinéa e) du paragraphe 1er de l'article 67.

En application de cette norme, la Chambre préliminaire I, dans sa décision de confirmation des charges portées à l'encontre de Laurent Gbagbo, a expliqué que «confirmer toutes les caractérisations légales alternatives possibles sur la base des mêmes faits était une approche souhaitable dans le sens où cela pourrait réduire de futurs délais durant le procès, et informer la défense en avance des différentes caractérisations légales qui pourraient être considérées au moment du procès » (paragraphe 228 de la Décision relative à la confirmation des charges portées contre Laurent Gbagbo).

Section 3. Opinion dissidente de la Juge Van den Wyngaert : impact sur le déroulement du procès du point de vue de la Défense

L'opinion dissidente de la Juge Van den Wyngaert, jointe à la décision de la Chambre préliminaire I du 12 juin 2014 relative à la confirmation des charges portées contre Laurent Gbagbo, illustre la complexité du cas de l'accusé et les difficultés auxquelles sera confronté le Procureur pour prouver sa culpabilité au-delà de tout doute raisonnable. La Juge Van den Wyngaert soutient notamment dans cette opinion que malgré la quantité croissante de preuves soumises par le Procureur, il y a une forte dépendance sur des preuves par ouï-dire anonymes. De même, selon elle, les éléments de preuve disponibles demeurent insuffisants. Ils ne démontrent pas que le « prétendu plan » visant à garder Gbagbo au pouvoir comprenait la commission de crimes (responsabilité comme coauteur indirect en vertu de l'article 25(3)(a)), et il n'y a aucune preuve de Gbagbo donnant de tels ordres ou instructions (article 25(3)(b)), ou que les forces pro-Gbagbo constituaient un groupe de personnes agissant de concert (article 25(3)(d)).

Cette opinion dissidente servira la défense de Laurent Gbagbo en ce qu'elle fournit de forts arguments favorables à l'accusé. Nous avons jugé utile de reproduire ce texte ci-dessous, dans la traduction officielle de la Cour, afin de mieux en cerner le contenu et l'impact sur la suite du procès du point de vue de la Défense.

OPINION DISSIDENTE
de la Juge Christine Van den Wyngaert

Source : http://www.icc-cpi.int/iccdocs/doc/doc1804490.pdf
ICC-02/11-01/11-656-Anx-tFRA 18-07-2014 1/11 EC PT

1. Je ne suis pas en mesure de me rallier à la décision de mes collègues de confirmer les charges portées contre Laurent Gbagbo en vertu des alinéas a), b) et d) de l'article 25-3 (1). Pour les raisons exposées dans la présente opinion, j'estime que les éléments de preuve demeurent insuffisants.

(1) Décision relative à la confirmation des charges portées contre Laurent Gbagbo, 12 juin 2014, (« la Décision de la majorité »).

2. Le volume des preuves présentées par le Procureur a considérablement augmenté depuis l'ajournement de l'audience le 3 juin de l'année dernière (2). Les divers événements à l'origine de l'allégation de commission de crimes contre l'humanité sont désormais mieux étayés par les éléments de preuve. Toutefois, bien que la Chambre ait demandé la présentation d'informations quantitativement et qualitativement supérieures sur le nombre de victimes qu'auraient fait les événements allégués, il n'a pas été remédié au problème qui avait été mis en lumière, à savoir le recours à des ouï-dire anonymes (3).

(2) Voir Décision portant ajournement de l'audience de confirmation des charges conformément à l'article 61-7-c-i du Statut, 3 juin 2013, ICC-02/11-01/11-432-tFRA, par. 44-4-c.
(3) ICC-02/11-01/11-432-tFRA, par. 29 et 36. Voir aussi Chambre préliminaire I, *Le Procureur c. Calixte Mbarushimana*, Décision relative à la confirmation des charges, 16 décembre 2011, ICC-01/04-01/10-465-tFRA, par. 49.

3. Plus important encore, je ne suis pas convaincue que le Procureur ait prouvé les différents modes de responsabilité qu'il a proposés dans le Document amendé de notification

des charges. Je n'ai aucune objection de principe à la confirmation de plusieurs modes de responsabilité (4). Au contraire, si les éléments de preuve permettent d'envisager plusieurs modes, ceux-ci devraient être appliqués au stade le plus précoce qui se puisse, si possible lors de la confirmation des charges. Cela évite le recours à la norme 55 à un stade ultérieur de la procédure.

(4) Toutefois, dans mon opinion individuelle du 14 février 2014, j'ai fait part de mes doutes quant à la question de savoir si les articles 25-3-b et 28 du Statut pouvaient être proposés à bon droit à la Chambre. Selon moi, le seul fondement légal à leur ajout au Document amendé de notification des charges n'aurait pu être que l'application de l'article 61-7-c-ii du Statut. [Voir opinion individuelle de la juge Christine Van den Wyngaert, 14 février 2014, ICC-02/11-01/11-619-Anx]. Il s'ensuit que ce que je dirai ci-après au sujet de ces deux formes de responsabilité pénale n'est pertinent que dans l'hypothèse où j'aurais tort concernant ce point de procédure.

4. Toutefois, des charges ne devraient être confirmées que si les éléments de preuve ont une chance réelle de fonder une déclaration de culpabilité au-delà de tout doute raisonnable. Je suis bien entendu consciente que la norme d'administration de la preuve applicable est considérablement moins exigeante au stade de la confirmation des charges qu'à celui du procès. Au stade de la confirmation des charges, le Procureur peut même avoir le bénéfice du doute lorsque la crédibilité de certains témoins ou la valeur probante de certains documents soulève des questions. Les preuves doivent toutefois au moins suffire à étayer une éventuelle déclaration de culpabilité dans l'hypothèse où de telles questions seraient tranchées en faveur du Procureur au procès. S'il est clair que, même en accordant aux éléments de preuve disponibles une valeur maximale, on doute encore sérieusement qu'ils suffiront à fonder une déclaration de culpabilité, il ne sert à rien de confirmer les charges. Sur la base de mon interprétation des éléments de preuve présentés à l'appui des charges portées en vertu des

alinéas a), b) et d) de l'article 25-3, j'estime qu'ils n'atteignent pas le minimum requis à l'article 61-7 du Statut.

5. En ce qui concerne les charges portées en vertu de l'article 25-3-a, les éléments de preuve disponibles ne me convainquent pas qu'il y a des motifs substantiels de croire que le plan commun qui aurait visé au maintien de Laurent Gbagbo au pouvoir ait, explicitement ou implicitement, impliqué la commission de crimes contre des civils pro-Ouattara. Il n'y a, selon moi, pas d'éléments de preuve convaincants montrant qu'à un moment ou à un autre, Laurent Gbagbo a convenu avec son « entourage immédiat » de commettre des crimes contre des civils innocents. Par conséquent, je ne suis pas convaincue que Laurent Gbagbo et son « entourage immédiat » aient délibérément entrepris de préparer mentalement et matériellement leurs partisans à commettre des crimes contre des civils. Par exemple, je ne suis pas d'accord avec mes collègues lorsqu'ils interprètent le discours prononcé par Laurent Gbagbo à Divo le 27 août 2010 comme indiquant à ses partisans qu'il leur serait permis de commettre en toute impunité des crimes contre des civils pro-Ouattara (5). Je ne suis pas plus convaincue qu'il était prévisible que des civils seraient tués et violés dans le cours normal des événements. Les éléments de preuve disponibles concernant un certain nombre d'actes de violence isolés commis par des partisans de Laurent Gbagbo au cours des années précédentes ne suffisent pas, selon moi, à montrer que celui-ci savait que les FDS et/ou ses autres partisans commettraient inévitablement des crimes contre des civils pro-Ouattara (6).

(5) Voir paragraphe 112 de la Décision de la majorité.

(6) Il convient de relever à cet égard qu'au paragraphe 223 du Document amendé de notification des charges, il est dit ce qui suit : « [Laurent Gbagbo] était conscient des risques qu'entraînait l'exécution d'un tel Plan et a accepté de les prendre ». D'après un certain nombre de décisions antérieures de la

Cour, le Statut ne prévoit pas la responsabilité pénale d'une personne qui accepte le risque qu'un crime *puisse* être commis lors de l'exécution d'un plan n'étant par ailleurs pas criminel. Voir Chambre préliminaire II, *Le Procureur c. Jean-Pierre Bemba*, Décision rendue en application des alinéas a) et b) de l'article 61-7 du Statut de Rome, relativement aux charges portées par le Procureur à l'encontre de Jean-Pierre Bemba Gombo, 15 juin 2009, ICC-01/05-01/08-424-tFRA, par. 352 à 369, et Chambre de première instance II, *Le Procureur c. Germain Katanga*, Jugement rendu en application de l'article 74 du Statut, 7 mars 2014, ICC-01/04-01/07-3436, par. 775 et 776. Comme je l'ai déjà expliqué, je souscris à cette analyse. Voir *Le Procureur c. Mathieu Ngudjolo*, Opinion concordante de la juge Christine Van den Wyngaert, 18 décembre 2012, ICC-01/04-02/12-4-tFRA, par. 36 à 38.

6. En outre, les éléments de preuve disponibles ne me convainquent pas qu'il y a des motifs substantiels de croire que Laurent Gbagbo ait, soit seul soit de concert avec un ou plusieurs membres de son prétendu « entourage immédiat », utilisé les forces à sa disposition pour commettre intentionnellement des crimes contre des civils. Aucun élément de preuve ne fait spécifiquement état d'ordres ou d'instructions donnés par Laurent Gbagbo à cet effet, et j'estime que l'existence de tels ordres ou instructions ne peut pas non plus être déduite des autres preuves disponibles. En particulier, je pense qu'il n'est pas possible de déduire du fait que Laurent Gbagbo a interdit la marche sur la RTI qu'il a implicitement donné pour instruction aux forces impliquées dans la répression de cette marche de commettre des crimes contre des manifestants civils pacifiques (7). De même, je ne vois pas comment le déploiement de forces armées à Abobo, qui impliquait éventuellement l'utilisation de mortiers, peut être considéré comme une *instruction* d'utiliser ces armes contre des civils. À cet égard, il importe de garder à l'esprit que l'armée était déployée pour combattre un groupe d'insurgés lourdement armés et que les forces régulières de maintien de l'ordre (la police, la gendarmerie) n'étaient plus capables de gérer la situation. Si l'on pourrait certes dire qu'en envoyant des unités de l'armée dans un secteur civil densément peuplé, Laurent

Gbagbo a créé et accepté le risque que des civils innocents puissent être touchés (c'est-à-dire commis un dol éventuel) (8), j'estime que ce comportement ne revient pas, tant s'en faut, à activement donner pour instruction à ces troupes de prendre délibérément des civils pour cible, ou à les y inciter. Je ne suis donc pas en mesure de considérer Laurent Gbagbo comme un auteur indirect au sens de l'article 25-3-a.

(7) Dans la Décision de la majorité, une grande importance est attachée à l'instruction d'empêcher la marche sur la RTI qu'aurait donnée Laurent Gbagbo durant une réunion tenue le 14 décembre 2010 (par. 40). Toutefois, cette constatation repose entièrement sur le témoignage de P-9, qui a également déclaré que Laurent Gbagbo n'avait donné aucune instruction précise quant à la façon d'y parvenir. Il n'y a pas d'autres éléments de preuve portant sur ce qui a été dit lors de cette réunion. Après celle-ci, le chef d'état-major a verbalement donné pour consigne au commandant des forces terrestres de ne pas tirer sur les civils ou les éléments des forces impartiales [voir témoin P-9, CIV-OTP-0051-0935, p. 0964 à 0967]. En outre, d'autres éléments de preuve font état d'ordres similaires donnés par le chef de la police [voir CIV-OTP-0005-0031, p. 0031 et 0032 et témoin P-46, CIV-OTP-0014-0204, p. 0209]. En ce qui concerne les éléments de preuve issus de l'interception de messages radio par lesquels des ordres auraient été donnés sur le réseau des FDS le jour de la marche sur la RTI, j'estime que la terminologie employée (« rentrer dans la foule ») est ambigüe. Il pourrait tout autant s'agir d'un ordre de repousser la foule au moyen de techniques antiémeutes conventionnelles [voir, p. ex., CIV-OTP-0010-0028, p. 0029 et 0031 ; CIV-OTP-0045-1413, p. 1413]. Plus important encore, il n'y a absolument aucune preuve que l'un quelconque de ces ordres interceptés ait été émis ou approuvé par Laurent Gbagbo.

(8) À cet égard, voir *supra*, note de bas de page 6.

7. En ce qui concerne les charges portées en vertu de l'article 25-3-b, comme je viens de le dire, je ne vois pas suffisamment d'éléments de preuve pour conclure que Laurent Gbagbo aurait ordonné ou de toute autre manière délibérément provoqué la commission de l'un quelconque des crimes perpétrés contre des civils. En termes d'incitation implicite, je ne suis pas convaincue, au vu des éléments de preuve se rapportant aux discours publics prononcés par Laurent Gbagbo et aux instructions et

déclarations qu'il aurait adressées à des membres des FDS ou de son «entourage immédiat », qu'ils montrent que Laurent Gbagbo a délibérément entrepris (9) d'inciter ou de préparer mentalement ses partisans à commettre des crimes contre des civils, et encore moins qu'ils ont bien eu un tel effet direct (10).

(9) Ou était conscient que ses discours et ses déclarations exerceraient, dans le cours normal des événements, une telle influence.
(10) Comme je l'ai dit, je ne suis pas d'accord avec mes collègues lorsqu'ils interprètent le discours prononcé par Laurent Gbagbo à Divo le 27 août 2010 comme indiquant à ses partisans qu'il leur serait permis de commettre en toute impunité des crimes contre des civils pro-Ouattara. S'agissant de la condition d'existence d'un effet direct, voir Chambre préliminaire II, *Le Procureur c. Bosco Ntaganda, Decision Pursuant to Article 61(7) (a) and (b) of the Rome Statute on the Charges of the Prosecutor Against Bosco Ntaganda*, 9 juin 2014, ICC-01/04-02/06-309, par. 153.

8. En ce qui concerne les charges portées en vertu de l'article 25-3-d, je ne suis pas en mesure de me rallier à la décision de mes collègues de les confirmer car je trouve qu'il n'y a pas suffisamment de preuves de l'existence d'un groupe de personnes agissant de concert. Le Document amendé de notification des charges ne donne aucune indication précise sur la composition d'un tel groupe (11). Du reste, étant donné que personne n'oserait soutenir que tous les membres des FDS, tous les mercenaires, tous les miliciens et tous les membres de groupes de jeunes formaient un unique grand « groupe de personnes agissant de concert » (12), il est nécessaire de savoir qui appartenait *effectivement* au prétendu groupe.

(11) ICC-02/11-01/11-592-Conf-Anx-Corr.2. Dans la version initiale du Document amendé de notification des charges datée du 17 janvier 2013, ICC-02/11-01/11-357-Conf-Anx1, le Procureur déclare simplement que «[d]es commandants et des membres des forces pro-GBAGBO, dont ce dernier et des membres de son entourage immédiat [...] ont agi de concert en vue de lancer des attaques violentes contre son opposant politique [...]». Cette déclaration ne permet pas de cerner ce qu'auraient été les contours du « groupe de personnes agissant de concert » ni de savoir si la composition de ce prétendu groupe différait de celle du groupe formé par les participants au plan

commun allégué en vertu de l'article 25-3-a. On ne trouve pas d'informations plus spécifiques dans les conclusions écrites finales déposées par l'Accusation dans le cadre de la procédure de confirmation des charges (31 mars 2014, ICC-02/11-01/11-642-Conf).
(12) Avancer une telle hypothèse reviendrait à réunir dans la même catégorie un grand nombre d'individus qui n'ont jamais commis ou eu l'intention de commettre des crimes contre des civils (et dont beaucoup ont déserté pendant la crise) et un nombre relativement réduit d'auteurs matériels.

9. Dans la Décision de la majorité, il est considéré que les éléments de preuve démontrent suffisamment que des « membres des forces pro-Gbagbo » dirigées par Laurent Gbagbo et par l'entourage immédiat formaient un groupe au sens de l'article 25-3-d du Statut (13). Si je conviens qu'il n'est pas nécessaire d'identifier nommément chacun des membres du groupe (14) et que la composition du « groupe de personnes agissant de concert » peut, dans une certaine mesure, changer avec le temps, je ne pense pas qu'il soit acceptable d'inclure dans le « groupe » des personnes qui n'ont jamais eu, et encore moins partagé, l'intention de commettre un quelconque crime contre des civils. Comme on l'a souligné dans d'autres affaires (15), cela découle du fait que pour qu'il y ait un groupe de personnes agissant de concert au sens de l'article 25-3-d, il est nécessaire de démontrer l'existence, entre tous les membres du groupe, du même type d'accord des volontés que celui qu'on exigerait dans le cas d'un groupe de coauteurs agissant dans la poursuite d'un plan commun au sens de l'article 25-3-a. Par conséquent, seuls les individus qui ont convenu de maintenir Laurent Gbagbo au pouvoir à tout prix et de commettre des crimes contre des civils pour atteindre cet objectif peuvent être considérés comme appartenant au groupe de personnes agissant de concert.
Bien qu'il soit probable qu'un certain nombre d'auteurs matériels de rang subalterne aient été disposés à commettre des crimes contre des civils au nom de Laurent Gbagbo, je ne pense pas que les éléments de preuve donnent des motifs substantiels de croire qu'ils

constituaient un ou plusieurs groupes de personnes agissant de concert, car la preuve d'un accord mutuel entre ces personnes n'a pas été apportée. Quoi qu'il en soit, le Procureur n'avance ni arguments clairs ni éléments de preuve spécifiques permettant de cerner les contours et la composition du prétendu « groupe de personnes agissant de concert ».

(13) Décision de la majorité, par. 254.
(14) Chambre de première instance II, *Le Procureur c. Germain Katanga*, Jugement rendu en application de l'article 74 du Statut, 7 mars 2014, ICC-01/04-01/07-3436, par. 1626.
(15) Voir, p. ex., Chambre préliminaire I, *Le Procureur c. Callixte Mbarushimana*, Décision relative à la confirmation des charges, 16 décembre 2011, ICC-01/04-01/10-465-tFRA, par. 271 ; Chambre de première instance II, *Le Procureur c. Germain Katanga*, Jugement rendu en application de l'article 74 du Statut, 7 mars 2014, ICC-01/04-01/07-3436, par. 1629.

10. En outre, même à supposer qu'il existait un ou plusieurs «groupes de personnes agissant de concert », je continuerais de trouver qu'il n'y a pas suffisamment d'éléments de preuve montrant que les contributions que Laurent Gbagbo aurait apportées l'ont été en toute connaissance de l'intention criminelle qui animait le ou les prétendus groupes. Bon nombre des contributions alléguées, comme l'achat d'armes (16) ou les transferts de fonds en faveur de plusieurs organisations pro-Gbagbo (17), soit ne sont pas assez importantes soit ne présentent pas de lien évident avec les crimes qui auraient été commis contre des civils. À cet égard, il convient de souligner que le régime Gbagbo était confronté à un puissant adversaire militarisé dans plusieurs parties du pays, dont Abidjan. L'achat et la distribution d'armes étaient donc liés à l'imminence/l'escalade des hostilités armées (18).

(16) Je ne pense pas qu'il soit possible de se fonder sur des éléments de preuve faisant état d'initiatives prises en vue d'acheter des armes ou de

tentatives d'achat qui ont échoué. Dans le contexte de l'article 25-3-d, seules les contributions *réelles* peuvent engager la responsabilité pénale, puisque le Statut n'érige pas en crimes les *tentatives* de contribution. Dans la plupart des éléments de preuve se rapportant à l'achat réel d'armes, il est question d'armes non létales, telles que des grenades lacrymogènes, des grenades incapacitantes et des pistolets à balles en caoutchouc (voir, p. ex., CIV-OTP-0028-0304 et CIV-OTP-0028-0318). S'agissant des armes qui auraient été entreposées au palais présidentiel, les éléments de preuve n'indiquent pas clairement qu'elles ont été distribuées par des personnes qui savaient que ceux qui les recevaient formaient un groupe qui avait l'intention de tuer des civils.

(17) En ce qui concerne les preuves se rapportant à l'argent versé à Charles Blé Goudé, je n'estime pas qu'on puisse en tenir compte car ces deux paiements ont été effectués en 2004 et 2007, soit bien avant la formation du prétendu groupe de personnes agissant de concert. Quant aux paiements en faveur d'autres organisations durant la période visée, d'après les éléments de preuve, les sommes en question étaient plutôt modestes, à savoir l'équivalent de quelques centaines d'euros par mois et par organisation [voir, p. ex., paiements en faveur de Serge Koffi : 100 000 francs CFA le 18 novembre 2010 (CIV-OTP-0025-0615), 100 000 francs CFA le 21 janvier 2011 (CIV-OTP-0025-0634), 100 000 francs CFA le 4 mars 2011 (CIV-OTP-0025-0645), 100 000 francs CFA le 18 mars 2011 (CIV-OTP-0025-0651), pour un total d'environ 600 euros ; paiements en faveur de Zéguen Touré (au nom du GPP) : 200 000 francs CFA le 18 novembre 2010 (CIV-OTP-0025-0616), 200 000 francs CFA le 5 janvier 2011 (CIV-OTP-0025-0626), 200 000 francs CFA le 21 janvier 2011 (CIV-OTP-0025-0633), 200 000 francs CFA le 4 mars 2011 (CIV-OTP-0025-0644), 200 000 francs CFA le 18 mars 2011 (CIV-OTP-0025-0652), pour un total d'environ 1 500 euros]. Étant donné que, d'après les éléments de preuve disponibles à ce sujet, un AK-47 coûtait environ 1 200 dollars des États-Unis [CIV-OTP-0021-2640], il est clair que ces sommes ne peuvent guère être considérées comme des contributions «importantes » au sens de l'article 25-3-d, même si l'on admettait qu'elles ont été versées pour soutenir les activités criminelles des groupes impliqués.

(18) Comme je l'ai indiqué au paragraphe 287 de mon opinion minoritaire dans l'affaire *Le Procureur c. Germain Katanga* (ICC-01/04-01/07-3436-AnxI), j'estime que, lorsque des contributions sont de nature génériques (c'est-à-dire qu'elles peuvent être utilisées à des fins aussi bien criminelles que non criminelles) et qu'il n'y a pas de preuve que la personne qui a apporté une contribution visait à faciliter l'activité criminelle du groupe de personnes agissant de concert (c'est-à-dire dans des situations où seul l'article 25-3-d-ii serait applicable), il est particulièrement important de déterminer si l'assistance prêtée par l'accusé est orientée spécifiquement vers les activités criminelles ou vers les activités non criminelles du groupe concerné. En l'espèce, les éléments de preuve disponibles sont trop minces, selon moi, pour que l'on puisse conclure que les contributions alléguées visaient à la commission de crimes contre des civils.

11. Enfin, en ce qui concerne les charges portées en vertu de l'article 28 du Statut, j'estime que le dossier des preuves est plutôt ambigu. Selon moi, il est tout à fait clair que Laurent Gbagbo savait que des civils souffraient des actions de certaines unités des FDS et d'autres groupes armés qui lui étaient loyaux. S'agissant des premières citées, certains éléments de preuve indiquent que le gouvernement putatif de Laurent Gbagbo a pris un certain nombre de mesures pour que les crimes allégués fassent l'objet d'enquêtes et de poursuites (19). Toutefois, la question de savoir si ces mesures étaient suffisantes pour empêcher ou réprimer la commission d'autres crimes — ou même pour enquêter et poursuivre les auteurs des crimes déjà commis —, dépend largement de celle de savoir s'il s'agissait de véritables tentatives de faire cesser les violences contre des civils ou d'en sanctionner les auteurs. Cette question ne peut pas être tranchée à ce stade de la procédure. Par conséquent, et étant donné qu'au stade de la confirmation, le doute ne devrait pas automatiquement pénaliser le Procureur (20), j'aurais pu, en principe, envisager de confirmer les charges portées en vertu de l'article 28. Je ne confirmerais toutefois que les charges concernant les crimes qui auraient été commis par des membres des FDS, des miliciens et des mercenaires opérant au sein de la structure de commandement des FDS. Pour ce qui est des crimes qui auraient été commis par d'autres groupes armés pro-Gbagbo, qui opéraient en dehors de cette structure, les éléments de preuve disponibles ne me convainquent pas qu'il y a des motifs substantiels de croire que les membres de ces groupes puissent être considérés comme des «subordonnés placés sous [l']autorité et [le] contrôle effectifs de [Laurent Gbagbo] » au sens de l'article 28-b du Statut.

(19) Par exemple, à l'échelon gouvernemental, certains éléments de preuve indiquent que Laurent Gbagbo a créé la Commission internationale d'enquête en réponse aux événements survenus pendant et après la marche sur la RTI. Bien que le « rapport » de la commission soit extrêmement succinct [voir CIV-OTP-0045-0379, p. 0381], il est à noter que l'ONU n'a pas immédiatement considéré cette mesure comme insuffisante ou artificieuse [voir, p. ex., CIV-OTP-0044-0975, p. 0978, et CIV-OTP-0044-1341, p. 1348]. Le 7 mars 2011, dans une lettre adressée à des procureurs ivoiriens, le Ministre de la justice et des droits de l'homme leur a donné pour instruction de prendre des mesures urgentes pour enquêter sur les violences postélectorales, appréhender les auteurs de celles-ci et les traduire en justice [CIV-OTP-0001-0264]. Le même ministre a plus tard déclaré lors d'un discours public que le gouvernement prenait des mesures de prévention et qu'il avait ordonné des enquêtes pénales sans discrimination [CIV-OTP-0001-0256]. Certains éléments de preuve indiquent également que des enquêtes ont été ordonnées à des échelons inférieurs [voir, p. ex., CIV-OTP-0045-1413, transmission par le commissaire de police d'un rapport de police relatif au meurtre de deux partisans du RHDP par le CECOS durant la marche sur la RTI. La lettre de transmission indique qu'une information a été ouverte ; CIV-OTP-0001-0285, p. 0286, où le Commissaire du Gouvernement enjoint le 24 mars 2011 au Groupe de documentation et de recherche de la Gendarmerie nationale à Abidjan de procéder à une vérification complète concernant la marche des femmes et le bombardement au mortier d'Abobo]. Un certain nombre de témoins ont également expliqué qu'il n'était pas possible d'enquêter sur les crimes qui auraient été commis dans le secteur d'Abobo pour des raisons de sécurité [voir, p. ex., témoin P-321, CIV-OTP-0046-1005, p. 1006 et 1007].

(20) Tant qu'il existe une réelle possibilité que ces doutes puissent être tranchés en faveur du Procureur au procès, voir *supra*, par. 4.

12. En dernier lieu, je souhaite dire très clairement que, si je ne suis pas convaincue que les éléments de preuve figurant au dossier suffisent à renvoyer Laurent Gbagbo en jugement pour les charges portées en vertu des alinéas a, b) et d) de l'article 25-3, je ne nie pas que des crimes horribles ont été commis contre des civils par des forces loyales à Laurent Gbagbo. Toutefois, en tant que juge de la Chambre préliminaire de la Cour, il est de mon devoir d'apprécier si les accusations formulées par le Procureur contre Laurent Gbagbo, telles que présentées dans le Document amendé de notification des charges, sont suffisamment solides pour justifier un renvoi en jugement. Après mûre réflexion, j'estime qu'elles ne le

sont pas, à tout le moins en ce qui concerne les charges portées en vertu des alinéas a), b) et d) de l'article 25-3.

/signé/

____

Mme la juge Christine Van den Wyngaert

Fait le jeudi 12 juin 2014
À La Haye (Pays-Bas)

Section 4. Questions sensibles

Cette dernière section tente de répondre à une série de questions sensibles susceptibles de faire l'objet de vives discussions au cours du procès, dont certaines pourraient faire grand bruit. Avant d'aborder ces questions, il importe de souligner qu'il devrait y avoir quelques constantes dans les stratégies d'attaque et de défense des deux parties. Le Procureur ne devrait pas manquer de marteler les charges pesant sur Laurent Gbagbo ; de s'appuyer sur les nombreux témoignages et autres pièces à charge à sa disposition ; de soutenir que Laurent Gbagbo serait le principal responsable des violences survenues en Côte d'Ivoire en ayant refusé de céder le pouvoir après sa défaite à l'élection présidentielle ; que lui et son entourage immédiat auraient convenu d'un plan visant à le maintenir au pouvoir par tous les moyens nécessaires et qu'ils auraient été conscients que la mise en œuvre de ce plan aboutirait à la commission des crimes allégués, etc.

La Défense devrait soutenir quant à elle que Laurent Gbagbo aurait en réalité gagné l'élection présidentielle, d'où son refus de céder le pouvoir ; qu'un recomptage des voix aurait confirmé ce résultat et peut-être changé le cours des événements ; que les conditions de son arrestation, de sa détention en Côte d'Ivoire et de sa remise à la CPI seraient illégales et empreintes de violations de ses droits humains ; qu'il serait victime de la Françafrique, d'un abus de procédure et d'un procès inéquitable ; qu'en aucun cas, lui et son entourage immédiat n'auraient convenu d'un plan visant à le maintenir au pouvoir par tous les moyens nécessaires, y compris en commettant les crimes allégués ; que le camp pro-Ouattara a également commis de nombreuses violations des droits de l'homme et du droit international humanitaire, comme l'a confirmé le rapport de la Commission d'enquête internationale indépendante de l'ONU sur la Côte d'Ivoire précité, etc..

Ceci étant, la présente section traitera spécifiquement des questions suivantes :

- Quel est le droit applicable à la responsabilité pénale individuelle en vertu de l'article 25-3-a du Statut de Rome ?
- Y avait-il un plan ou un accord commun visant à maintenir Laurent Gbagbo au pouvoir par tous les moyens nécessaires ?

- Du 27 novembre 2010 jusqu'au 12 avril 2011 ou vers cette date, à Abidjan, les forces pro-Gbagbo ont-elles mené une attaque généralisée et systématique contre la population civile considérée comme soutenant Alassane Ouattara et les actes de Laurent Gbagbo se sont-ils inscrits dans le cadre de cette attaque ?

- Les forces pro-Gbagbo (forces de défense et de sécurité, jeunes pro-Gbagbo, miliciens et mercenaires) ont-elles été utilisées en vue de maintenir Laurent Gbagbo à la Présidence ? Autrement dit, peut-on déduire la concertation criminelle de la collaboration entre Gbagbo, son entourage immédiat et les forces pro-Gbagbo au niveau personnel et au niveau de la coordination institutionnelle ?

- Les crimes reprochés à Laurent Gbagbo auraient-ils été commis pour des motifs d'ordre politique, national, ethnique ou religieux ?

- Laurent Gbagbo serait-il pénalement responsable des crimes qui lui sont reprochés pour avoir, subsidiairement, au sens de l'article 25-3-d du Statut de Rome, contribué « de toute autre manière » à la commission de ces crimes ?

- Quel est le droit applicable aux crimes contre l'humanité reprochés à Laurent Gbagbo que constituent le meurtre, le viol, les autres actes inhumains ou tentative de meurtre et la persécution ?

- Quid des quatre événements survenus à Abidjan au cours desquels les forces pro-Gbagbo auraient commis des crimes retenus contre Laurent Gbagbo ?

- Pourquoi le président Ouattara et des membres de son camp ne sont-ils pas traduits devant la CPI, alors que le rapport de la Commission d'enquête internationale indépendante de l'ONU sur la Côte d'Ivoire a conclu que : *« (...) les deux camps (pro-Gbagbo et pro-Ouattara) ont commis de nombreuses violations des droits de l'homme et du droit international humanitaire dont certaines pourraient constituer des crimes contre l'humanité et des crimes de guerre » (...)* ?

- Qu'en est-il de l'affaire ICC-02/11-01/12 *Le Procureur c. Simone Gbagbo ?* Quelles incidences sur l'affaire *Laurent Gbagbo et Charles Blé Goudé ?*

- Présomption d'innocence et autres droits de l'accusé

- Quel sort pour Laurent Gbagbo ?

1. Quel est le droit applicable à la responsabilité pénale individuelle en vertu de l'article 25-3-a du Statut de Rome ?

La Cour pénale internationale a rendu son premier jugement le 14 mars 2012 dans l'affaire *Le Procureur c. Thomas Lubanga Dyilo* concernant la situation en République démocratique du Congo, en application de l'article 74 du Statut de Rome (Verdict), suivi de la décision relative à la peine, rendue en application de l'article 76 du Statut, le 10 juillet 2012.

Thomas Lubanga Dyilo a été déclaré coupable, en qualité de co-auteur, des crimes de guerre consistant en : l'enrôlement et la conscription d'enfants de moins de 15 ans dans la Force patriotique pour la libération du Congo (FPLC), et les faire participer activement à des hostilités, dans le cadre d'un conflit armé ne présentant pas un caractère international du 1er septembre 2002 au 13 août 2003 (sanctionnés par l'article 8-2-e-vii du Statut de Rome). Le verdict a été adopté à l'unanimité par la Chambre de première instance I, composée des juges Adrian Fulford (Royaume Uni), juge président, Elizabeth Odio Benito (Costa Rica) et René Blattmann (Bolivie), les juges Fulford et Odio Benito adoptant des opinions séparées et dissidentes sur certains points. L'accusé a été condamné à une peine totale de 14 ans d'emprisonnement. Le 1er décembre 2014, la Chambre d'appel de la Cour pénale internationale a rendu, en audience publique, son jugement sur l'appel interjeté par Thomas Lubanga Dyilo contre le verdict rendu à son encontre par la Chambre de première instance I. Elle a simultanément rendu son jugement sur l'appel du Procureur et de la Défense contre la peine prononcée par la Chambre de première instance I. La Chambre d'appel a confirmé, à la majorité des juges, la décision déclarant la culpabilité de M. Lubanga ainsi que celle le condamnant à une peine de 14 ans d'emprisonnement.

Ce premier jugement fournit un fondement à l'interprétation du Statut de Rome et donne un aperçu de la manière dont la Cour appliquera ce Statut dans la construction de sa jurisprudence, en s'inspirant aussi de la jurisprudence des tribunaux pénaux internationaux tels que le Tribunal militaire international de Nuremberg, le Tribunal pénal international pour l'ex-Yougoslavie et le Tribunal pénal international pour le Rwanda. Sur de nombreux points, la Cour pénale internationale s'inspirera de ce jugement dans le procès Gbagbo-Blé Goudé, de même que l'Accusation et la Défense. Il en sera ainsi à propos du droit applicable à la responsabilité pénale individuelle en vertu de l'article 25-3-a du Statut de Rome.

EXTRAIT

Source : http://www.icc-cpi.int/iccdocs/doc/doc1462060.pdf

(...) XI. LA RESPONSABILITÉ PÉNALE INDIVIDUELLE DE THOMAS LUBANGA (ARTICLE 25-3-a DU STATUT) – Jugement du 14 mars 2012 (verdict). Traduction officielle de la Cour.

A. LE DROIT APPLICABLE

1. Le mode de responsabilité allégué

917. L'Accusation met en cause Thomas Lubanga en tant que coauteur au sens de l'article 25-3-a du Statut, et la Chambre préliminaire a confirmé les charges sur ce fondement.

(2595) ICC-01/04-01/06-803, par. 410.

Article 25 Responsabilité pénale individuelle

1. La Cour est compétente à l'égard des personnes physiques en vertu du présent Statut.

2. Quiconque commet un crime relevant de la compétence de la Cour est individuellement responsable et peut être puni conformément au présent Statut.

3. Aux termes du présent Statut, une personne est pénalement responsable et peut être punie pour un crime relevant de la compétence de la Cour si :

a) Elle commet un tel crime, que ce soit individuellement, conjointement avec une autre personne ou par l'intermédiaire d'une autre personne, que cette autre personne soit ou non pénalement responsable ; [non souligné dans l'original] [...]

2. La Décision sur la confirmation des charges

918. Dans la Décision sur la confirmation des charges, la Chambre préliminaire I a conclu que seules les personnes pouvant être considérées comme exerçant un « contrôle sur le crime » peuvent voir leur responsabilité engagée en tant que coauteurs au sens de l'article 25-3-a.

(2596) ICC-01/04-01/06-803, par. 326 à 338.

919. Dans cette décision, la Chambre exposait les trois grandes approches permettant d'opérer une distinction entre auteurs principaux et complices lorsqu'un crime est commis par plusieurs personnes : l'approche *objective*, l'approche *subjective* et celle du *contrôle exercé sur le crime*.

(2597) ICC-01/04-01/06-803, par. 326 à 330.

920. La Chambre préliminaire a considéré qu'à la différence de l'approche objective (2598), la notion de contrôle exercé sur le crime repose sur l'idée que les auteurs principaux d'un crime ne se trouvent pas uniquement parmi ceux qui exécutent physiquement les éléments objectifs de l'infraction. En effet, il s'agit également des personnes qui, même si elles ne sont pas présentes sur le lieu du crime, contrôlent ou dirigent la commission de ce dernier parce qu'elles décident si l'infraction sera commise et comment (2599).

(2598) ICC-01/04-01/06-803, par. 328.
(2599) ICC-01/04-01/06-803, par. 330

921. La Chambre préliminaire a expliqué que l'approche subjective consiste à « écarte[r] l'importance de la contribution à la commission de l'infraction en tant que critère permettant de distinguer les auteurs principaux d'un crime et les complices, pour mettre l'accent sur l'état d'esprit dans lequel la contribution au crime a été apportée (2600) ». Elle a précisé qu'« [a]insi, indépendamment de l'importance de la contribution à l'infraction, seuls ceux qui apportent leur contribution dans l'intention partagée de commettre l'infraction peuvent être considérés comme les auteurs principaux du crime (2601) ». Ayant écarté l'approche subjective, la Chambre préliminaire a estimé que le degré de contribution à un crime, ou l'importance de celle-ci, est un élément essentiel à prendre en compte pour déterminer si une personne est responsable en tant qu'auteur principal (2602).

(2600) ICC-01/04-01/06-803, par. 329.
(2601) ICC-01/04-01/06-803, par. 329
(2602) ICC-01/04-01/06-803, par. 329. Un autre argument justifiant d'écarter l'approche subjective est exposé aux paragraphes 34 et 35 de la Décision sur la confirmation des charges : de l'avis de la Chambre préliminaire, ceux qui ont connaissance de l'intention d'un groupe de

personnes agissant dans la poursuite d'un dessein visant à commettre un crime, ou qui agissent dans le but de faciliter l'activité criminelle en contribuant intentionnellement à sa commission (article 25-3-d du Statut) seraient considérés non pas comme des complices mais comme des auteurs principaux « si les auteurs du Statut avaient opté pour une approche subjective en vue de distinguer les auteurs principaux du crime des complices ».

922. Appliquant cette interprétation de l'article 25-3-a, la Chambre préliminaire a considéré que la notion de coaction « a pour origine le principe de la division des tâches essentielles en vue de la commission d'un crime entre deux ou plusieurs personnes agissant de manière concertée (2603)». Ainsi, « bien qu'aucune de ces personnes ne détienne le contrôle d'ensemble de l'infraction parce qu'elles dépendent toutes les unes des autres pour sa commission, elles partagent toutes le contrôle car chacune d'elles pourrait compromettre la commission du crime si elle n'exécutait pas sa tâche (2604) ».

(2603) ICC-01/04-01/06-803, par. 342.
(2604) ICC-01/04-01/06-803, par. 342 et 347.

923. Dans la Décision sur la confirmation des charges, la Chambre préliminaire a énoncé ce qu'elle considère être les éléments objectifs de la coaction, à savoir : i) « l'existence d'un accord ou d'un plan commun entre deux ou plusieurs personnes (2605) » ; et i) « l'apport, de la part de chaque coauteur, d'une contribution essentielle et coordonnée aboutissant à la réalisation des éléments objectifs du crime (2606) ». S'agissant des éléments subjectifs de la coaction, la Chambre a estimé que « le suspect doit avant tout satisfaire aux éléments subjectifs du crime qu'on lui reproche (2607) ». Ces éléments subjectifs seraient les suivants : i) « [l]e suspect et les autres coauteurs doivent […] tous, de manière

partagée, avoir conscience que les éléments objectifs du crime risquent de résulter de la mise en œuvre de leur plan commun (2608)» ; et i) le suspect doit connaître « les circonstances de fait qui lui permettent d'exercer conjointement un contrôle sur le crime (2609) ».

(2605) ICC-01/04-01/06-803, par. 343.
(2606) ICC-01/04-01/06-803, par. 346.
(2607) ICC-01/04-01/06-803, par. 349.
(2608) ICC-01/04-01/06-803, par. 361.
(2609) ICC-01/04-01/06-803, par. 366.

a) Les conclusions de la Chambre préliminaire concernant les éléments « objectifs »

924. S'agissant du premier élément objectif («l'existence d'un accord ou d'un plan commun entre deux ou plusieurs personnes»), la Chambre préliminaire a jugé que le « plan commun doit comporter un élément de criminalité, mais pas nécessairement viser spécifiquement la perpétration d'un crime (2610) ». La Chambre a décidé qu'il suffit :

i) que les coauteurs aient convenu a) de commencer à mettre en œuvre le plan commun pour atteindre un but non criminel et b) de ne commettre le crime que si certaines conditions sont réunies ; ou

ii) que les coauteurs a) soient conscients du risque que la mise en œuvre du plan commun (qui vise spécifiquement la réalisation d'un but non criminel) se traduise par la perpétration du crime et b) acceptent un tel résultat (2611).

(2610) ICC-01/04-01/06-803, par. 344.
(2611) ICC-01/04-01/06-803, par. 344.

925. Quant au deuxième élément objectif (« l'apport, de la part de chaque coauteur, d'une contribution essentielle et coordonnée aboutissant à la réalisation des

éléments objectifs du crime »), la Chambre préliminaire a indiqué que « seuls ceux à qui ont été assignées des tâches essentielles — et qui sont donc en mesure de faire obstacle à la perpétration du crime en n'accomplissant pas leurs tâches — peuvent être considérés comme exerçant un contrôle conjoint sur le crime (2612) ».

(2612) ICC-01/04-01/06-803, par. 342 et 347.

b) Les conclusions de la Chambre préliminaire concernant les éléments « subjectifs »

926. La Chambre préliminaire a analysé l'élément psychologique des crimes prévus aux articles 8-2-b-xvi et 8-2-e-vi du Statut. Tout d'abord, elle a relevé que le ou les éléments subjectifs généraux qui valent pour tous les crimes relevant de la compétence de la Cour, énoncés à l'article 30 du Statut, s'appliquent « [s]auf disposition contraire (2613) ». En particulier, elle a indiqué que l'« intention » et la «connaissance » ne sont établies que :

> i) lorsque la personne est [...] consciente qu'une circonstance existe ou qu'une conséquence adviendra dans le cours normal des événements ; et
>
> ii) lorsque la personne entend adopter le comportement en question et entend causer la conséquence en question ou est consciente que celle-ci adviendra dans le cours normal des événements (2614).

(2613) ICC-01/04-01/06-803, par. 350.
(2614) ICC-01/04-01/06-803, par. 350.

927. Elle a considéré que la référence « cumulative » à l'« intention » et à la « connaissance » « exige l'existence d'un élément intentionnel de la part du suspect ». Elle précise que cet « élément intentionnel » couvre trois situations (dol direct de premier degré, dol direct de deuxième degré et dol éventuel (2615).

(2615) ICC-01/04-01/06-803, par. 351 et 352.

928. Comme la Chambre préliminaire l'a relevé, les dispositions des Éléments des crimes correspondant aux articles 8-2-b-xvi et 8-2-e-vi prévoient que l'infraction considérée est commise s'il est établi que l'accusé « savait ou aurait dû savoir » que la personne concernée était âgée de moins de 15 ans (2616). Elle a conclu qu'il s'agit là d'une exception à la condition d'« intention et [de] connaissance » énoncée à l'article 30 du Statut (2617).

(2616) ICC-01/04-01/06-803, par. 357.
(2617) ICC-01/04-01/06-803, par. 359.

929. Nonobstant cette conclusion, la Chambre préliminaire a jugé que la norme « aurait dû savoir » énoncée dans les dispositions pertinentes des Éléments des crimes n'était pas applicable en l'espèce, étant donné que « la thèse de la coaction fondée sur le contrôle exercé conjointement sur le crime requiert que tous les coauteurs, y compris le suspect, de manière partagée, sachent et acceptent que les éléments objectifs du crime résulteront probablement de la mise [en] œuvre du plan commun (2618) ».

(2618) ICC-01/04-01/06-803, par. 365.

930. La Chambre préliminaire a décidé que le fait que les coauteurs sachent et acceptent de manière partagée que « les éléments objectifs du crime résulteront probablement de la mise [en] œuvre du plan commun » justifie de conclure que les contributions individuelles peuvent être imputées à chacun des participants et que chacun d'eux peut être tenu pénalement responsable en tant qu'auteur principal de l'infraction dans sa totalité (2619).

(2619) ICC-01/04-01/06-803, par. 361 et 362.

931. Pour ce qui est du dol éventuel, la Chambre préliminaire a distingué deux cas de figure : premièrement, le cas où le risque de causer les éléments objectifs du crime est élevé (dans le cours normal des événements), et deuxièmement, celui où ce risque est faible. Dans le premier cas de figure, l'« acceptation de manière partagée » peut se déduire du fait que « i) le suspect et les autres coauteurs ont tous conscience de la probabilité importante que la mise en œuvre du plan commun se traduise par la réalisation des éléments objectifs des crimes ; et [que] i) malgré cette conscience, le suspect et les autres coauteurs décident de mettre en œuvre le plan commun (2620) ». Dans le deuxième cas de figure, les participants « doivent avoir manifestement ou expressément accepté l'idée que ces éléments objectifs puissent résulter de la mise en œuvre du plan commun (2621)».

(2620) ICC-01/04-01/06-803, par. 363.
(2621) ICC-01/04-01/06-803, par. 364.

932. Quant à l'existence d'un conflit armé, la Chambre préliminaire a en outre relevé que « les Éléments des crimes n'exigent que la "connaissance des circonstances de fait établissant l'existence d'un conflit armé", [...] sans aller jusqu'à exiger que l'auteur aboutisse à la conclusion qu'il existe un conflit armé après analyse juridique de ces circonstances (2622) ».

(2622) ICC-01/04-01/06-803, par. 360.

933. La Chambre préliminaire a considéré que parmi les éléments du « contrôle exercé conjointement sur

le crime», il y a le fait que le suspect connaît « les circonstances de fait qui lui permettent d'exercer conjointement un contrôle sur le crime ». Elle a conclu qu'« il faut pour cela que le suspect sache i) que son rôle est essentiel pour la mise en œuvre du plan commun, et donc pour la commission du crime, et ii) qu'il est en mesure — en raison du caractère essentiel de sa tâche — de faire obstacle à la mise en œuvre du plan commun et, donc à la commission du crime, et ce, en refusant de remplir la tâche qui lui a été assignée (2623) ». (…).

(2623) ICC-01/04-01/06-803, par. 367.

On relèvera que la Cour pénale internationale a interprété le droit applicable à la responsabilité pénale individuelle en vertu de l'article 25-3-a du Statut de Rome en le précisant et en corrigeant certaines imperfections de la jurisprudence antérieure, notamment celle du Tribunal de Nuremberg, du Tribunal pénal international pour l'ex-Yougoslavie et du Tribunal pénal international pour le Rwanda.

2. Y avait-il un plan ou un accord commun visant à maintenir Laurent Gbagbo au pouvoir par tous les moyens nécessaires ?

Dans sa décision confirmant les charges portées contre Laurent Gbagbo du 12 juin 2014, au point 268, la Chambre préliminaire I présente en ces termes la question du plan ou de l'accord commun présumé :

268. Avant l'élection présidentielle de 2010, Laurent Gbagbo et son entourage immédiat ont, conjointement, conçu et mis en œuvre un plan commun en vue de le maintenir à la Présidence par tous les moyens nécessaires, y compris en commettant les crimes en cause. À la date du 27 novembre 2010, la mise en œuvre du plan commun

avait évolué pour inclure une politique d'État ou organisationnelle qui avait pour but le lancement d'une attaque généralisée et systématique contre les civils considérés comme soutenant Alassane Ouattara. La poursuite du plan commun et de la politique était de nature criminelle : la mise en œuvre de cette attaque généralisée ou systématique comprenait de multiples actes criminels tels que le meurtre, le viol, d'autres actes inhumains et la persécution de la population civile. Les crimes en cause ont donc résulté de la mise en œuvre du plan commun.

Selon toute vraisemblance, la question du plan ou de l'accord commun présumé devrait se poser, toutes proportions gardées, dans les mêmes termes que ceux exposés dans le jugement *Lubanga Dyilo* du 14 mars 2012 (verdict). Ce jugement apporte un éclairage utile à la compréhension de la notion de plan ou de l'accord commun dont s'inspireront sans doute l'Accusation et la Défense dans le procès Gbagbo-Blé Goudé.

a) Le plan ou l'accord commun

Sur ce point, le jugement *Lubanga Dyilo* expose ce qui suit (Extrait) : l'article 25-3-a précise qu'un crime peut être commis non seulement par une personne qui agit seule ou par l'intermédiaire d'une autre personne, mais aussi par une personne qui agit conjointement avec une autre. Pour que la responsabilité d'un coauteur au sens de l'article 25-3-a puisse être établie, il faut nécessairement que deux personnes au moins soient impliquées dans la commission du crime, comme le montre l'expression « conjointement avec une autre personne » dans cet article (par. 980). Comme l'a conclu la Chambre préliminaire dans cette affaire, la coaction exige l'existence d'un accord ou d'un plan commun entre les coauteurs. Celui-ci établit un lien suffisant entre les personnes qui commettent ensemble le crime et permet de déclarer la responsabilité engagée sur une base « conjointe » (2688). (par. 981).

(2688) ICC-01/04-01/06-803, par. 343.

Selon la Chambre préliminaire, le plan « doit comporter "un élément de criminalité" mais pas nécessairement viser spécifiquement la perpétration d'un crime (2689) ». Dans la Décision sur la confirmation des charges, il a été jugé qu'il suffit :

i) que les coauteurs aient convenu a) de commencer à mettre en œuvre le plan commun pour atteindre un but non criminel et b) de ne commettre le crime que si certaines conditions sont réunies ; ou
ii) que les coauteurs a) soient conscients du risque que la mise en œuvre du plan commun (qui vise spécifiquement la réalisation d'un but non criminel) se traduise par la perpétration du crime et b) acceptent un tel résultat (2690). (par. 982).

(2689) ICC-01/04-01/06-803, par. 344.
(2690) ICC-01/04-01/06-803, par. 344.

Si l'Accusation a souscrit à cette interprétation (2691), la Défense a soutenu que pour que soit établie la responsabilité pénale fondée sur la coaction, le plan commun devait être intrinsèquement criminel. Selon elle, la participation à un plan « non criminel en lui-même mais seulement susceptible de créer des conditions favorables à la commission d'actes criminels ne peut être regardée comme caractérisant l'*actus reus* d'une coaction criminelle (2692) ». Elle a fait donc valoir que « la seule conscience "du risque que la mise en œuvre du plan commun se traduise par la perpétration du crime" est insuffisante pour engager une responsabilité pénale au titre de la coaction (2693) ». (par. 983).

(2691) ICC-01/04-01/06-2748-Red, note de bas de page 105.
(2692) ICC-01/04-01/06-273-Red, par. 77.
(2693) ICC-01/04-01/06-273-Red, par. 78.

La majorité des juges (ci-après la « Majorité) a estimé que l'Accusation n'était pas tenue de prouver que le plan visait spécifiquement la perpétration du crime en question (en l'espèce, la conscription ou l'enrôlement d'enfants de moins de 15 ans ou leur utilisation pour les faire participer activement à des hostilités) et, contrairement à ce qu'en disait la Défense, ce plan n'avait pas à être intrinsèquement criminel. Toutefois, la Majorité a jugé qu'il était nécessaire que l'Accusation établisse, au minimum, que le plan commun comprenait un élément essentiel de criminalité, à savoir que sa mise en œuvre emportait un risque suffisant que dans le cours normal des événements, un crime soit commis (par. 984). Pour déterminer la portée conférée dans le Statut de Rome à ce premier critère objectif, la Majorité s'est fondée sur la façon dont le plan s'est reflété dans l'élément psychologique. Selon elle, une lecture conjointe des articles 25-3-a et 30 du Statut mène à la conclusion qu'il n'est pas nécessaire que la commission du crime en question soit le but prédominant des coauteurs (par. 985).

La Majorité a poursuivi son raisonnement en soulignant qu'aux termes de l'article 30-2-b, l'intention est établie si la personne est consciente qu'une conséquence adviendra dans le cours normal des événements. De même, selon l'article 30-3, le fait pour une personne d'avoir «connaissance» d'une conséquence signifie qu'elle est consciente que cette conséquence « adviendra dans le cours normal des événements ». Aussi, de l'avis de la Majorité, la condition d'ordre psychologique exigeant que le plan commun comprenne la commission d'un crime est remplie si les coauteurs savaient que, dans le cours normal des événements, la mise en œuvre du plan conduirait à ce résultat. La « connaissance », définie comme le fait pour les coauteurs d'être conscients qu'une conséquence adviendra (à l'avenir), signifie nécessairement qu'ils sont prospectivement conscients du risque que la conséquence adviendra. Cette interprétation est analysée de façon plus détaillée ci-après dans la section consacrée à l'élément psychologique (par. 986).

La Majorité a conclu que du point de vue objectif, ce critère signifie que l'accord sur un plan commun conduit à la coaction si sa mise en œuvre emporte un risque suffisant que, dans le cours normal des événements, un crime soit commis (par. 987). De surcroît, la coaction n'exige pas que l'accord ou le plan commun soit explicite pour que les comportements individuels de chacun des coauteurs soient considérés comme liés (2695). Enfin, même si des preuves directes peuvent permettre de démontrer l'existence du plan, il ne s'agit pas là d'une condition exigée en droit. L'existence de l'accord peut être déduite de preuves indirectes.

(2695) ICC-01/04-01/06-803, par. 345. (par. 998).

b) La contribution essentielle

La Chambre préliminaire a conclu que la contribution du coauteur présumé doit être « essentielle » (2696). Elle a formulé sa conclusion comme suit :

> De l'avis de la Chambre, lorsque les éléments objectifs d'une infraction sont réalisés par plusieurs individus agissant dans le cadre d'un plan commun, seuls ceux à qui ont été assignées des tâches essentielles – et qui sont donc en mesure de faire obstacle à la perpétration du crime en n'accomplissant pas leurs tâches – peuvent être considérés comme exerçant un contrôle conjoint sur le crime (2697). (par. 989).

(2696) ICC-01/04-01/06-803, par. 342 et 347.
(2697) ICC-01/04-01/06-803, par. 347.

L'Accusation a soutenu que la coaction exige que l'accusé exerce un « contrôle fonctionnel » sur le crime :

[TRADUCTION] Cela signifie que, au moment de la conception du plan commun, l'accusé doit s'être vu assigner un rôle crucial dans la mise en œuvre dudit plan, au sens où le plan n'aurait pu être exécuté comme convenu s'il n'avait pas tenu son rôle. On parle alors de « contrôle fonctionnel » (2698). (par. 990).

(2698) ICC-01/04-01/06-2748-Red, par. 64.

Toutefois, l'Accusation a nuancé le critère proposé, en soutenant que dès lors que l'accusé s'est vu assigner un rôle crucial dans la mise en œuvre du plan, il suffira a posteriori que sa contribution se révèle substantielle, plutôt qu'essentielle. Une contribution « substantielle » est considérée comme établie lorsque « [TRADUCTION] le crime aurait quand même pu être perpétré sans la contribution de l'accusé, quoique très difficilement (2699) ».

(2699) ICC-01/04-01/06-2748-Red, par. 65. (par. 991).

La Défense a soutenu qu'une contribution « substantielle » ne suffit pas. Selon elle, la contribution devrait être une condition *sine qua non* du crime, qui doit être appréciée à la lumière des faits tels qu'ils se sont effectivement déroulés et non au regard du « rôle » assigné à l'accusé dans le cadre d'un plan concerté préalable (2700). (992).

(2700) ICC-01/04-01/06-273-Red, par. 64.

L'Accusation et la Défense devraient soutenir de tels arguments dans le procès Gbagbo-Blé Goudé.

L'analyse de la contribution de l'accusé soulève deux questions connexes. La première est celle de savoir si l'Accusation est tenue d'établir un lien entre la contribution de l'accusé, prise isolément, et les crimes qui ont été commis. La deuxième porte sur la nature de la contribution qui donne naissance à la responsabilité conjointe : devrait-il s'agir d'une contribution « autre que *de minimis* », d'une contribution «substantielle » ou d'une contribution « essentielle » ? (par. 993).

De l'avis de la Majorité, le libellé de l'article 25-3-a (la personne « commet un tel crime [...] conjointement avec une autre personne ») exige que l'infraction résulte des contributions combinées et coordonnées des personnes impliquées, ou d'au moins deux d'entre elles. Aucun des participants n'exerce, individuellement, un contrôle sur le crime dans son ensemble, ce contrôle étant détenu par un collectif en tant que tel (2701). Par conséquent, l'Accusation n'a pas à démontrer que la contribution de l'accusé a, à elle seule, causé le crime (2702) ; en fait, la responsabilité des coauteurs pour les crimes résultant de l'exécution du plan commun naît de l'attribution mutuelle, sur la base de l'accord conjoint ou du plan commun. (par. 994).

(2701) Stratenwerth, *Schweizerisches Strafrecht, Allgemeiner Teil I, Die Straftat* (2011), 13/49 ; Maurach/Gösel/Zipf, Strafrecht, Allgemeiner Teil, deuxième volume (1989), page 28.
(2702) Claus Roxin, *Strafrecht Allgemeiner Teil,* volume I (2003), 25/213.

Les articles 25-3-a et 25-3-d traitent tous deux de la situation où un certain nombre de personnes sont impliquées dans un crime. Selon la Majorité, la distinction essentielle entre ces dispositions tient à ce que, dans le cas envisagé par l'article 25-3-a, le coauteur « commet » le crime, alors que dans celui prévu à l'article 25-3-d, la personne « contribue de toute autre manière à la commission » d'un crime par un groupe de personnes agissant de concert. De l'avis de la Majorité, une lecture systématique de ces dispositions mène à la conclusion que la contribution du coauteur qui « commet » un crime est nécessairement d'une plus grande importance que celle d'une personne qui « contribue de toute autre manière à la commission » d'un crime. (par. 996).

L'article 25-3-c régit la responsabilité des complices, à savoir ceux qui apportent leur aide, leur concours ou toute autre forme d'assistance à la commission ou à la tentative de commission du crime.

De l'avis de la Majorité, la responsabilité de l'auteur principal exige, sur le plan « objectif », une contribution plus importante que la responsabilité du complice. Si les complices doivent avoir eu « un effet important sur la perpétration du crime (2704) » pour en être tenus responsables, alors les coauteurs doivent avoir eu un effet plus qu'important si l'on s'en tient à une lecture systématique de cette disposition. (par. 997).

(2704) TPIY, *Le Procureur c/ Tadić*, affaire n° IT-94-1-T, Chambre de première instance, Jugement, 7 mai 1997, par. 68 à 692 ; TPIY, *Le Procureur c/ Delalić et consorts*, affaire n° IT-96-21-T, Chambre de première instance, Jugement, 16 novembre 1998, par. 325 à 329 ; TPIY,
Le Procureur c/ Naletilić et Martinović, affaire n° IT-98-34-T, Chambre de première instance, Jugement, 31 mars 2003, par. 63 ; TPIY, *Le Procureur c/ Blagojević et Jokić*, affaire n° IT-02-60-T, Chambre de première instance, Jugement, 17 janvier 2005, par. 726 ; TPIY, *Le Procureur c/ Mucić et consorts*, affaire n° IT-96-21-A, Chambre d'appel, Arrêt, 20 février 2001, par. 352 ; TPIY, *Le Procureur c/ Furundžija*, affaire n° IT-95-17/1-T, Chambre de première instance, Jugement, 10 décembre 1998, par. 226, 229, 231 et 233 à 235 ; TPIY, *Le Procureur c/ Aleksovski*, affaire n° IT-95-14/1-T, Chambre de première instance, Jugement, 25 juin 1999, par. 61 ; TPIY, *Le Procureur c/ Tadić*, affaire n° IT-94-1-A, Chambre d'appel, Arrêt, 15 juillet 1999, par. 229 ; TPIY, *Le Procureur c/ Vasiljević*, affaire n° IT-98-32-A, Chambre d'appel, Arrêt, 25 février 2004, par. 102 ; TPIY, *Le Procureur c/ Blaškić*, affaire n° IT-95-14-A, Chambre

d'appel, Arrêt, 29 juillet 2004, par. 46 et 48 ; TPIY, *Le Procureur c/ Brđanin,* affaire n° IT-9-36-T, Chambre de première instance, Jugement, 1er septembre 2004, par. 271 ; TPIR, *Le Procureur c. Rutaganda,* affaire n° ICTR-96-3-T, Chambre de première instance, Jugement, 6 décembre 1999, par. 43 ; TPIR, *Le Procureur c. Musema,* affaire n° ICTR-96-13-T, Chambre de première instance, Jugement et sentence, 27 janvier 2000, par. 126 ; TPIR, *Le Procureur c. Kamuhanda,* affaire n° ICTR-95-54A-T, Chambre de première instance, Jugement et sentence, 22 janvier 2004, par. 597 ; TPIR, *Le Procureur c. Ntakirutimana et Ntakirutimana,* affaire n° ICTR-96-10 et ICTR-96-17-T, Chambre de première instance, Jugement, 21 février 2003, par. 787 ; TSSL, Arrêt *CDF,* par. 73.

Pour la Majorité, la conclusion selon laquelle la responsabilité de l'auteur principal doit exiger davantage que celle du complice est étayée par la disposition du Statut concernant la responsabilité associée à la tentative (article 25-3-f du Statut). Seules les personnes qui tentent de «commettre» un crime, par opposition à celles qui participent à un crime commis par quelqu'un d'autre, peuvent être tenues responsables en application de cette disposition. Cette conclusion est aussi confortée par le libellé clair des articles 25-3-b et 25-3-c, qui exigent pour la responsabilité du complice que l'auteur principal ait au moins tenté de commettre le crime. Ainsi, la responsabilité du complice dépend du passage à l'acte de l'auteur principal du crime. À l'inverse, la responsabilité de l'auteur principal, qui est plus proche de la violation des intérêts légaux protégés par la norme, n'en dépend pas. La Majorité en a conclu que cela confirme la prédominance de la responsabilité de l'auteur principal sur celle du complice, ce qui vient renforcer l'idée que la première exige une contribution plus grande que la seconde (par. 998).

La Majorité a considéré que la contribution du coauteur doit être essentielle, comme l'a établi la jurisprudence de la Cour de manière constante et invariable (2705). Le

Statut fait le départ entre la responsabilité des personnes qui commettent un crime (alinéa a) de l'article 25-3) et la responsabilité de celles qui en sont complices (alinéas b) à d) de l'article 25-3). Il serait possible d'étendre la notion de responsabilité de l'auteur principal (ou de « commission » ou « perpétration ») de façon à en élargir l'applicabilité, en revoyant à la baisse l'exigence de contribution essentielle de l'accusé. Un tel choix priverait toutefois la notion de responsabilité de l'auteur principal de sa capacité de traduire la culpabilité des personnes qui portent la responsabilité la plus lourde pour les crimes les plus graves ayant une portée internationale. En revanche, en retenant une notion de coaction exigeant une contribution essentielle, il est possible de dûment exprimer et prendre en compte les différents degrés de responsabilité (2705) (par. 999).

(2705) ICC-01/04-01/06-803, par. 346 à 348 ; *Le Procureur c. Katanga et Ngudjolo*, Décision relative à la confirmation des charges, 30 septembre 2008, ICC-01/04-01/07-717-tFRA-Corr, par. 524 à 526 ; *Le Procureur c. Bemba*, Décision rendue en application des alinéas a) et b) de l'article 61-7 du Statut de Rome, relativement aux charges portées par le Procureur à l'encontre de Jean- Pierre Bemba Gombo, 15 juin 2009, ICC-01/05-01/08-424-tFRA, par. 350 ; *Le Procureur c. Banda et Jerbo,* Rectificatif à la Décision relative à la confirmation des charges, ICC-02/05-03/09-121- Corr-Red-tFRA, 7 mars 2011, par. 136 à 138 ; *Le Procureur c. Abu Garda,* Décision relative à la confirmation des charges, 8 février 2010, ICC-02/05-02/09-243-Red-tFRA, par. 153 ; *Le Procureur c. Callixte Mbarushimana*, Décision relative à la requête du Procureur aux fins de délivrance d'un mandat d'arrêt à l'encontre de Callixte Mbarushimana, 28 septembre 2010, ICC-01/04-01/10-1-tFRA, par. 30, et Décision relative à la confirmation des charges, 16 décembre 2011, ICC-01/04-01/10-465-Red-tFRA, par. 273 et 279 ; *Le Procureur c. Al Bashir*, Décision relative à la requête de l'Accusation aux fins de délivrance d'un mandat d'arrêt à l'encontre d'Omar Hassan Ahmad Al Bashir, 4 mars 2009, ICC-02/05-01/09-3-tFRA, par. 212 ; *Le Procureur c. Ruto, Kosgey et Sang*, Décision relative à la requête du Procureur aux fins de délivrance de citations à comparaître à William Samoei Ruto,

Henry Kiprono Kosgey et Joshua Arap Sang, 8 mars 2011, ICC-01/09-01/11-01-tFRA, par. 40, et *Decision on the Confirmation of Charges against William Samoei Ruto, Henry Kiprono Kosgey and Joshua Arap Sang,* 23 janvier 2012, ICC-01/09-01/11-373, par. 40 ; *Le Procureur c. Muthaura, Kenyatta et Ali,* Décision relative à la requête du Procureur aux fins de délivrance de citations à comparaître à Francis Kirimi Muthaura, Uhuru Muigai Kenyatta et Mohammed Hussein Ali, 8 mars 2011, ICC-01/09-02/11-01-tFRA, par. 36, et *Decision on the Confirmation of Charges against Francis Kirimi Muthaura, Uhuru Muigai Kenyatta and Mohammed Hussein Ali,* 23 janvier 2012, ICC-01/09-02/11-382-Red, par. 297, 401 à 404 et 419 ; *Le Procureur c. Gbagbo*, Mandat d'arrêt à l'encontre de Laurent Koudou Gbagbo, 23 novembre 2011, ICC-02/11-01/11-1-tFRA, par. 10, dans lequel la Chambre a considéré ce qui suit : « en mettant ce plan en œuvre, les coauteurs ont exercé un contrôle conjoint sur les crimes. Compte tenu de la position et du rôle de chacun d'eux au regard du plan, les coauteurs ont apporté une contribution coordonnée et essentielle à la réalisation dudit plan » [non souligné dans l'original].

La question de savoir si la contribution particulière de l'accusé engage sa responsabilité en tant que coauteur doit être tranchée sur la base d'une analyse du plan commun et du rôle que le coauteur s'est vu assigner ou qu'il a joué, en fonction de la répartition des tâches (2706). De l'avis de la Majorité, il importe avant tout de savoir si le coauteur joue un rôle essentiel dans le cadre du plan commun et c'est en ce sens que sa contribution doit être essentielle, dans la mesure où elle se rapporte à l'exercice du rôle et des fonctions qui lui sont assignés. (par.1000).

(2706) Thomas Weigend, « Intent, Mistake of Law, and Co-perpetration in the *Lubanga* Decision on Confirmation of Charges », *Journal of International Criminal Justice* (2088), vol. 6, page 480 ; Stratenwerth/Kuhlen Allgemeiner Teil I, Die Straftat (2011), 12/83. Voir aussi Gerhard Werle, « Individual Criminal Responsibility in Article 25 ICC Statute », Journal of International Criminal Justice (2007), vol. 5, page 962 ; Gerhard Werle, *Principles of International Criminal Law* (2009), par. 466 à 468 et 472 ; Roger S. Clark, « Drafting a general part to a penal code : some thoughts inspired by the negotiations on the Rome Statute of the International Criminal Court and by the Court's first substantive law discussion in the *Lubanga Dyilo* confirmation proceedings », *Criminal Law Forum* (2008), pages 545 et suiv. ; William A. Schabas, *The International Criminal Court - A Commentary on the Rome Statute* (2010), page 429 ; Kai Ambos, *La parte general del derecho penal internacional* (2005), page 189.

De plus, le rôle du coauteur doit s'apprécier au cas par cas. Pareil exercice exige d'adopter une approche souple dans le cadre de l'examen plus large des circonstances générales de l'espèce (par. 1001).

La Défense a soutenu (comme elle le fera sans doute dans l'affaire Gbagbo-Blé Goudé) que la coaction suppose une « participation personnelle et directe au crime lui-même (2707) », et que la responsabilité de ceux qui ne participent pas directement à l'exécution d'un crime est prévue à l'article 25-3-b et non pas à l'article 25-3-a (2708). Selon elle, l'article 25-3-a exige une participation directe au crime (2709). (par. 1002).

(2707) ICC-01/04-01/06-2773-Red, par. 66.
(2708) ICC-01/04-01/06-2773-Red, par. 67.
(2709) ICC-01/04-01/06-2773-Red, par. 73.

La Chambre a souscrit toutefois à la conclusion de la Chambre préliminaire selon laquelle la responsabilité pénale dans ce contexte n'est « pas uniquement [celle de] ceux qui exécutent physiquement les éléments objectifs de l'infraction, mais également [de] ceux qui, en dépit de la distance qui les sépare du lieu du crime, contrôlent ou dirigent la commission de ce dernier parce qu'ils décident si l'infraction sera commise et comment (2710) ». En outre, la Chambre a convenu avec l'Accusation qu'il « [TRADUCTION] n'est pas nécessaire que l'accusé ait exécuté physiquement l'un des éléments des crimes, ou qu'il ait été présent sur les lieux (2711) ». (par. 1003).

(2710) ICC-01/04-01/06-803, par. 330.
(2711) ICC-01/04-01/06-2748-Red, par. 66.

Cet argument n'avantagerait ni la défense de Laurent Gbagbo ni celle de Charles Blé Goudé.

Parmi les personnes qui commettent un crime conjointement, on compte notamment les personnes qui aident à formuler la stratégie ou le plan en cause, celles qui contribuent à diriger ou contrôler d'autres participants, ou celles qui déterminent les rôles à assigner aux participants à l'infraction. Il s'ensuit que l'Accusation n'est pas tenue d'établir l'existence d'un lien *direct* ou *physique* entre la contribution de l'accusé et la commission des crimes (par. 1004). Par conséquent, la Chambre a considéré que dès lors que l'accusé exerçait, conjointement avec d'autres, un contrôle sur le crime, sa présence sur les lieux du crime n'est pas une condition nécessaire (par. 1005).

La Majorité a conclu donc que la commission d'un crime conjointement avec une autre personne implique deux conditions objectives : i) l'existence, entre deux ou plusieurs personnes, d'un accord ou d'un plan commun qui, s'il est mis en œuvre, aboutira à la commission d'un crime ; et ii) l'apport par l'accusé d'une contribution essentielle au plan commun, contribution qui a abouti à la commission du crime considéré. Ces deux conditions doivent être appréciées sur la base de toutes les preuves se rapportant au crime allégué (1006).

c) L'élément psychologique

L'article 30 du Statut de Rome définit la condition d'«intention» en recourant à trois termes particuliers : comportement, conséquence et circonstance. Premièrement, aux termes de l'article 30-2-a, une personne a l'intention requise si elle « entend adopter ce comportement ». Deuxièmement, l'article 30-2-b dispose, relativement à une conséquence, que la personne « entend causer cette conséquence ou est consciente que celle-ci adviendra dans le cours normal des événements ». Troisièmement, il y a «connaissance» au sens de l'article 30-3 «lorsqu'une personne est consciente qu'une circonstance existe ou qu'une conséquence adviendra dans le cours normal des événements» (par. 1007). La Chambre préliminaire a décidé que les éléments subjectifs auxquels le suspect doit satisfaire (2712) sont les suivants : i) « [l]e suspect et les autres coauteurs doivent [...] tous, de manière partagée, avoir conscience que les éléments objectifs du crime risquent de résulter de la mise en œuvre de leur plan commun et [...] tous, de manière partagée, accepter ce résultat en s'y résignant ou en l'admettant (2713) » ; et ii) « le fait que le suspect connaît les circonstances de fait qui lui permettent d'exercer conjointement un contrôle sur le crime (2714) ». (par. 1008).

(2712) ICC-01/04-01/06-803, par. 349.
(2713) ICC-01/04-01/06-803, par. 361.
(2714) ICC-01/04-01/06-803, par. 366.

La Chambre préliminaire a décidé que la référence « cumulative » à l'« intention » et à la « connaissance » dans l'article 30 exige l'existence chez l'accusé d'un « élément intentionnel ». Il s'agit non seulement des situations dans lesquelles le suspect

i) sait que ses actions ou omissions seront à l'origine des éléments objectifs du crime et ii) commet ces actions ou omissions dans l'intention concrète de provoquer les éléments objectifs du crime (on parle également de « dol direct de premier degré ») (2715), mais aussi d'« autres manifestations de la notion de dol (2716) ».

La Chambre préliminaire a estimé que parmi ces manifestations figuraient :

i) des situations dans lesquelles le suspect, sans avoir l'intention concrète de provoquer les éléments objectifs du crime, a conscience que de tels éléments résulteront nécessairement de ses actions ou omissions (on parle également de « dol direct de deuxième degré ») (2717) ; et
ii) des situations dans lesquelles le suspect a) est conscient du risque que les éléments objectifs du crime résultent de ses actions ou omissions et b) accepte ce résultat en s'y résignant ou en l'admettant (on parle également de « dol éventuel ») (2718). (par. 1009).

(2715) ICC-01/04-01/06-803, par. 351.
(2716) ICC-01/04-01/06-803, par. 352.
(2717) ICC-01/04-01/06-803, par. 352.
(2718) ICC-01/04-01/06-803, par. 352

La Chambre préliminaire a considéré que pour le dol éventuel, « deux cas de figure sont à distinguer ». Premièrement, si le coauteur avait conscience de la probabilité importante que son comportement se traduise par la réalisation « des éléments objectifs du crime », son intention peut se déduire du fait qu'il a agi de la façon convenue malgré ce degré de conscience (2719). Deuxièmement, si le risque de causer « les éléments objectifs du crime » était faible, « le suspect doit avoir manifestement ou expressément accepté l'idée que ces éléments objectifs puissent résulter de ses actes ou omissions (2720) ». (par. 1010).

(2719) ICC-01/04-01/06-803, par. 353.
(2720) ICC-01/04-01/06-803, par. 354 et 364.

Par exemple, dans le cas de Laurent Gbagbo, l'Accusation soutient que les crimes qui lui sont reprochés (meurtres, viols, autres actes inhumains, persécutions), comme dans l'affaire *Lubanga Dyilo* (la conscription ou l'enrôlement d'enfants de moins de 15 ans ou leur utilisation pour les faire participer activement à des hostilités), ont *résulté* de la mise en œuvre d'un plan commun (2721). Les travaux préparatoires du Statut de Rome donnent à penser que la notion de dol éventuel, comme celle de négligence coupable (*recklessness),* a été délibérément exclue du cadre instauré par le Statut (voir par exemple le recours à l'expression «[s]auf disposition contraire» dans la première phrase de l'article 30) (2722). Le libellé clair du Statut, et plus particulièrement l'utilisation à l'article 30-2-b du terme «adviendra », par opposition à « pourrait advenir », exclut la notion de dol éventuel (2723). La Chambre a souscrit à l'opinion exprimée par la Chambre préliminaire I sur ce point (2724) (par. 1011).

(2721) ICC-01/04-01/06-2748-Red, par. 74 et 75.
(2722) Roger S. Clark, « The Mental Element in International Criminal Law : The Rome Statute of the International Criminal Court and the elements of offences », *Criminal Law Forum* (2001), page 301 ; Roger S. Clark, « Drafting a General Part to a Penal Code : some thoughts inspired by the negotiations on the Rome Statute of the International Criminal Court and by the Court's first substantive law discussion in the *Lubanga Dyilo* confirmation proceedings », *Criminal Law Forum* (2008), page 529; War Crimes Research Office, *Modes of Liability and the Mental Element: Analyzing the early jurisprudence of the International Criminal Court,* Washington College of Law, American University (septembre 2010), pages 69 et suiv.
(2723) War Crimes Research Office, *Modes of Liability and the Mental Element: Analyzing the early jurisprudence of the International Criminal Court*, Washington College of Law, American University (septembre 2010), pages 69 et suiv.
(2724) ICC-01/05-01/08-424-tFRA, par. 364 à 369.

De l'avis de la Majorité, si les participants sont «conscients qu'une conséquence adviendra dans le cours normal des événements », cela signifie qu'ils s'attendent, sur la base de ce qu'ils savent du déroulement normal des événements, à ce qu'une conséquence advienne effectivement à l'avenir. Cette prévision suppose de prendre en considération les notions de «possibilité » et de «probabilité», indissociables de celles de « risque » et de « danger ». Le risque se définit comme un « [TRADUCTION] danger, (le fait d'être exposé à) la possibilité d'une perte, d'un préjudice ou d'autres circonstances adverses (2725) ». Les coauteurs ne «connaissent» les conséquences de leur comportement qu'une fois qu'elles sont advenues. Au moment où les coauteurs conviennent d'un plan commun et tout au long de la mise en œuvre de ce plan, ils doivent connaître l'existence d'un risque que la conséquence considérée adviendra. S'agissant du degré de risque, les termes de l'article 30 exigent que le coauteur soit à tout le moins conscient que la conséquence « adviendra dans le cours normal des événements ». Un risque faible ne sera pas suffisant. (par. 1012).

(2725) Voir Oxford Dictionary (2002, 5e éd.) : « danger, (exposure to) the possibilty of loss, injury or other adverse circumstance ».

d) Conclusions de la Chambre

La Chambre a conclu que pour les raisons exposées ci-dessus, l'Accusation devait, pour chaque charge, prouver :

i) que l'accusé et au moins un autre coauteur avaient un accord ou un plan commun qui, une fois mis en œuvre, aboutirait dans le cours normal des événements à la commission du crime considéré ;
ii) que l'accusé a apporté au plan commun une contribution essentielle qui a abouti à la commission du crime considéré ;
iii) que l'accusé entendait procéder à la conscription ou à l'enrôlement d'enfants de moins de 15 ans ou les faire participer activement à des hostilités (dans le cas Gbagbo entendait commettre les meurtres, viols, autres actes inhumains,

persécutions qui lui sont reprochés), ou qu'il était conscient que par la mise en œuvre du plan commun, ces conséquences «adviendraient dans le cours normal des événements » ;
iv) que l'accusé avait conscience qu'il apportait une contribution essentielle à la mise en œuvre du plan commun ; (…). (par. 1018).

Quoi qu'il en soit, il convient de retenir sur ce point que même si des preuves directes peuvent permettre de démontrer l'existence d'un plan ou d'un accord commun, il ne s'agit pas là d'une condition exigée en droit. L'existence de l'accord peut être déduite de preuves indirectes.

Dans le *Procès des Médias* devant le Tribunal pénal international pour le Rwanda (TPIR), la Chambre d'appel de ce Tribunal s'est prononcée dans le même sens, s'agissant de l'existence d'un plan ou d'une politique et de la mise en œuvre de moyens importants (1). L'appelant Nahimana a avancé que les crimes contre l'humanité doivent avoir été commis « en exécution d'une politique concertée mettant en œuvre des moyens publics ou privés considérables » (2). Similairement, l'appelant Barayagwiza a fait valoir que « l'attaque généralisée et systématique doit découler d'une politique discriminatoire dictée par un groupe ou une organisation » (3) et qu'il doit être prouvé que l'acte reproché « fait partie d'une attaque généralisée ou systématique menée conformément à un plan, une politique préconçue » (4). L'appelant Ngeze a soulevé un argument analogue (5).

(1) Arrêt de la Chambre d'appel du TPIR du 28 novembre 2007, *Ferdinand Nahimana, Jean-Bosco Barayagwiza, Hassan Ngeze c/ Le Procureur*, Affaire n° 99-52-A, paragraphes 921 et 922.
(2) Mémoire d'appel de Nahimana, par. 555. Voir aussi Mémoire en réplique de Nahimana, par. 41 à 43.
(3) Mémoire d'appel de Barayagwiza, par. 273.
(4) Mémoire d'appel de Barayagwiza, par. 274. Voir aussi Mémoire d'appel de Barayagwiza, par. 272, définissant l'attaque systématique

comme une attaque « perpétrée sur la base d'une politique ou d'un plan préconçus ».
(5) Mémoire d'appel de Ngeze, par. 390.

La Chambre d'appel a rejeté les arguments des appelants en ces termes (6) :

« Il est bien établi que, même s'il peut s'avérer utile de démontrer l'existence d'une politique ou d'un plan, cela ne constitue pas un élément juridique des crimes contre l'humanité (7). Il en est de même des « moyens importants ». Contrairement à ce que certains des premiers jugements du Tribunal peuvent avoir laissé entendre (8), les « moyens importants » ne sauraient être un élément juridique des crimes contre l'humanité. C'est l'attaque généralisée ou systématique qui doit être établie ».

(6) Arrêt de la Chambre d'appel du TPIR du 28 novembre 2007, *Ferdinand Nahimana, Jean-Bosco Barayagwiza, Hassan Ngeze c/ Le Procureur,* Affaire n° 99-52-A, paragraphe 922.
(7) Arrêt *Gacumbitsi*, par. 84 ; Arrêt *Semanza*, par. 269 ; Arrêt *Blaskic*, par. 120 ; Arrêt *Krstic*, par. 225 ; Arrêt *Kunarac et consorts*, par. 98 et 104.
(8) Par exemple, le paragraphe 580 du Jugement *Akayesu* suggère qu'une attaque systématique implique « une politique concertée mettant en œuvre des moyens publics ou privés considérables ».

Relativement à l'affaire Gbagbo-Blé Goudé, la question de l'existence ou non d'un plan ou d'un accord commun ne devrait pas être décisive pour la suite du procès, puisque même si des preuves directes peuvent permettre de démontrer l'existence d'un plan ou d'un accord commun, il ne s'agit pas là d'une condition exigée en droit. En revanche, l'attaque généralisée et systématique est un sujet hautement sensible.

3. Du 27 novembre 2010 jusqu'au 12 avril 2011 ou vers cette date, à Abidjan, les forces pro-Gbagbo ont-elles mené une attaque généralisée et systématique contre la population civile considérée comme soutenant Alassane Ouattara et les actes de Laurent Gbagbo se sont-ils inscrits dans le cadre de cette attaque ?

La décision confirmant les charges portées contre Laurent Gbagbo présente cette question essentielle dans les termes suivants au paragraphe 275 :

275. Du 27 novembre 2010 jusqu'au 12 avril 2011 ou vers cette date, à Abidjan, les forces pro-Gbagbo ont mené une attaque généralisée et systématique contre la population civile considérée comme soutenant Alassane Ouattara, attaque qui a consisté en la commission multiple d'actes criminels, en application de la politique des forces pro-Gbagbo, dirigées par Laurent Gbagbo et son entourage immédiat. Les crimes en cause ont été commis dans le cadre de cette attaque.

La question de l'attaque généralisée et/ou systématique lancée contre la population civile fera débat entre les parties en présence devant la Cour. La Cour pénale internationale en a examiné le droit applicable dans la Décision du 15 juin 2009 rendue en application des alinéas a) et b) de l'article 61-7 du Statut de Rome, relativement aux charges portées par le Procureur à l'encontre de Jean-Pierre Bemba Gombo (Décision de confirmation des charges)[47].

---

[47] Situation en République centrafricaine, ICC-01/05 – 01/08 *Le Procureur c. Jean-Pierre Bemba Gombo* . Fiche d'information selon le site de la CPI : Né le 4 novembre 1962 à Bokada, dans la Province d'Equateur, en République démocratique du Congo. Ressortissant de la République démocratique du Congo. Président et commandant en chef présumé du Mouvement de Libération du Congo (MLC). Requête de l'accusation aux fins de délivrance d'un mandat d'arrêt : 9 mai 2008. Mandat d'arrêt émis par la Chambre préliminaire III : délivré

Voici l'état du droit en la matière selon la décision du 15 juin 2009 dans la traduction officielle de la Cour.

EXTRAIT

Source : http://www.icc-cpi.int/iccdocs/doc/doc733862.pdf

(...) V. CRIMES ALLÉGUÉS PAR LE PROCUREUR

A. Crimes contre l'humanité

71. Dans le Document modifié de notification des charges, le Procureur reproche à Jean-Pierre Bemba des meurtres (article 7-1-a du Statut), des viols (article 7-1-g du Statut) et des tortures (article 7-1-f du Statut), en tant que crimes contre l'humanité relevant de la compétence de la Cour.

72. Après avoir examiné dans leur ensemble les Éléments de preuve communiqués, la Chambre estime qu'il existe des preuves suffisantes donnant des motifs substantiels de croire qu'en RCA, du 26 octobre 2006, ou vers cette date, au15 mars 2003, des meurtres et des viols,

---

sous scellés le 23 mai 2008. Levée des scellés le 24 mai 2008. Arrestation par les autorités belges : 24 mai 2008. Mandat d'arrêt remplaçant celui du 23 mai 2008 : 10 juin 2008. Première comparution devant la Chambre préliminaire III : 4 juillet 2008. Audience de confirmation des charges : 12 au 15 janvier 2009. Décision de confirmation des charges : 15 juin 2009. Ouverture du procès : 22 novembre 2010. Déclarations orales en clôture du procès : 12 et 13 novembre 2014. Charges : M. Bemba serait pénalement responsable, en qualité de chef militaire, de : deux crimes contre l'humanité : viol (article 7-1-g), meurtre (article 7-1-a) ; trois crimes de guerre : viol (article 8-2-e-vi), meurtre (article 8-2-c-i), et pillage d'une ville ou d'une localité (article 8-2-e-v).
Verdict : 21 mars 2016 en audience publique devant la Chambre de première instance III.

constitutifs de crimes contre l'humanité au sens des articles 7-1-a et 7-1-g du Statut, ont été commis dans le cadre d'une attaque généralisée lancée contre la population civile.

Toutefois, la Chambre rejette le cumul de qualifications préconisé par le Procureur et ne confirme pas le chef de torture en tant que crime contre l'humanité au sens de l'article 7-1-f du Statut (chef 3). La Chambre fonde cette conclusion sur les considérations suivantes.

1. Éléments contextuels des crimes contre l'humanité

a) Le droit applicable et son interprétation

73. Tout d'abord, la Chambre rappelle que le chapeau de l'article 7 du Statut énonce ce qui suit :

> 1. Aux fins du présent Statut, on entend par crime contre l'humanité l'un quelconque des actes ci-après lorsqu'il est commis dans le cadre d'une attaque généralisée ou systématique lancée contre toute population civile et en connaissance de cette attaque [...].

74. Chacun des actes mentionnés aux alinéas a) à k) de l'article 7-1 du Statut constitue donc un crime contre l'humanité s'il est commis dans le cadre d'une attaque généralisée ou systématique lancée contre toute population civile et en connaissance de cette attaque.

i) Existence d'une « attaque lancée contre toute population civile »

75. S'agissant de la définition du terme « attaque », les Éléments des crimes précisent que ce terme n'équivaut pas nécessairement à celui d'« attaque militaire (94) ». Il

renvoie à une campagne ou à une opération dirigée contre la population civile, la terminologie appropriée figurant à l'article 7-2-a du Statut, où il est question de « comportement (95) ». L'« attaque » même est constituée par la commission des actes mentionnés à l'article 7-1 du Statut et aucun autre élément n'a besoin d'être prouvé pour en établir l'existence (96).

(94) Éléments des crimes, introduction à l'article 7 du Statut, par. 3.
(95) R. Dixon *in* O. Triffterer (Dir. pub.), *Commentary on the Rome Statute of the International Criminal Court – Observer's Notes, Article by Article,* Nomos Verlag, 2e éd., 2008, p. 175.
(96) Voir, en ce sens, TPIR, *Le Procureur c. Akayesu*, affaire n° ICTR-94-4-T, Jugement, 2 septembre 1998, par. 581.

76. Comme il est précisé dans le chapeau de l'article 7 du Statut, pour être constitutifs de crimes contre l'humanité, les crimes définis au paragraphe 1 de cet article doivent être dirigés contre « toute population civile ». Cette condition n'est pas définie dans le Statut, mais elle n'est pas nouvelle. La Chambre souscrit à la conclusion de la Chambre préliminaire I selon laquelle, au sens de l'article 7 du Statut, les victimes civiles peuvent être de toute nationalité, appartenance ethnique ou avoir tout autre attribut distinctif (97). Cette condition signifie en outre que la population civile doit être la cible principale de l'attaque et non pas en être incidemment la victime (98).

(97) Chambre préliminaire I,
Décision *Katanga*, ICC-01/04-01/07-717-tFRA, par. 399 ; voir aussi O. Triffterer (Dir. pub.), *Commentary on the Rome Statute: Observers' Notes, Article by Article*, 1999, p. 381 ; TPIY, *Le Procureur c/ Tadić*, affaire n° IT-94-1-T, Jugement, 7 mai 1997, par. 635 ; TPIY, *Le Procureur c/ Kunarac et consorts*, affaire n° IT-96-23 et IT-96-23/1-A, Jugement, 22 février 2001, par. 423.
(98) TPIY, *Le Procureur c/ Kunarac et consorts*, affaire n° IT-96-23 et IT-96-23/1-A, Arrêt, 12 juin 2002, par. 91 et 92 ; TPIY, *Le*

Procureur c/ Stakić, affaire n° IT-97-24-T, Jugement, 31 juillet 2003, par. 624 ; TPIY, *Le Procureur c/ Vasiljević*, affaire n° IT-98-32-T, Jugement, 29 novembre 2003, par. 33.

77. En conséquence, la Chambre est d'avis que le Procureur doit démontrer que l'attaque était telle qu'elle ne peut être décrite comme une attaque lancée contre un groupe limité d'individus choisis au hasard (99). Le Procureur n'a toutefois pas à établir que toute la population d'une zone géographique était visée au moment de l'attaque (100).

(99) Voir, en ce sens, TPIY, *Le Procureur c/ Stakić*, affaire n° IT-97-24-T, Jugement, 31 juillet 2003, par. 627 ; TPIY, *Le Procureur c. Kunarac et consorts*, affaire n° IT-96-23 et IT-96-23/1-A, Arrêt, 12 juin 2002, par. 90.
(100) Voir, en ce sens, TPIR, *Le Procureur c. Bagilishema*, affaire n° ICTR-95-1A-T, Jugement, 7 juin 2001, par. 80 ; TPIR, *Le Procureur c. Semanza*, affaire n° ICTR-97-20-T, Jugement, 15 mai 2003, par. 330 ; TPIY, *Le Procureur c/ Kunarac et consorts*, affaire n° IT-96-23 et IT-96-23/1-A, Arrêt, 12 juin 2002, par. 90.

78. La Chambre observe que les termes « civils » ou «population civile » ne sont pas définis dans le Statut. Toutefois, conformément à un principe bien établi du droit international humanitaire, la « population civile comprend [...] toutes les personnes civiles par opposition aux membres des forces armées et aux autres combattants légitimes (101)».

(101) Tel que résumé dans TPIY, *Le Procureur c/ Kunarac et consorts*, affaire n° IT-96-23 et IT-96-23/1-A, Jugement, 22 février 2001, par. 425 ; voir aussi les dispositions pertinentes d'autres instruments internationaux consacrant cette distinction, comme l'article 3 commun aux Conventions de Genève du 12 août 1949, l'article 4 de la Convention de Genève relative au traitement des prisonniers de guerre du 12 août 1949, Recueil des traités des Nations Unies (R.T.N.U.), vol. 75, p. 135, et les articles 43 et 50 du Protocole additionnel aux Conventions de Genève du 12 août 1949 relatif à la

protection des victimes des conflits armés internationaux (Protocole I), du 8 juin 1977 (« le Protocole additionnel I »), R.T.N.U., vol. 1125, p. 271.

79. La Chambre relève que l'expression « attaque lancée contre toute population civile » est définie plus précisément à l'article 7-2-a du Statut, lequel dispose comme suit :

> Par « attaque lancée contre une population civile », on entend le comportement qui consiste en la commission multiple d'actes visés au paragraphe 1 à l'encontre d'une population civile quelconque, en application ou dans la poursuite de la politique d'un État ou d'une organisation ayant pour but une telle attaque.

80. Cet article précise que doivent également être constitués les deux éléments cumulatifs que sont la commission multiple d'actes et le fait que l'attaque soit menée en application ou dans la poursuite de la politique d'un État ou d'une organisation ayant pour but une telle attaque. La Chambre examinera donc ces conditions légales supplémentaires.

81. La condition légale tenant à la « commission multiple d'actes » signifie qu'il n'est pas simplement question de quelques incidents ou actes visés à l'article 7-1 du Statut (102). La condition tenant à « la politique d'un État ou d'une organisation » exige que l'attaque ait été organisée selon un modèle régulier. Une telle politique peut être mise en place par des groupes de personnes dirigeant un territoire spécifique ou par toute organisation capable de commettre une attaque généralisée ou systématique contre une population civile. Cette politique n'a pas besoin d'être énoncée de façon formelle (103). Cette condition est donc remplie par une attaque planifiée,

dirigée ou organisée, et non par une attaque constituée d'actes de violence spontanés ou isolés (104).

(102) R. Dixon *in* O. Triffterer (Dir. pub.), *Commentary on the Rome Statute of the International Criminal Court – Observer's Notes, Article by Article*, Nomos Verlag, 2e éd., 2008, p. 234 et 235.
(103) Voir, en ce sens, *Le Procureur c/ Tadić*, affaire n° IT-94-1-T, Jugement, 7 mai 1997, par. 653.
(104) Chambre préliminaire I,
Décision *Katanga*, ICC-01/04-01/07-717-tFRA, par. 396.

ii) Existence d'une attaque « généralisée ou systématique »

82. La Chambre fait observer que les adjectifs «généralisé» et « systématique » figurant dans le chapeau de l'article 7 du Statut sont présentés sous la forme d'une alternative. En conséquence, si elle conclut au caractère généralisé de l'attaque, elle n'est pas tenue d'examiner si l'attaque était également systématique (105). Partant, la Chambre se contentera d'examiner la condition tenant au caractère « généralisé » de l'attaque.

(105) Chambre préliminaire I,
Décision *Katanga*, ICC-01/04-01/07-717-tFRA, par. 412 ; voir aussi TPIY, *Le Procureur c/ Kunarac et consorts,* affaire n° IT-96-23 et IT-96-23/1-A, Arrêt, 12 juin 2002, par. 93.

83. La Chambre estime que l'adjectif « généralisé » précise le caractère de l'attaque commise sur une grande échelle : elle doit être massive, fréquente, menée collectivement, d'une gravité considérable et dirigée contre un grand nombre de victimes (106). Il s'agit d'une attaque couvrant une zone géographique étendue ou d'une attaque couvrant une zone géographique restreinte mais dirigée contre un grand nombre de civils (107). Dans ce

cadre, les crimes ne doivent pas être des actes isolés (108).

(106) Chambre préliminaire I,
Décision *Katanga*, ICC-01/04-01/07-717-tFRA, par. 395 et 398 ; ICTR, *Le Procureur c. Akayesu,* affaire n° ICTR-96-40-T, Jugement, 2 septembre 1998, par. 580.
(107) Voir, en ce sens, TPIY, *Le Procureur c/ Blaškić*, affaire n° IT-95-14-T, Jugement, 3 mars 2000, par. 206 ; TPIY, *Le Procureur c/ Kordić et Čerkez*, affaire n° IT-95-14/2-A, Arrêt, 17 décembre 2004, par. 94 ; voir aussi G. Werle, *Principles of International Criminal Law*, TMC Asser Press, 2005, p. 225, par. 656.
(108) Voir, en ce sens, TPIY, *Le Procureur c/ Kunarac et consorts*, affaire n° IT-96-23 et IT-96-23/1-A, Arrêt, 12 juin 2002, par. 96 ; TPIY, *Le Procureur c/ Kordić et Čerkez*, affaire n° IT-95-14/2-A, Arrêt, 17 décembre 2004, par. 94 ; TPIY, *Le Procureur c/ Blagojević et Jokić*, affaire n° IT-02-60 T, Jugement, 17 janvier 2005, par. 545 et 546.

iii) Lien requis entre les actes en cause et l'« attaque lancée contre toute population civile »

84. Pour remplir la condition posée dans le chapeau de l'article 7-1 du Statut, à savoir que les actes en cause s'inscrivent « dans le cadre » d'une attaque, les actes visés aux alinéas a) à k) de l'article 7-1 doivent avoir été commis dans le cadre d'une attaque généralisée ou systématique lancée contre une population civile (109). Cette condition est généralement considérée comme étant le lien qui unit les actes en cause à l'attaque.

(109) Chambre préliminaire I,
Décision *Katanga*, ICC-01/04-01/07-717-tFRA, par. 400.

85. Dans les Éléments des crimes, ce lien est l'une des conditions légales nécessaires pour établir la commission d'actes tels que le meurtre et le viol en tant que crimes

contre l'humanité ; il s'agit donc d'un élément constitutif de chacun des crimes de cette catégorie.

86. Pour déterminer si un acte s'inscrit dans le cadre d'une attaque généralisée, la Chambre tient compte de ses caractéristiques, de ses buts ainsi que de sa nature ou de ses conséquences (110).

(110) Voir, en ce sens, TPIR, *Le Procureur c. Kajelijeli*, affaire n° ICTR-98-44A-T, Jugement, 1er décembre 2003, par. 866 ; TPIR, *Le Procureur c. Semanza*, affaire n° ICTR-97-20-T, Jugement, 15 mai 2003, par. 326.

iv) Crimes contre l'humanité commis « en connaissance de l'attaque »

87. L'article 7-1 du Statut exige que l'auteur agisse « en connaissance » de l'attaque lancée contre la population civile. L'attaque doit être considérée comme une circonstance des crimes contre l'humanité et, partant, l'élément tenant à la « connaissance » est un aspect de l'élément psychologique visé à l'article 30-3 du Statut selon lequel « [i]l y a connaissance [...] lorsqu'une personne est consciente qu'une circonstance existe ou qu'une conséquence adviendra dans le cours normal des événements ».

88. L'auteur des crimes doit avoir conscience qu'une attaque généralisée lancée contre une population civile est en cours et que ses actes s'inscrivent dans ce cadre (111). Toutefois, dans les Éléments des crimes, au paragraphe 2 de l'introduction concernant l'article 7 du Statut, il est précisé que l'élément de « connaissance » « ne doit pas être interprété comme exigeant qu'il soit prouvé que l'auteur avait connaissance de toutes les caractéristiques

de l'attaque ou des détails précis du plan ou de la politique de l'État ou de l'organisation ».

(111) Voir, en ce sens, TPIY, *Le Procureur c/ Kunarac et consorts,* affaire n° IT-96-23 et IT-96-23/1-A, Arrêt, 12 juin 2002, par. 102 ; S. R. Lee, *The International Criminal Court, The Making of the Rome Statute, Issues, Negotiations, Results,* Kluwer Law International, 1999, p. 98, note de bas de page 55 ; G. Werle, *Principles of International Criminal Law,* quatrième partie : *Crimes Against Humanity,* TMC Asser Press, 2005, p. 231, par. 669. (...).

A la lumière du droit applicable ainsi interprété par la Cour pénale internationale, le Procureur devra établir et démontrer, au-delà de tout doute raisonnable, que du 27 novembre 2010 jusqu'au 12 avril 2011 ou vers cette date, à Abidjan, les forces pro-Gbagbo ont mené une attaque généralisée et systématique contre la population civile considérée comme soutenant Alassane Ouattara et que les actes de Laurent Gbagbo se sont inscrits dans le cadre de cette attaque. Selon les avocats de Laurent Gbagbo, les éléments de preuve disponibles ne montrent pas qu'il y a eu dans cette période des attaques de Forces de défense et de sécurité (FDS) contre les civils, mais bien plutôt des attaques de rebelles pro-Ouattara contre des FDS, puis contre la population civile. La version de l'Accusation serait une lecture partiale de la crise postélectorale[48].

La tâche ne sera pas aisée pour l'Accusation comme pour la Défense. Par exemple, au regard de l'interprétation et au raisonnement de la Cour dans la décision de confirmation des charges portées à l'encontre de Jean-Pierre Bemba Gombo, le Procureur devra démontrer que « l'attaque était telle qu'elle ne peut être décrite comme une attaque lancée

[48] *Procès Gbagbo à la CPI : quel impact sur la réconciliation ?* Par RFI – Source : http://www.rfi.fr/afrique/20140613-cote-ivoire-proces-gbagbo-cpi-impact-reconciliation-fpi/ - Publié le 13-06-2014. Modifié le 13-06-2014 à 08:40.

contre un groupe limité d'individus choisis au hasard ». La difficulté pour la Défense est que « le Procureur n'a toutefois pas à établir que toute la population d'une zone géographique était visée au moment de l'attaque » (paragraphe 77).

S'agissant de la condition légale tenant à la «commission multiple d'actes», le Procureur devra démontrer « qu'il n'est pas simplement question de quelques incidents ou actes visés à l'article 7-1 du Statut ». Sur la condition tenant à « la politique d'un État ou d'une organisation », il devra prouver que l'attaque a été « organisée selon un modèle régulier », à Abidjan, par les forces pro-Gbagbo, c'est-à-dire « une attaque planifiée », et non « une attaque constituée d'actes de violence spontanés ou isolés » (paragraphe 81).

Reprenant à son compte l'interprétation de la Chambre selon laquelle l'adjectif « généralisé » précise le caractère de l'attaque commise sur une grande échelle, la Défense pourrait soutenir qu'à supposer même qu'une attaque ait pu exister, celle-ci ne serait pas massive, fréquente, menée collectivement, d'une gravité considérable et dirigée contre un grand nombre de victimes (paragraphe (83).

Quoi qu'il en soit, pour la Défense, il n'y aurait pas de lien entre les actes en cause et une attaque généralisée et systématique qui serait menée par les forces pro-Gbagbo contre la population civile considérée comme soutenant Alassane Ouattara. Les actes de Laurent Gbagbo ne se seraient pas inscrits dans le cadre d'une prétendue attaque au demeurant inexistante, dont naturellement il n'aurait pas eu connaissance.

4. Les forces pro-Gbagbo (forces de défense et de sécurité, jeunes pro-Gbagbo, miliciens et mercenaires) ont-elles été utilisées en vue de maintenir Laurent Gbagbo à la Présidence ? Autrement dit, peut-on déduire la concertation criminelle de la collaboration entre Gbagbo, son entourage immédiat et les forces pro-Gbagbo au niveau personnel et au niveau de la coordination institutionnelle ?

Décision de confirmation des charges, 12 juin 2014 :

269. À l'époque visée, Laurent Gbagbo exerçait commandement, contrôle et autorité sur les Forces de défense et de sécurité (FDS). À l'époque visée, il exerçait également contrôle et autorité, directement et à travers son entourage immédiat, sur les jeunes pro-Gbagbo, les miliciens et les mercenaires qui prêtaient main-forte aux FDS (ensemble, « les forces pro-Gbagbo »).

270. Les forces pro-Gbagbo constituaient un appareil de pouvoir organisé et hiérarchisé. Du fait de leur position d'autorité et des contributions qu'ils apportaient au plan commun et à la politique, Laurent Gbagbo et son entourage immédiat pouvaient se servir de ces forces pour mettre en œuvre le plan et la politique en commettant les crimes en cause.

276. Laurent Gbagbo a contribué à la commission des crimes en cause de la manière suivante :
a) Laurent Gbagbo a conçu et mis en œuvre le plan commun, qui s'est traduit par la commission des crimes ;
b) Laurent Gbagbo a créé une structure lui permettant de mettre en œuvre le plan commun, ce qui s'est traduit par la commission des crimes, en nommant ou promouvant des personnes qui lui étaient loyales à des postes-clés du Gouvernement et des FDS, en chargeant ses subordonnés de recruter au sein des FDS des éléments supplémentaires, y compris des jeunes pro-Gbagbo et des miliciens, et en supervisant leur recrutement ;

c) Laurent Gbagbo a armé les forces qui lui étaient loyales et qui ont commis les crimes en cause, en mettant les armes qu'il contrôlait à leur disposition, en chargeant ses subordonnés d'en acheter d'autres, en octroyant les fonds nécessaires pour ce faire et en s'assurant que des armes et des munitions étaient fournies à ces forces ;

d) Laurent Gbagbo a coordonné la mise en œuvre du plan commun, qui s'est traduite par la commission des crimes, en tenant des réunions et en s'entretenant régulièrement avec son entourage immédiat et d'autres membres de son réseau de soutien à ce sujet, pour être informé de la situation sur le terrain par ses commandants et leur donner des instructions dans le cadre des opérations. Laurent Gbagbo, que ce soit directement ou par l'intermédiaire des membres de son entourage immédiat, a chargé ses subordonnés de mettre en œuvre le plan commun ou les a incités à le faire, ce qui s'est traduit par la commission des crimes, et il a i) ordonné le déploiement des forces armées contre des manifestants opposés à sa politique ; ii) chargé les forces qui lui étaient loyales d'arrêter la marche des partisans d'Alassane Ouattara qui se rendaient au siège de la RTI le 16 décembre 2010 ; iii) ordonné à ces forces de faire le siège de l'hôtel du Golf avec ses résidents ; iv) enjoint à ces forces de tenir bon et de ne pas perdre Abobo ; v) employé des termes péjoratifs et de nature haineuse à l'encontre de ses opposants politiques, notamment en traitant ces derniers de « bandits », d'«ennemis » et de « terroristes » ; et vi) incité les jeunes pro-Gbagbo et les miliciens de Yopougon, directement ou par l'intermédiaire de Charles Blé Goudé, à se battre pour protéger la nation et ne pas laisser le pays aux mains des ennemis, et appelé ses partisans à continuer à résister et à combattre Alassane Ouattara et ses « terroristes » ;

e) Laurent Gbagbo a incité les forces qui lui étaient loyales à commettre des crimes : i) en leur ordonnant de ne pas remettre en question la légalité des ordres qu'elles avaient reçus, en leur faisant clairement savoir qu'elles ne seraient pas punies pour les crimes commis ; ii) en ne prenant pas les mesures qui étaient en son pouvoir pour empêcher ou réprimer la commission de ces crimes pendant la crise postélectorale, ou en punir les auteurs et ; iii) en s'abstenant d'en référer aux autorités compétentes aux fins d'enquête et de poursuites.

Il ne sera pas évident pour le Procureur d'établir ces faits au-delà de tout doute raisonnable. Dans son opinion dissidente jointe à la décision de la Chambre préliminaire I du 12 juin 2014 relative à la confirmation des charges portées contre Laurent Gbagbo, Mme la Juge Van den Wyngaert exprime de sérieux doutes sur ces questions (voir notamment les points 5, 6 et 11 de son opinion). Le défi posé au Procureur est de démontrer, concrètement, que Laurent Gbagbo et son entourage immédiat ont utilisé les forces pro-Gbagbo en vue de le maintenir à la Présidence, autrement dit, que l'on peut déduire la concertation criminelle de la collaboration entre Gbagbo, son entourage immédiat et les forces pro-Gbagbo au niveau personnel et au niveau de la coordination institutionnelle.

a) Sur la collaboration entre Gbagbo, son entourage immédiat et les forces pro-Gbagbo au niveau personnel

Toutes proportions gardées, on peut rapprocher l'interprétation du plan ou de l'accord commun donnée par la Cour pénale internationale dans le jugement *Lubanga Dyilo* du 14 mars 2014 précité, qui exige que deux personnes au moins soient impliquées dans la commission du crime, une contribution essentielle du coauteur et un élément psychologique (l'intention et la connaissance), d'une « entente » en vue de commettre un crime, à l'image de l'entente en vue de commettre le génocide, prévue par l'article 2(3)(b) du Statut du Tribunal pénal international pour le Rwanda et définie comme « une résolution d'agir sur laquelle au moins deux personnes se sont accordées, en vue de commettre un génocide »[49]. Cet accord entre des individus ayant pour but la commission du génocide (ou « résolution d'agir concertée »[50] en constitue l'élément matériel (*actus reus*). En outre, les individus parties à l'accord doivent être animés de l'intention de détruire en tout ou en partie un groupe national, ethnique, social ou religieux comme tel (l'élément intentionnel ou *mens rea*[51].

Sous cet angle, il s'agira pour le Procureur d'établir, au niveau personnel, les éléments d'une telle entente entre Laurent Gbagbo, son entourage immédiat et les forces pro-Gbagbo en vue de commettre les crimes considérés. La Défense pourra reprendre à son compte les arguments soulevés par les appelants Nahimana, Barayagwiza et Ngeze dans le *procès des Médias* devant la Chambre d'appel du Tribunal pénal international pour le Rwanda, s'agissant du crime d'entente en vue de commettre le génocide[52]. Elle pourra arguer que le Procureur ne peut déduire l'existence d'un accord en vue de commettre les crimes en cause sur la base de l'action concertée ou coordonnée d'un groupe d'individus parce que « (…) le fait que des individus réagissent simultanément et de la même façon face à une situation commune (guerre, crise politique, assassinat de dirigeants politiques, conflits

---

[49]Arrêt *Ntageruma et consorts*, par. 92. Voir également Jugement *Kajelijeli*, par. 787 ; Jugement *Niyitegeka*, par. 423 ; Jugement *Ntakirutimana*, par. 798 ; Jugement *Musema*, par. 191.

[50] La jurisprudence de ce Tribunal évoque indifféremment « l'accord » et « la résolution d'agir » sur laquelle plusieurs personnes s'accordent (Arrêt *Ntagerura et consorts*, par. 92 ; Jugement *Kajelijeli*, par. 787 et 788 ; Jugement *Niyitegeka*, par. 423 ; Jugement *Musema*, par. 191.

[51] Jugement *Niyitegeka*, par. 423 ; Jugement *Musema*, par. 192.

[52] Affaire n° ICTR-99-52-T, *Le Procureur c/ Ferdinand Nahimana, Jean-Bosco Barayagwiza, Hassan Ngeze*, Chambre de première instance I, Jugement et sentence, 3 décembre 2003 ; Arrêt de la Chambre d'appel du TPIR du 28 novembre 2007, *Ferdinand Nahimana, Jean-Bosco Barayagwiza, Hassan Ngeze c/ Le Procureur*, Affaire n° 99-52-A.

ethniques, etc.) ne prouve nullement l'existence d'une entente préalable et d'un plan concerté » (2022). Elle pourra soutenir, par exemple, que l'arrêt *Rutaganda* exclut toute forme de responsabilité « en application de la '*théorie de culpabilité par association'* notamment par '*similarité de conduite* » (2223) ; qu'aux fins de condamnation du chef d'entente, la jurisprudence du Tribunal militaire international (TMI) établi en vertu de l'Accord de Londres du 8 août 1945, comme celle du Tribunal pénal international pour le Rwanda, requiert la participation directe de l'accusé à des réunions de planification des crimes (2024) ; que même un accord tacite ne peut suffire à établir les crimes allégués ; que le Procureur n'est pas en mesure de prouver le moindre acte criminel individuel ou collectif imputable à Laurent Gbagbo (2025) et que les éléments de preuve étayant la collaboration interpersonnelle entre Laurent Gbagbo, son entourage immédiat et les forces pro-Gbagbo ne démontrent pas un accord en vue de commettre les crimes allégués.

(2022) Mémoire d'appel de Nahimana, par. 586 à 588 (l'extrait cité se trouvant au par. 588). Voir aussi Mémoire d'appel de Ngeze, par. 289(ii). L'appelant Nahimana ajoute que « le fait de partager les mêmes convictions ou le même 'objectif' ne suppose aucune concertation préalable, et ne conduit pas nécessairement à la conception d'un plan concerté visant à leur réalisation ». Mémoire d'appel de Nahimana, par. 594 (souligné dans l'original).
(2023) Mémoire d'appel de Ngeze, par. 289(ii) (souligné dans l'original). Voir aussi Mémoire d'appel de Nahimana, par. 590.
(2024) Mémoire d'appel de Nahimana, par. 591 et 592 ; Mémoire en réplique de Nahimana, par. 31 et 32 ; Mémoire d'appel de Ngeze, par. 289(ii) et (v).
(2025) Mémoire en réplique de Barayagwiza, par. 57.

Le Procureur pourra opposer à ces arguments le droit applicable à la responsabilité pénale individuelle en vertu de l'article 25-3-a du Statut de Rome, tel qu'interprété par la Cour dans le jugement *Thomas Lubanga Dyilo* notamment aux paragraphes 920 et 924.

920. La Chambre préliminaire a considéré qu'à la différence de l'approche objective (2598), la notion de contrôle exercé sur le crime repose sur l'idée que les auteurs principaux d'un crime ne se trouvent pas uniquement parmi ceux qui exécutent physiquement les éléments objectifs de l'infraction. En effet, il s'agit également des personnes qui, même si elles ne sont pas présentes sur le lieu du crime, contrôlent ou dirigent la commission de ce dernier parce qu'elles décident si l'infraction sera commise et comment (2599).

(2598) ICC-01/04-01/06-803, par. 328.
(2599) ICC-01/04-01/06-803, par. 330

924. S'agissant du premier élément objectif («l'existence d'un accord ou d'un plan commun entre deux ou plusieurs personnes»), la Chambre préliminaire a jugé que le « plan commun doit comporter un élément de criminalité, mais pas nécessairement viser spécifiquement la perpétration d'un crime (2610) ». La Chambre a décidé qu'il suffit :

i) que les coauteurs aient convenu a) de commencer à mettre en œuvre le plan commun pour atteindre un but non criminel et b) de ne commettre le crime que si certaines conditions sont réunies ; ou

ii) que les coauteurs a) soient conscients du risque que la mise en œuvre du plan commun (qui vise spécifiquement la réalisation d'un but non criminel) se traduise par la perpétration du crime et b) acceptent un tel résultat (2611).

(2610) ICC-01/04-01/06-803, par. 344.
(2611) ICC-01/04-01/06-803, par. 344.

Pour conclure à la collaboration entre Laurent Gbagbo, son entourage immédiat et les forces pro-Gbagbo au niveau personnel, la Chambre de première instance I de la Cour pénale internationale devra s'appuyer sur les éléments de preuve et notamment sur des constatations factuelles. Ces éléments devront être compatibles avec l'existence d'une entente, d'un plan ou d'un accord entre les personnes en cause en vue de commettre les crimes reprochés à Laurent Gbagbo. Ils devront suffirent, à eux seuls, à établir l'existence d'une telle entente au-delà de tout doute raisonnable. Un juge des faits raisonnable devrait en conclure que la seule déduction raisonnable est que Laurent Gbagbo, son entourage immédiat et les forces pro-Gbagbo se sont entendus entre eux en vue de commettre les crimes considérés. Dans le cas contraire, la Chambre devrait conclure que même si les éléments de preuve du Procureur peuvent être compatibles avec l'existence d'un entente, d'un plan ou d'un accord entre les personnes concernées en vue de commettre les crimes reprochés à Laurent Gbagbo, ils ne suffisent pas, à eux seuls, à établir l'existence d'une telle entente, d'un tel plan ou d'un tel accord au-delà de tout doute raisonnable.

b) Sur la coordination institutionnelle et l'utilisation des forces pro-Gbagbo

La Défense ne pourra nier qu'à l'époque visée, « Laurent Gbagbo exerçait commandement, contrôle et autorité sur les forces de défense et de sécurité (FDS) », comme cela est écrit dans la Décision de confirmation des charges du 12 juin 2014. En revanche, elle pourra contester les affirmations suivantes : « il exerçait également contrôle et autorité, directement et à travers son entourage immédiat, sur les jeunes pro-Gbagbo, les miliciens et les mercenaires qui prêtaient main-forte aux FDS » ; « Les forces pro-Gbagbo constituaient un appareil de pouvoir organisé et hiérarchisé. Du fait de leur position d'autorité et des contributions qu'ils apportaient au plan commun et à la politique, Laurent Gbagbo et son entourage immédiat pouvaient se servir de ces forces pour mettre en œuvre le plan et la politique en commettant les crimes en cause », etc.

En un mot, la Défense devrait contester l'existence d'une « coordination institutionnelle » et l'utilisation des forces pro-Gbagbo en vue de le maintenir au pouvoir par tous les moyens nécessaires, y compris en commettant les crimes concernés. Elle devrait notamment soutenir que même si cette coordination avait existé, son existence ne démontrerait pas, au-delà de tout doute raisonnable, que Laurent Gbagbo, son entourage immédiat et les forces pro-Gbagbo, se seraient entendus en vue de commettre les crimes considérés. Le Procureur devrait rétorquer que l'approche de la Défense est parcellaire, que l'ensemble des éléments de preuve qu'il produit démontre l'existence d'une entente en vue de commettre les crimes allégués, tant au niveau personnel qu'au niveau institutionnel à l'initiative et sous le contrôle de Laurent Gbagbo.

La question devrait se poser de savoir si, dans l'hypothèse où cette coordination institutionnelle serait établie, un juge des faits raisonnable peut en conclure que la seule déduction raisonnable possible est qu'elle résulte d'une résolution d'agir concertée et de l'utilisation des forces pro-Gbagbo en vue de commettre les crimes que l'on sait. Il ne s'agit pas là de la seule déduction possible. Un juge des faits raisonnable peut aussi conclure que ces institutions ont collaboré en vue de protéger la population civile. Dès lors, il est possible que la Chambre fasse droit aux moyens correspondants de la Défense, en considérant qu'un juge des faits raisonnable ne peut conclure, au-delà de tout doute raisonnable, que la seule déduction raisonnable possible est que Laurent Gbagbo, son entourage immédiat et les forces pro-Gbagbo ont collaboré personnellement et qu'ils ont organisé une coordination institutionnelle dans le but de le maintenir à la Présidence, par tous les moyens nécessaires, y compris en commettant les crimes qui lui sont reprochés.

5. Les crimes reprochés à Laurent Gbagbo auraient-ils été commis pour des motifs d'ordre politique, national, ethnique ou religieux ?

Décision de confirmation des charges, 12 juin 2014 :

274. Les crimes en cause ont été commis pour des motifs d'ordre politique, national, ethnique ou religieux. Les victimes de ces crimes ont été visées parce qu'elles étaient considérées comme des membres des groupes politiques d'Alassane Ouattara ou des partisans de ce dernier, ou parce qu'elles vivaient dans des quartiers d'Abidjan perçus comme des bastions de celui-ci. Souvent, les cibles étaient aussi choisies pour des motifs ethniques (principalement des Dioula et des Baoulé), religieux (des musulmans), ou nationaux (des citoyens d'États ouest-africains tels que le Mali, le Burkina Faso et le Nigéria, ainsi que des Ivoiriens d'ascendance ouest-africaine). Laurent Gbagbo et d'autres membres du plan commun considéraient tous les membres des groupes politiques, ethniques, nationaux et religieux susmentionnés comme des partisans d'Alassane Ouattara.

La Défense contestera cette version des faits. Elle arguera que ce sont au contraire les forces pro-Ouattara qui auraient agi de la sorte. Elle se fondera notamment sur les conclusions du rapport de la Commission d'enquête internationale indépendante de l'ONU sur la Côte d'Ivoire, par exemple aux points (volontairement sélectifs) suivants :

55. Le 26 avril, les FRCI ont mené une incursion violente dans les villages d'Abobo, de PK18 et d'Anyama pour mettre fin à la rébellion d'Ibrahim Coulibaly qui s'était nommé chef du Commando invisible et qui était considéré comme une menace

pour le nouveau pouvoir. Ces incursions à l'arme lourde ont mené à la mort d'un certain nombre de personnes et à de nombreuses blessures, y compris sur des enfants et des vieillards.

57. Depuis le 11 avril, et de manière plus marquée depuis le début du mois de mai, la ville d'Abidjan est le théâtre d'une répression violente d'éléments des FRCI à la recherche de miliciens. Cette recherche a mené à des abus sur les populations Ebriés et Guérés. La Commission a pu interroger des témoins et constater elle-même des cas presque quotidiens de détention arbitraire, de tortures et de traitements inhumains et dégradants sur des individus suspectés d'avoir été des miliciens ou des informateurs.

64. (…) Le 29 mars, le quartier Carrefour, siège de plusieurs milices dont APWê et UPRGO, a été le théâtre des combats entre FRCI, appuyés par des Dozos, et les milices. D'après des témoignages concordants des parents des victimes, une fois le quartier pris par les FRCI, ils ont ordonné aux femmes et aux petits enfants de partir vers la mission catholique, leur demandant de scander le mot « guerrier ». Après les combats, des FRCI, accompagnés par des Dozos et des éléments armés appartenant à des milices Malinké ont fait des perquisitions, arrêtant les personnes considérées comme appartenant aux FDS. Certaines ont été exécutées sur le champ.

65. La Commission a été informée qu'à leur arrivée dans les villes, les FRCI et leurs alliés ont également commis de nombreuses exactions contre les populations jugées favorables à l'ex-président Gbagbo (et cela s'est poursuivi ultérieurement).

68. (…) Dans un second temps, à partir de mars, les populations traditionnellement perçues comme étant en faveur de Gbagbo ont subi des représailles, particulièrement du Commando invisible à Abidjan et des FRCI au fur et à mesure de leur prise des différentes villes.

75. (…) La Commission a également constaté de visu, à Abidjan, un certain nombre de cas de détention dépassant les délais légaux dans de nombreux commissariats sous le commandement d'éléments des FRCI. (…).

79. La Commission note que les journaux et les médias étaient divisés en journaux verts soutenant le camp Ouattara et les journaux bleus soutenant le camp Gbagbo (…). Pendant la prise de la ville d'Abidjan, les locaux des journaux bleus ont été saccagés. (…).

81. Au cours de ses enquêtes et ses entretiens, la Commission a noté que (…) la cathédrale (située au quartier carrefour de Duékoué) a été profanée par les FRCI.

82. (…) A Abidjan, une église pentecôtiste a été attaquée par des membres du FRCI à la recherche d'armes.

91. (…) Les crimes graves tels les meurtres et viols ayant eu lieu lors des attaques généralisées et systématiques contre des populations ciblées sur la base de leurs sympathies politiques supposées ou de leur appartenance ethnique pourraient constituer des crimes contre l'humanité. Dans ce cadre, la Commission a relevé en particulier (…) les pillages et tueries par des éléments du Commando invisible contre le village Ebrié, Anonkoua-Kouté ; dans l'axe Duékoué-Toulepleu : les attaques et exactions par les FRCI et leurs alliés contre les populations d'origine Guéré et la destruction de biens de ces derniers. Certains de ces évènements pourraient constituer des crimes contre l'humanité. (…).

6. Laurent Gbagbo serait-il pénalement responsable des crimes qui lui sont reprochés pour avoir, subsidiairement, au sens de l'article 25-3-d du Statut de Rome, contribué « *de toute autre manière* » à la commission de ces crimes ?

Décision de confirmation des charges, 12 juin 2014 :

266. Au vu de ce qui précède, la Chambre conclut qu'il existe des preuves suffisantes donnant des motifs substantiels de croire que Laurent Gbagbo, né le 31 mai 1945 à Mama, en Côte d'Ivoire, est pénalement responsable des crimes contre l'humanité que constituent le meurtre, le viol, les autres actes inhumains ou – à titre subsidiaire – la tentative de meurtre, et la persécution à Abidjan, en Côte d'Ivoire, perpétrés entre le 16 et le 19 décembre 2010 pendant et après une marche de partisans d'Alassane Ouattara qui se rendaient au siège de la RTI, perpétrés le 3 mars 2011 lors d'une manifestation de femmes à Abobo, perpétrés le 17 mars 2011 par bombardement au mortier d'un secteur densément peuplé d'Abobo et perpétrés le 12 avril 2011 ou vers cette date à Yopougon, et ce, pour avoir, au sens de l'article 25–3–a du Statut, commis ces crimes conjointement avec des membres de son entourage immédiat et par l'intermédiaire de membres des forces pro-Gbagbo ou, subsidiairement, pour avoir, au sens de l'article 25–3–b du Statut ou, subsidiairement, de l'article 25-3-d du Statut, contribué de toute autre manière à la commission de ces crimes.

A cet égard, l'article 25-3-d du Statut de Rome sur la responsabilité pénale individuelle prévoit ce qui suit :

« (...) 3. Aux termes du présent Statut, une personne est pénalement responsable et peut être punie pour un crime relevant de la compétence de la Cour si : (...)
d) Elle contribue de toute autre manière à la commission ou à la tentative de commission d'un tel crime par un groupe de personnes agissant de concert. Cette contribution doit être intentionnelle et, selon le cas :

i) Viser à faciliter l'activité criminelle ou le dessein criminel du groupe, si cette activité ou ce dessein comporte l'exécution d'un crime relevant de la compétence de la Cour ; ou
ii) Être faite en pleine connaissance de l'intention du groupe de commettre ce crime ; (…) ».

Des éléments de réponse à la question posée sont apportés par la Décision relative à la confirmation des charges du 16 décembre 2011 (Décision refusant de confirmer les charges), dans l'affaire ICC -01/04-01/10 *Le Procureur c. Callixte Mbarushimana* (Situation en République démocratique du Congo), qui examine notamment la notion de contribution à la commission de crimes « de toute autre manière », au sens de l'article 25-3-d du Statut de Rome[53].

---

[53] Fiche d'information selon le site de la CPI : Situation en République démocratique du Congo, Affaire ICC-01/04-01/10 *Le Procureur c. Callixte Mbarushimana.* Présumé le secrétaite exécutif des Forces démocratiques pour la libération du Rwanda –Forces Combattantes Abacunguzi (FDLR-FCA, FDLR). Requête de l'accusation aux fins de délivrance d'un mandat d'arrêt : 20 août 2010. Mandat d'arrêt délivré par la Chambre préliminaire I. Délivré sous scellés le : 28 septembre 2010. Levée des scellés : 11 octobre 2010. Arrêté par les autorités françaises : le 11 octobre 2010. Transfèrement à La Haye : 25 janvier 2011. Comparution initiale : 28 janvier 2011. Audience de confirmation des charges : 16-21 septembre 2011. Décision refusant de confirmer les charges : 16 décembre 2011. Remis en liberté par la CPI : 23 décembre 2011. Charges : Callixte Mbarushimana était présumé pénalement responsable au sens de l'article 25-3-d du Statut de Rome de : cinq chefs de crimes contre l'humanité : meurtres, tortures, viols, actes inhumains et persécutions ; Huit chefs de crimes de guerre : attaques contre la population civile, meurtres, mutilations, tortures, viols, traitements inhumains, destructions de biens et pillage. Le 16 décembre 2011, la Chambre préliminaire I a décidé à la majorité de ne pas confirmer les charges portées à l'encontre de M. Mbarushimana. M. Mbarushimana a quitté le quartier pénitentiaire de la Cour le 23 décembre 2011 sitôt les mesures nécessaires à sa libération mises en œuvre, comme ordonné par la Chambre préliminaire I.

EXTRAIT

Traduction officielle de la Cour
Source : http://www.icc-cpi.int/iccdocs/doc/doc1341443.pdf

(…) VI. CRIMES CONTRE L'HUMANITE

242. L'Accusation met en cause Callixte Mbarushimana pour les crimes contre l'humanité suivants, qui auraient été commis lors d'au moins 18 incidents distincts (565) : a) meurtre, au sens de l'article 7-1-a du Statut (chef 2) ; b) actes inhumains, au sens de l'article 7-1-k du Statut (chef 5) ; c) viol, au sens de l'article 7-1-g du Statut (chef 7) ; d) torture, au sens de l'article 7-1-f du Statut (chef 9) ; et persécution, au sens de l'article 7-1-h du Statut (chef 13).

(565) Document de notification des charges, p. 37 à 43, où l'Accusation énumère les lieux suivants pour les différents crimes contre l'humanité visés : Remeka fin janvier et fin février 2009, Busheke fin janvier 2009, Kipopo les 12 et 13 février 2009 ou vers ces dates, Mianga le 12 avril 2009 ou vers cette date, Luofu et Kasiki le 18 avril 2009 ou vers cette date, Busurungi et les villages voisins le 28 avril 2009 ou vers cette date, et les 9 et 10 mai 2009 ou vers ces dates, Manje les 20 et 21 juillet ou vers ces dates, le village de W-673 et de W-674 sur le territoire de Masisi pendant la deuxième moitié de l'année 2009, Ruvundi en octobre 2009, Mutakato les 2 et 3 décembre 2009 ou vers ces dates, Kahole le 6 décembre 2009 ou vers cette date, Pinga le 12 février 2009 ou vers cette date et le 14 février 2009 ou vers cette date, Miriki en février 2009 et Malembe du 11 au 16 août 2009 et le 15 septembre 2009 ou vers ces dates. Parmi ces lieux et ces dates, seul Remeka (fin février 2009) et Pinga (le 12 février 2009 ou vers cette date) n'ont pas été inclus parmi les lieux visés dans les charges de crimes de guerre.

243. Dans le document de notification des charges, il est allégué qu'« au cours de janvier 2009, les dirigeants des FDLR ont décidé de lancer une série d'attaques contre la population civile des provinces du Kivu (566) », dans le but de « créer une catastrophe humanitaire afin d'arracher des gouvernements de la RDC et du Rwanda des concessions d'ordre politique pour les

FDLR en échange de la cessation des crimes contre la population civile (567)». De même, l'Accusation soutient que « les troupes des FDLR prenaient la population civile pour cible parce qu'elle était soupçonnée d'avoir apporté son soutien aux efforts tendant à déloger les FDLR (568) », tentant ainsi de la dissuader de collaborer avec les forces de la coalition et de fragiliser son soutien en faveur de la campagne militaire menée par le Gouvernement congolais contre les FDLR (569).

(566) Document de notification des charges, par. 34.
(567) Document de notification des charges, par. 34.
(568) Document de notification des charges, par. 34.
(569) Document de notification des charges, par. 34.

244. La majorité des juges de la Chambre (« la Majorité »), le juge président étant en désaccord, analysera tout d'abord s'il existe des motifs substantiels de croire que les éléments contextuels des crimes contre l'humanité sont réunis. Les actes faisant l'objet des charges portées par l'Accusation en vertu de l'article 7 du Statut ne peuvent être qualifiés de crimes contre l'humanité que si, comme l'exige le paragraphe 1 de cet article, ils ont été « commis dans le cadre d'une attaque généralisée ou systématique lancée contre toute population civile et en connaissance de cette attaque » et si, comme l'exige le paragraphe 2-a du même article, ils relèvent d'un comportement qui consiste en la commission multiple d'actes visés au paragraphe 1 « en application ou dans la poursuite de la politique d'un État ou d'une organisation ayant pour but une telle attaque ». Les Éléments des crimes précisent que pour qu'il y ait «politique ayant pour but une telle attaque », il faut que l'État ou l'organisation « favorise ou encourage activement une telle attaque contre une population civile ».

245. La thèse de l'Accusation s'articule principalement autour de l'existence d'un ordre, donné par les dirigeants des FDLR début 2009, de provoquer une « catastrophe humanitaire » en lançant des attaques contre la population civile (570). Selon l'Accusation, cette «catastrophe humanitaire» avait pour objectif de «[TRADUCTION] rendre le tribut en vies et souffrance

humaines tellement important que la pression publique et internationale obligerait les forces de la coalition à abandonner leur campagne militaire pour négocier une solution politique dont les termes seraient favorables aux FDLR (571) ».

(570) Document de notification des charges, par. 110.
(571) ICC-01/04-01/10-T-6-Red-ENG, p. 32, lignes 10 à 15.

246. De l'avis de la Majorité, si l'existence de l'ordre de provoquer une « catastrophe humanitaire », pour reprendre les termes de l'Accusation, est prouvée conformément à la norme applicable, on pourrait en déduire que les FDLR avaient adopté une politique consistant à attaquer la population civile. Par conséquent, la Majorité analysera les éléments de preuve présentés par l'Accusation à l'appui de cette allégation, afin de déterminer s'il existe des motifs substantiels de croire que les dirigeants des FDLR ont effectivement donné l'ordre de provoquer une « catastrophe humanitaire », visant à faire payer un lourd « tribut en souffrance humaine » (572).

(572) Document de notification des charges, par. 34. (…)

266. Au vu de ce qui précède, étant donné qu'il n'est pas satisfait à la condition essentielle, énoncée aux articles 7-1 et 7-2-a du Statut, qui veut que les crimes aient été commis en application ou dans la poursuite de la politique d'une organisation ayant pour but une attaque contre la population civile, la Majorité des juges de la Chambre, le juge président étant en désaccord, ne juge pas nécessaire d'analyser les autres éléments constitutifs des crimes contre l'humanité reprochés par l'Accusation au Suspect.

267. En conséquence, la Majorité conclut qu'il n'existe pas de motifs substantiels de croire que les troupes des FDLR ont commis les crimes contre l'humanité de meurtre au sens de l'article 7-1-a du Statut, d'actes inhumains au sens de l'article 7-1-k du Statut, de viol au sens de l'article 7-1-g du Statut, de

torture au sens de l'article 7-1-f du Statut et de persécutions au sens de l'article 7-1-h du Statut (…).

VII. RESPONSABILITE PENALE INDIVIDUELLE

1. Le droit applicable

268. L'article 25-3-d du Statut dispose comme suit :

Aux termes du présent Statut, une personne est pénalement responsable et peut être punie pour un crime relevant de la compétence de la Cour si : [...]
d) Elle contribue de toute autre manière à la commission ou à la tentative de commission d'un tel crime par un groupe de personnes agissant de concert. Cette contribution doit être intentionnelle et, selon le cas :
i) Viser à faciliter l'activité criminelle ou le dessein criminel du groupe, si cette activité ou ce dessein comporte l'exécution d'un crime relevant de la compétence de la Cour ; ou
ii) Être faite en pleine connaissance de l'intention du groupe de commettre ce crime.

269. La Chambre a déjà précisé que pour que la responsabilité prévue à l'article 25-3-d du Statut soit engagée, trois conditions objectives et deux conditions subjectives doivent être remplies (640). Le droit correspondant à ces conditions sera analysé ci-après.

(640) Décision relative au mandat d'arrêt, par. 39. Les éléments objectifs sont les suivants : i) il y a eu tentative de commission ou commission d'un crime relevant de la compétence de la Cour ; ii) la commission ou la tentative de commission d'un tel crime était le fait d'un groupe de personnes agissant de concert dans la poursuite d'un dessein commun ; iii) l'intéressé a contribué au crime d'une manière autre que celles énoncées aux alinéas a) à c) de l'article 25-3 du Statut. Les éléments subjectifs sont les suivants : i) sa contribution était intentionnelle ; et ii) elle a) visait à faciliter l'activité criminelle ou le dessein criminel du groupe, ou b) a été faite en pleine connaissance de l'intention du groupe de commettre ce crime.

a) Éléments objectifs

i. Il y a eu tentative de commission ou commission d'un crime relevant de la compétence de la Cour

270. Comme il a été conclu plus haut à la partie V, il existe des motifs substantiels de croire que des crimes relevant de la compétence de la Cour ont été commis par les FDLR lors de cinq des incidents recensés par l'Accusation.

ii. La commission ou la tentative de commission d'un tel crime était le fait d'un groupe de personnes agissant de concert dans la poursuite d'un dessein commun

271. Pour analyser la notion de « groupe de personnes agissant de concert dans la poursuite d'un dessein commun », la Chambre ne voit aucune raison de s'écarter de la définition qu'elle avait retenue dans le cadre de l'analyse de l'article 25-3-a du Statut, à savoir «l'existence d'un accord ou d'un plan commun entre deux personnes ou plus (641) ». Bien que cette définition figure dans une analyse concernant la responsabilité à raison de la coaction, la notion de « plan commun » retenue dans la décision sur la confirmation des charges rendue dans l'affaire *Lubanga* est, du point de vue fonctionnel, identique à la condition énoncée à l'article 25-3-d du Statut s'agissant de l'existence d'un « groupe de personnes agissant de concert » (642) . Le dessein commun doit comporter un élément de criminalité, mais pas nécessairement viser spécifiquement la perpétration d'un crime (643). L'accord ne doit pas nécessairement être explicite et son existence peut être déduite de l'action concertée menée ultérieurement par le groupe de personnes (644).

(641) ICC-01/04-01/06-803, par. 343 à 345.
(642) ICC-01/04-01/06-803, par. 344 et 345.
(643) ICC-01/04-01/06-803, par. 344.
(644) ICC-01/04-01/06-803, par. 345.

272. À l'audience, la Défense a soutenu que la responsabilité prévue à l'article 25-3-d du Statut ne s'applique qu'aux personnes étrangères au groupe agissant dans un dessein commun (645). Toutefois, la Chambre relève que l'article 25-3-d du Statut ne fait mention que de la contribution à un crime commis par un groupe de personnes, sans préciser si une telle contribution devrait être apportée par un membre du groupe ou par un tiers (646).

(645) ICC-01/04-01/10-T-8-Red2-ENG, p. 15, lignes 4 à 25, et p. 16, lignes 1 à 17.
(646) Voir article 25-3-d du Statut.

273. La Défense se fonde sur la position de feu le professeur Cassese, à savoir que la responsabilité prévue à l'article 25-3-d du Statut ne devrait s'appliquer qu'aux personnes étrangères au groupe (647) ; la Chambre relève toutefois que, dans l'ouvrage cité par la Défense, le professeur Cassese s'exprime également en faveur d'une interprétation large de l'expression « commet un tel crime [...] conjointement avec une autre personne » figurant à l'article 25-3-a du Statut (648). En particulier, il estimait que ces termes couvraient également la responsabilité pour participation à une entreprise criminelle commune (649). Même si les vues du professeur Cassese concernant le degré de contribution requis pour établir la participation à une entreprise criminelle commune n'étaient pas nécessairement uniformes, il conclut dans l'ouvrage cité par la Défense que des contributions non essentielles à une entreprise criminelle commune peuvent engager la responsabilité (650). Adopter un critère tenant à l'existence d'une contribution essentielle pour déclarer engagée la responsabilité en vertu de l'article 25-3-a du Statut— comme l'a fait cette Chambre (651) —, tout en acceptant l'argument de la Défense selon lequel la responsabilité prévue à l'article 25-3-d ne s'applique qu'à des personnes étrangères au groupe conduirait à restreindre la responsabilité pénale de ceux des membres du groupe qui apportent une contribution non essentielle d'une façon qui n'était pas envisagée par la principale source invoquée par la Défense à cet égard (652).

(647) ICC-01/04-01/10-450, par. 20 ; A. Cassese, *International Criminal Law* (Oxford University Press, 2e éd., 2008), p. 213.
(648) Ibid., p. 212.
(649) Ibid.
(650) *Comparer* : ibid., p. 196 (contribution « substantielle ») ; Antonio Cassese, « The Proper Limits of Individual Responsibility Under the Doctrine of Joint Criminal Enterprise », *Journal of International Criminal Justice,* vol. 5, n° 109 (2007), p. 128 (contribution « substantielle ») ; *avec* : Antonio Cassese, *International Criminal Law*, New York, 2003, p. 182 et 183 (la contribution de chacun doit être « indispensable » au résultat final).
(651) Décision relative au mandat d'arrêt, par. 35 et 36 ; Décision *Katanga*, par. 525 ; ICC-01/04-01/06-803, par. 347.
(652) La Chambre signale également qu'un autre commentateur respecté a conclu, après avoir analysé la position du professeur Cassese concernant la responsabilité visée à l'article 25-3-d, que l'interprétation tenant au «[TRADUCTION] contributeur étranger » n'est en définitive pas convaincante. Jens David Ohlin, « Joint Criminal Confusion », *New Criminal Law Review*, vol. 2, n° 406 (2009), p. 410 à 416.

274. En outre, accepter l'argument de la Défense aboutirait à des résultats défiant le bon sens dans les cas où des personnes n'ayant elles-mêmes aucune intention de commettre des crimes contribuent à ceux du groupe en ayant connaissance de l'intention de celui-ci de perpétrer ces crimes. La Chambre relève qu'à la différence de la jurisprudence des tribunaux ad hoc (653), l'article 25-3-c du Statut exige que l'intéressé agisse avec le *dessein* de faciliter le crime ; la connaissance ne suffit pas pour déclarer engagée la responsabilité en vertu de cet article. À moins que la relation supérieur/ subordonné ne permette de mettre en cause la responsabilité en vertu de l'article 28 du Statut, l'article 25-3-d est le seul autre moyen de tenir pénalement responsable une personne qui a agi dans la simple connaissance de l'intention criminelle d'autres personnes (654). Par conséquent, dans les cas où la responsabilité du supérieur hiérarchique n'est pas applicable, si la responsabilité visée à l'article 25-3-d se limitait aux personnes étrangères au groupe, toute personne ayant, en connaissance de cause, apporté une contribution non essentielle à des crimes pourrait être

déclarée coupable si elle était étrangère au groupe, mais pas si, en tant que membre du groupe, elle apportait une contribution identique. Cela aboutirait à des résultats contraires à toute interprétation littérale, systématique ou téléologique des principes consacrés dans le Statut en matière de responsabilité pénale individuelle.

(653) TPIR, Chambre d'appel. *Le Procureur c. Seromba*, Arrêt, 12 mars 2008, ICTR-2001-66-A, par. 56 ; TPIY, Chambre d'appel. *Le Procureur c. Blaskic,* Arrêt, 29 juillet 2004, IT-95-14-A, par. 45 et 46 ; TPIY, Chambre d'appel. *Le Procureur c. Vasïljevic*, Arrêt, 25 février 2004, IT-98-32-A, par. 102 (pour l'aide et l'encouragement, l'élément moral requis est le fait de savoir que les actes commis contribuent à la perpétration d'un crime précis par l'auteur principal). Voir aussi TPIY, Chambre d'appel. *Le Procureur c. Aleksovski*, Arrêt, 24 mars 2000, IT-95-14/1-A, par. 162 ; TPIY, Chambre de première instance. *Le Procureur c. Krnojelac,* Jugement, 15 mars 2002, IT-97-25-T, par. 90 (il n'est pas nécessaire que le complice partage l'intention coupable de l'auteur principal).

(654) Voir les articles 25 et 28 du Statut.

275. Pour ces raisons, la Chambre conclut que correctement interprétée, la responsabilité prévue à l'article 25-3-d du Statut s'applique nécessairement, que l'intéressé soit ou non membre du groupe agissant de concert dans la poursuite d'un dessein commun.

iii. L'intéressé a contribué au crime d'une manière autre que celles décrites aux alinéas a) à c) de l'article 25-3 du Statut

Degré de contribution

276. La Chambre juge important de déterminer le degré de contribution requis pour déclarer engagée la responsabilité prévue à l'article 25-3-d du Statut et comment évaluer une contribution apportée au crime commis par un groupe. Elle considère tout d'abord qu'il ne serait pas souhaitable que cette responsabilité soit déclenchée par toute contribution, *quelle*

qu'elle soit. Elle relève qu'au cours du processus de rédaction du Statut, l'ancien libellé des dispositions appelées à devenir l'article 17-1-d du Statut, énonçant notamment le critère de recevabilité et exigeant que le « crime » en question soit d'une gravité suffisante, a été remplacé par la formulation actuelle qui prévoit que l'« affaire » doit être d'une gravité suffisante (655). Cette modification clarifie l'intention des auteurs, à savoir que non seulement les crimes, mais aussi les *contributions* aux crimes doivent atteindre un degré d'importance suffisant pour relever de la compétence de la Cour.

(655) *Comparer* : Rapport de la Commission du droit international sur les travaux de sa quarante-sixième session. Projet de statut d'une cour criminelle internationale avec commentaires, 1994, A/49/10, p. 52 (« une affaire n'est pas recevable [devant la Cour] [...] [lorsque] le crime dont il s'agit [...] n'est pas suffisamment grave pour que la Cour ait lieu d'aller elle-même plus loin ») ; *avec* : Comité préparatoire pour la création d'une cour criminelle internationale. Décisions prises par le Comité préparatoire à sa session qui s'est tenue du 4 au 15 août 1997, 14 août 1997, A/AC.249/1997/L.8/Rev.l, p. 11 (proposition de révision décrivant l'«affaire » comme pas suffisamment grave) ; Statut, article 17-1-d (libellé final : « une affaire est jugée irrecevable [...] lorsque [...] l'affaire n'est pas suffisamment grave pour que la Cour y donne suite »).

277. En effet, un tel seuil est nécessaire pour exclure des contributions qui, dans l'esprit des auteurs du Statut, n'étaient clairement pas d'un degré ou d'une nature suffisants pour déclarer engagée la responsabilité pénale individuelle. Par exemple, de nombreux membres d'une communauté peuvent apporter des contributions à une organisation criminelle en ayant connaissance de la criminalité du groupe, surtout lorsque cette criminalité est de notoriété publique. Si on ne fixe pas de seuil au degré d'assistance, tout propriétaire, commerçant, prestataire de services (y compris publics), secrétaire, gardien ou même contribuable apportant une quelconque contribution à la commission de crimes internationaux par un groupe répondrait aux éléments requis pour voir sa responsabilité engagée en vertu de l'article 25-3-d, à raison d'une contribution infinitésimale aux crimes commis (656). Pour ces raisons, la

Chambre estime que la responsabilité visée à l'article 25-3-d deviendrait indûment large si l'on jugeait suffisante toute contribution *quelle qu'elle soit.*

(656) Jens David Ohlin formule une observation similaire en ce qui concerne ceux qui fournissent des marchandises aux organisations criminelles : « [TRADUCTION] Beaucoup de membres de la communauté peuvent apporter des contributions à une organisation criminelle, même s'ils en désapprouvent la criminalité. Les commerçants vendent de la nourriture, de l'eau et des vêtements à des criminels ; ils leur vendent des voitures et de l'essence et ils réparent leurs véhicules ; ils leur louent des locaux pour bureaux, des appartements et des maisons. Ces services sont incontestablement des contributions à des organisations criminelles puisqu'à défaut, l'association de malfaiteurs ne pourrait continuer ses activités. En outre, la prestation de ces services peut bien intervenir en connaissance des buts criminels d'un gang. Toutefois, ces contributions sont considérées au mieux comme des marchandises puisqu'ils se trouvent facilement sur le marché libre. (Bien entendu, il n'en va pas de même pour la vente d'armes à feu ou d'explosifs.) Mais si un commerçant refuse de vendre de l'essence, un autre le fera. Toutefois, étant donné que cette contribution est "intentionnelle" au sens primaire du terme et qu'elle est apportée "en connaissance de l'intention du groupe de commettre le crime", le commerçant devient pénalement responsable de l'ensemble de l'association de malfaiteurs au regard du Statut de Rome », Jens David Ohlin, « Three Conceptual Problems with the Doctrine of Joint Criminal Enterprise », *Journal of International Criminal Justice,* vol. 5, n° 69 (2007), p. 79.

278. La Chambre rappelle également que l'article 25-3-d du Statut prévoit une forme résiduelle de responsabilité du complice, qui permet de couvrir celles des contributions qui ne tombent pas sous le coup des alinéas a) à c) de l'article 25-3 du Statut (657). Elle estime que cela a une incidence sur le degré de contribution requis par l'article 25-3-d du Statut. Il convient également de relever que l'article 25-3-d du Statut s'inscrit dans la lutte contre la criminalité de groupe, qui implique habituellement la commission de crimes relativement plus graves. Cet élément peut également avoir une incidence sur le degré de contribution requis (658).

(657) Décision *Lubanga*, par. 337.
(658) Toutefois, il convient de garder à l'esprit que l'article 25-3-d prévoit la possibilité qu'une personne voit sa responsabilité pénale engagée pour avoir agi dans la simple connaissance de l'intention du groupe de commettre un crime. Il en va autrement de l'article 25-3-c, qui énonce un critère plus strict en matière d'intention coupable.

279. On a fait valoir que les modes de responsabilité énoncés à l'article 25-3 du Statut sont hiérarchisés conformément à une «[TRADUCTION] échelle de valeur par laquelle la participation au crime est appréciée en droit international (659) », le contrôle exercé sur le crime diminuant au fil des sous-dispositions. Une telle interprétation du Statut étaierait l'opinion selon laquelle les contributions visées à l'article 25-3-d (c'est-à-dire apportées « de toute autre manière ») doivent être *moindres* que celles qui sont requises pour déclarer engagée la responsabilité prévue aux alinéas a) à c) de l'article 25-3. En effet, la présente Chambre a déjà conclu que le degré de contribution requis à l'article 25-3-d du Statut ne saurait être aussi élevé que celui requis à l'article 25-3-a, puisque ce dernier exige une contribution essentielle (660). Si pour l'heure, la jurisprudence interprétant les articles 25-3-b ou 25-3-c du Statut reste modeste, l'application de modes de responsabilité analogues par les tribunaux ad hoc donne à penser qu'une contribution substantielle au crime peut être envisagée (661).

(659) Gerhard Werle, « Individual Criminal Responsibility in Article 25 ICC Statute », *Journal of International Criminal Justice,* vol. 5, n° 953 (2007), p. 957.
(660) Décision relative au mandat d'arrêt, par. 30 à 42. Voir aussi *Le Procureur c. Katanga et Ngudjolo,* Décision relative à la confirmation des charges, 1er octobre 2008, ICC-01/04-01/06-803 (« la Décision *Katanga*»), par. 525 ; Décision *Lubanga*, par. 347.
(661) Pour le fait d'ordonner, voir TPIR, Chambre d'appel. *Le Procureur c. Kamuhanda*, Arrêt, 19 septembre 2005, ICTR-99-54A-A, par. 76 ; TPIY, Chambre de première instance. *Le Procureur c. Popovic et consorts. Jugement*, 10 juin 2010, IT-05-88-T (« le Jugement *Popovic*»), par. 1013 ; TPIY, Chambre d'appel. *Le Procureur c. Strugar*, Arrêt, 17 juillet 2008, IT-01-42-A, par. 289 ; TPIY, Chambre d'appel. *Le Procureur c. Galic*, Arrêt, 30 novembre

2006, IT-98-29-A, par. 152. Pour l'incitation à commettre (qui correspond dans les grandes lignes au fait de solliciter ou d'encourager visé à l'article 25-3-b du Statut), voir TPIY, Chambre d'appel. *Le Procureur c. Kordic et Cerkez*, Arrêt, 17 décembre 2004, IT-95-14/2-A, par. 27 ; TPIR, Chambre d'appel. *Le Procureur c. Gacumbitsi*, Arrêt, 7 juillet 2006, ICTR-2001-64-A, par. 129 ; TPIY, Chambre de première instance. *Le Procureur c Dordevic*, Jugement, 23 février 2011, IT-05-87/1-T, par. 1870 (« le Jugement *Dordevic* ») ; Jugement *Popovic*, par. 1009 ; TPIY, Chambre de première instance. *Le Procureur c. Boskoski et Tarculovski,* Jugement, 10 juillet 2008, IT-04-82-T, par. 399 (le fait d'inciter un comportement « [TRADUCTION] contribue de manière substantielle » à la commission du crime). Pour l'aide et l'encouragement, voir TPIY, Chambre d'appel. *Le Procureur c. Blaskic*, Arrêt, 29 juillet 2004, IT-95-14-A, par. 48, TPIY, Chambre d'appel. *Le Procureur c. Vasiljevic*, Arrêt, 25 février 2004, IT-98-32-A, par. 102 ; TPIY, Chambre de première instance. *Le Procureur c. Furundzija*, Jugement, 10 décembre 1998, IT-95-17/1, par. 249 (l'aide apportée doit avoir un « effet important » sur la perpétration du crime).

280. La jurisprudence des tribunaux ad hoc peut être utile pour définir les contributions apportées « de toute autre manière ». En particulier, la Chambre relève que la formulation actuelle, par ces tribunaux, de la responsabilité pour participation à une entreprise criminelle commune exige seulement une contribution importante pour déclencher la responsabilité ; la contribution n'a pas à être substantielle en droit (662).

(662) TPIY, Chambre d'appel. *Le Procureur c. Brdanin*, Arrêt, 3 avril 2007, IT-99-36-A (« l'Arrêt *Brdanin* »), par. 430 ; TPIY, Chambre d'appel. *Le Procureur c. Krajisnik*, Jugement, 17 mars 2009, IT-00-39-A, par. 215 (« [TRADUCTION] la contribution n'a pas à être nécessaire ou importante, mais il devrait au moins s'agir d'une contribution significative aux crimes dont l'accusé est jugé responsable ») ; TPIR, Chambre d'appel. *Le Procureur c. Simba*, Arrêt, 27 novembre 2007, ICTR-01-76-A, par. 303 ; Jugement *Dordevic*, par. 1863 ; Jugement *Popovic*, par. 1027 ; TPIY, Chambre de première instance. *Le Procureur c. Kvocka*, Jugement, 2 novembre 2001, IT-98-30/1-T (« le Jugement *Kvocka* »), par. 308. Voir cependant TPIY, Chambre d'appel. *Le Procureur c. Kvocka*, Arrêt, 28 février 2005, IT-98-30/1-A, par. 104 (arrêt rendu avant l'Arrêt *Brdanin* et selon lequel « [d]ans le cas de la responsabilité découlant de la

participation à une entreprise criminelle commune, il n'est pas nécessaire de prouver que l'accusé [...] a apporté une contribution importante ») ; Jugement *Kvocka*, par. 312 (n'opérant pas toujours une distinction claire entre contribution substantielle et contribution importante, dans la mesure où il définit la contribution requise comme le fait d'avoir « agi de manière à aider substantiellement cette entreprise ou à favoriser la réalisation de ses objectifs de manière importante »).

281. La Chambre souligne que les principes énoncés par les tribunaux ad hoc concernant des modes de responsabilité analogues ne sauraient s'appliquer tels quels aux modes de responsabilité prévus à l'article 25-3, compte tenu des différences qui opposent les deux séries de modes. Par exemple, comme on l'a vu plus haut, la jurisprudence des tribunaux ad hoc n'exige pas que le complice partage l'intention de l'auteur de commettre le crime, alors qu'en vertu de l'article 25-3-c du Statut, le complice doit agir dans l'intention de faciliter la commission du crime. En outre, les commentateurs ne s'accordent pas sur la question de savoir si l'*actus reus* requis ne devrait pas différer du critère de la «contribution substantielle » retenu par les tribunaux ad hoc (663).

(663) *Comparer* : William Schabas, *An Introduction to the International Criminal Court* (4e éd., 2011), p. 228 (émettant l'avis que l'absence du terme « substantiel » dans le Statut de Rome pourrait s'interpréter comme un rejet du critère plus strict retenu par le TPIY et le TPIR) ; Kai Ambos, « Article 25 », *in* O. Triffterer (Dir. pub.). *Commentary on the Rome Statute of the International Criminal Court: Observers' Notes, Article by Article* (Beck et al., 2e éd., 2008), p. 757 (« [TRADUCTION] le terme "faciliter" confirme qu'aucune aide directe et substantielle n'est nécessaire ») ; *avec* : Gerhard Werle, « Individual Criminal Responsibility in Article 25 ICC Statute », *Journal of Intemational Criminal Justice*, vol. 5, n° 953 (2007), p. 969 (« [TRADUCTION] Le libellé de l'article 25-3-c n'exige pas que l'aide ait eu un effet substantiel sur la commission du crime. Toutefois, dans le cadre des modes de participation définis par le Statut de la CPI, il est raisonnable d'interpréter ainsi l'*actus reus* de l'aide ») ; ICC-01/04-01/10-T-8-Red2-ENG, p. 10, lignes 10 à 16 (le professeur Kai Ambos estime qu'« [TRADUCTION] au vu de la jurisprudence — et en l'occurrence, on peut légitimement consulter celle des tribunaux ad

hoc —, une contribution sous forme d'assistance, d'aide et de concours a été définie comme une contribution substantielle »).

282. De plus, aussi similaires qu'elles puissent paraître, l'entreprise criminelle commune et la responsabilité prévue à l'article 25-3-d du Statut, ne sont pas identiques. Elles s'opposent notamment sur les questions de savoir : i) si un accusé déclaré coupable est considéré comme auteur principal (664) ou comme complice ; ii) si un accusé doit ou non appartenir au groupe agissant dans la poursuite du dessein commun (665) ; iii) si la contribution est apportée au dessein commun (666) ou aux crimes commis, et iv) si une certaine forme d'intention (667), par opposition à la simple connaissance, suffit pour déclarer engagée la responsabilité. Toutefois, tant la responsabilité visée à l'article 25-3-d du Statut que l'entreprise criminelle commune mettent l'accent sur la criminalité de groupe et les actes commis en exécution d'un plan commun ce qui, conjugué au fait que l'entreprise criminelle commune exige un degré de contribution moindre que l'aide et l'encouragement dans la jurisprudence des tribunaux ad hoc, signifie que la formulation moderne, dans le cadre de l'entreprise criminelle commune, de la notion de « contribution importante » présente un intérêt pour la présente analyse.

(664) Arrêt *Tadic*, par. 188 (la participation à la réalisation d'un dessein criminel commun est une forme de « perpétration » d'un crime).
(665) Arrêt *Tadic*, par. 227.
(666) Arrêt *Krajisnik*, par. 675 ; Jugement *Dordevic*, par. 1863.
(667) Arrêt *Tadic*, par. 228.

283. Compte tenu des considérations qui précèdent, la Chambre conclut que l'article 25-3-d du Statut ne saurait consacrer n'importe quelle contribution, quelle qu'elle soit, à la commission d'un crime et qu'il existe un seuil d'importance de la contribution en deçà duquel aucune responsabilité ne peut être engagée en vertu de cet article. D'un autre côté, la nature « résiduelle » de la responsabilité prévue à l'article 25-3-d et l'accent que celui-ci place sur la criminalité de groupe poussent

la Chambre à conclure qu'une contribution à la commission d'un crime par un groupe agissant de concert dans la poursuite d'un dessein commun doit être au moins importante.

284. S'agissant de la question de savoir quelles contributions sont importantes, la Chambre conclut qu'il faut procéder à une analyse au cas par cas (668), puisque ce n'est qu'en examinant le comportement d'une personne dans son contexte qu'on peut déterminer dans quelle mesure une contribution a eu un effet plus ou moins grand sur les crimes commis. S'inspirant de l'opinion d'éminents commentateurs et de la jurisprudence internationale s'agissant de la question de savoir pourquoi des accusés ont été déclarés coupables en tant qu'auteur principal ou complice, ou encore acquittés, la Chambre considère que plusieurs éléments de fait sont utiles pour apprécier si le comportement du suspect équivaut à une contribution importante : i) la poursuite de la participation une fois que l'intéressé s'est rendu compte de la nature criminelle du dessein commun poursuivi par le groupe (669) ; ii) tout effort déployé pour empêcher une activité criminelle ou entraver le bon déroulement des crimes commis par le groupe (970) ; iii) le fait que l'intéressé ait élaboré le plan criminel ou l'ait simplement exécuté (671) ; iv) la position du suspect au sein du groupe ou vis-à-vis du groupe (672) ; et c'est peut-être l'élément le plus important, v) le rôle joué par le suspect par rapport à la gravité des crimes commis et de leur ampleur (673). Ces éléments ne dispensent pas le juge de procéder à l'appréciation de la contribution du suspect à un crime, mais ils peuvent lui être utiles à cet égard.

(668) Jugement *Kvocka*, par. 309.
(669) TPIY, Chambre de première instance. *Le Procureur c. Gotovina et consorts*, 15 avril 2011, IT-06-90-T (« le jugement *Gotovina* »), par. 2509 et 2548 (le fait qu'Ivan Cermak ait nié et dissimulé des crimes à une seule occasion n'a pas été jugé suffisamment important pour engager sa responsabilité à raison d'une participation à l'entreprise criminelle commune).
(670) Jugement *Kvocka*, par. 311.
(671) Tribunal militaire des États-Unis d'Amérique, *United States of America v. Von Weizsaecker et al.*. Procès des criminels de guerre

devant les tribunaux militaires de Nuremberg, 1949, vol. XIV (« le Jugement des ministères »), p. 478 (relevant que les accusés von Weizsaecker et Woermann s'étaient bornés à « [TRADUCTION] aider, encourager ou mettre en œuvre » le plan criminel et ne l'avaient pas "élaboré" ») ; Tribunal militaire des États-Unis d'Amérique, *United States of America v. Oswald Pohl et al.*. Procès des criminels de guerre devant les tribunaux militaires de Nuremberg, 1947, vol. V (« le Jugement *Pohl* »), p. 1174 (Pohl ne devait pas nécessairement « [TRADUCTION] avoir joué un rôle déterminant dans l'élaboration » du programme d'extermination, mais serait jugé coupable s'il « en était complice ou l'avait encouragé »).

(672) La jurisprudence du Tribunal militaire de Nuremberg a considéré l'autorité exercée par un accusé et les pouvoirs discrétionnaires dont il disposait comme des éléments essentiels pour imputer la responsabilité ; Kevin Jon Heller, *The Nuremberg Military Tribunals and the Origins of International Criminal Law* (2011), p. 390. Voir Jugement des ministères, p. 676 (Schwerin von Krosigk a été acquitté car il ne disposait pas d'un pouvoir discrétionnaire assorti de moyens financiers, même s'il a fourni les moyens ayant permis d'acquérir des camps de concentration, de les construire et de les entretenir) ; Jugement *Pohl*, p. 1042 (la raison pour laquelle Hohberg et Vogt, tous deux vérificateurs aux comptes, ont été respectivement déclaré coupable et acquitté tient au fait qu'ils ne jouissaient pas de la même autorité).

(673) Jugement *Kvocka*, par. 311 (« la culpabilité d'un gardien subalterne qui appuie sur la manette libérant du gaz mortel dans une chambre où sont détenues des centaines de victimes serait ainsi plus grande que celle d'un gardien chargé d'une mission de surveillance et qui, posté sur le périmètre du camp, abat un prisonnier qui tente de s'évader »). Dans le cadre des affaires jugées à l'époque de Nuremberg, il a été considéré que nombre de rôles différents dans la commission du crime engagent la responsabilité de l'accusé si celui-ci avait connaissance d'une entreprise criminelle ayant conduit à la commission d'un crime. Voir Jugement des ministères, p. 472 (personnes responsables des crimes de l'entreprise, qu'elles les aient « [TRADUCTION] élaborés ou exécutés, ou simplement mis en œuvre, justifiés aux yeux du monde, ou qu'elles aient apporté leur aide et leur soutien aux auteurs de ces crimes ») ; Tribunal général du gouvernement militaire de la zone d'occupation américaine. *Trial of Martin Gottfried Weiss and Thirty-Nine Others*, Commission des Nations Unies pour les crimes de guerre. *Law Reports of Trials of War Criminals*, 1945, vol. XI (« affaire du camp de concentration de Dachau »), p. 13 (décrivant les contributions de deux manières :

« [TRADUCTION] a) si ses fonctions étaient telles qu'elles revenaient en soi à mettre en œuvre ou à administrer le système, cela suffirait à le rendre coupable de participation au dessein commun ; ou b) si ses fonctions n'étaient pas elles-mêmes illégales ou entremêlées à des activités illégales, il serait coupable s'il les accomplissait de manière illégale ») ; Tribunal militaire britannique. *Trial of Max Wielen and 17 Others*, Commission des Nations Unies pour les crimes de guerre. *Law Reports of Trials of War Criminals*, 1947, vol. XI (« le Jugement *Stalag Luft III* »), p. 46 (« [TRADUCTION] les personnes concernées doivent avoir fait partie de la machinerie en s'acquittant de certaines fonctions, de certaines tâches qui visaient directement à réaliser le meurtre et avaient une incidence réelle sur le meurtre, lequel n'aurait pas été réalisé si efficacement et rapidement si l'intéressé n'avait pas apporté volontairement son aide »).

285. Pour les raisons énoncées plus haut, la Chambre conclut que pour être tenue pénalement responsable en vertu de l'article 25-3-d du Statut, une personne doit avoir apporté une contribution importante à la commission des crimes ou à la tentative de commission de crimes. L'ampleur de la contribution apportée par l'intéressé est déterminée en examinant le comportement en cause et le contexte dans lequel celui-ci a été adopté.

Contributions apportées après le fait en cause

286. Étant donné qu'une grande partie de l'aide que le Suspect aurait apportée consistait à dissimuler des crimes déjà commis, il importe également d'apprécier si la responsabilité prévue à l'article 25-3-d couvre les contributions apportées à des crimes après leur commission. La Chambre relève que certains des travaux préparatoires au Statut, menés avant la conférence de Rome dans le cadre des débats relatifs à ce qui allait devenir l'article 25-3-c, montrent que les auteurs étaient réticents à l'idée d'inclure dans le cadre juridique de la CPI l'aide et l'encouragement *ex post facto*, et estimaient qu'une disposition spécifique serait nécessaire pour incriminer un tel comportement (« le commentaire du Comité préparatoire») (674). Aucune disposition explicite n'a été introduite dans la version finale du Statut et les commentateurs ne sont pas

d'accord sur ce que signifie finalement ce silence (675). La Chambre relève toutefois que ces considérations ne se rapportent pas nécessairement au mode de responsabilité inscrit à l'article 25-3-d du Statut. Le commentaire de la Commission préparatoire ne porte que sur les dispositions qui sont devenues l'article 25-3-c du Statut, et il a été formulé avant l'introduction des dispositions appelées à devenir l'article 25-3-d du Statut. De plus, l'article 25-3-d du Statut inclut les contributions apportées aux crimes « de toute autre manière » que celles définies aux alinéas a) à c), ce qui signifie que même à admettre que l'aide *ex post facto* a été délibérément exclue du champ d'application de l'article 25-3-c, cela n'empêcherait pas une telle aide de constituer une contribution au sens de l'article 25-3-d. La Chambre relève également que la Commission du droit international (676), la jurisprudence de Nuremberg (677) et les tribunaux ad hoc (678) ont reconnu la possibilité de déclarer des personnes coupables à raison de contributions apportées *ex post facto* à des crimes internationaux, du moins lorsque de telles contributions résultaient d'un accord préalable entre l'auteur principal et le complice.

(674) Comité préparatoire pour la création d'une cour criminelle internationale. Décisions adoptées par le comité préparatoire à la session tenue du 11 au 21 février 1997, 12 mars 1997, A/AC.249/1997/L.5, p. 21, note de bas de page 9 (« On a relevé que le commentaire sur le projet de code des crimes de la CDI [...] vise également [de façon implicite] l'aide, l'assistance ou la facilitation *ex post facto*. On a mis en doute le bienfondé de cette présomption dans le contexte de la Cour criminelle internationale. S'il fallait nécessairement sanctionner pénalement l'aide, etc., *ex post facto*, il faudrait leur consacrer expressément une disposition »). Voir aussi Comité préparatoire pour la création d'une cour criminelle internationale. Rapport du Comité préparatoire pour la création d'une Cour criminelle internationale, 1996, A/51/22, vol. II, p. 83.

(675) *Comparer* : William Schabas, *The International Criminal Court: A Commentary on the Rome Statute* (2010), p. 435 (« [TRADUCTION] les travaux préparatoires viennent conforter le point de vue selon lequel le silence des dispositions sur la complicité après le fait indique que celle-ci a été volontairement exclue ») ; *avec* : Albin Eser, « Individual Criminal Responsibilty », in A. Cassese (Dir.

pub.), *The Rome Statute of the International Criminal Court: A Commentary,* vol. I, p. 807 («[TRADUCTION] étant donné que le silence des législateurs est toujours ambigu et ne plaide pas nécessairement dans un sens ou dans l'autre, des raisons plus valables plaident pour inclure même les contributions apportées après les faits si celles-ci ont un lien de causalité avec la réalisation finale du crime et ont été apportées à cet effet ») ; Kai Ambos, « Article 25 », *in* O. Triffterer (Dir. pub.). *Commentary on the Rome Statute of the International Criminal Court: Observers' Notes, Article by Article* (Beck et al., 2e éd., 2008), p. 767.
(676) Commission du droit international. Projet de code des crimes contre la paix et la sécurité de l'humanité. Annuaire de la Commission du droit international, vol. II, A/CN.4/SER.A/1996/Add.l (Part 2), p. 21.
(677) Tribunal militaire britannique, *Trial of Franz Schonfeld and Nine Others*, Commission des Nations Unies pour les crimes de guerre. *Law Reports of Trials of War Criminals*, 1946, vol. XI, p. 70 («[TRADUCTION] s'il faisait le guet afin d'éviter que ses compagnons ne soient surpris, ou se tenait à une distance adéquate pour favoriser leur fuite, le cas échéant, ou s'il se tenait prêt de façon à pouvoir aisément leur porter assistance, et que la connaissance de telles mesures étaient censée renforcer leur confiance, la loi considère qu'il était présent et apportait aide et encouragement. »)
(678) TPIY, Chambre de première instance. *Le Procureur c. Blagojevic et Jokic*, Jugement, 17 janvier 2005, IT-02-60-T, par. 731 ; TPIY, Chambre de première instance. *Le Procureur c. Limaj et consorts*, 30 novembre 2005, IT-03-66-T, par. 662 ; TPIY, Chambre de première instance. *Le Procureur c. Furundzija*, Jugement, 10 décembre 1998, IT-95-17/1, par. 230 ; TPIY, Chambre de première instance. *Le Procureur c. Aleksovski*, Jugement, 25 juin 1999, IT-95-14/1-T, par. 62. D'autres jugements et arrêts rendus par les tribunaux ad hoc reconnaissent la possibilité qu'un individu engage sa responsabilité pénale en apportant une aide avant, pendant *ou après* la commission du crime. TPIY, Chambre d'appel. *Le Procureur c. Mrksic,* Judgement, 5 mai 2009, IT-95-13/1-A, par. 81 ; TPIR, Chambre d'appel. *Le Procureur c. Nahimana et autres*. Arrêt, 28 novembre 2007, ICTR-99-54A-A, par. 482 ; TPIY, Chambre d'appel. *Le Procureur c. Blaskic*, Arrêt, 29 juillet 2004, IT-95-14-A, par. 48.

287. Pour les raisons exposées plus haut, la Chambre conclut que la responsabilité prévue à l'article 25-3-d du Statut peut inclure une contribution à un crime déjà commis, pour autant

que celle-ci ait fait l'objet d'un accord passé avant la perpétration du crime entre le groupe agissant de concert dans la poursuite d'un dessein commun et le suspect.

b) Éléments subjectifs

i. La contribution doit être intentionnelle

288. L'« intention » est définie à l'article 30 du Statut et la Chambre juge approprié d'utiliser cette définition pour déterminer ce qui constitue une « contribution intentionnelle» dans le cadre de la responsabilité prévue à l'article 25-3-d (679). Le comportement intentionnel est ainsi défini à l'article 30-2-a du Statut : la personne doit « entend[re] adopter ce comportement (680) ». Toutefois, la Chambre relève que l'application de cette seule condition peut conduire à déclarer engagée la responsabilité pénale de personnes dont les actes intentionnels ont un effet non intentionnel et important sur un groupe agissant de concert dans la poursuite d'un dessein commun (681). La Chambre est donc d'avis que le «caractère intentionnel » de la contribution doit inclure un autre élément, permettant de lier la contribution aux crimes allégués. Un tel élément ne devrait toutefois recouper ni l'une ni l'autre des branches énoncées aux alinéas i) et ii) de l'article 25-3-d car cela rendrait redondantes l'une ou l'autre des dispositions, voire les deux. La Chambre conclut par conséquent que pour qu'une personne soit tenue responsable en vertu de l'article 25-3-d, elle doit à la fois : i) entendre adopter le comportement qui contribuerait au crime et ii) être au moins consciente que son comportement contribue aux activités du groupe de personnes pour les crimes desquelles sa responsabilité serait engagée.

(679) L'article 30-2 du Statut dispose notamment : « [...] Il y a intention [...] lorsque : a) relativement à un comportement, une personne entend adopter ce comportement ; b) relativement à une conséquence, une personne entend causer cette conséquence ou est consciente que celle-ci adviendra dans le cours normal des événements ».
(680) Voir article 30-2-a du Statut.

(681) Par exemple, un marchand d'armes bien intentionné peut décider de vendre des armes à l'État C et non pas aux États belligérants A et B, puisqu'il sait que ces derniers commettent des crimes de guerre. Toutefois, si l'État C ne fait que réacheminer toutes les armes vers l'État A à l'insu du marchand d'armes, ce dernier pourrait remplir toutes les conditions requises pour voir sa responsabilité engagée en vertu de l'article 25-3-d du Statut à raison d'un comportement incontestablement non criminel, en l'absence de toute condition voulant qu'il ait au moins connaissance que sa contribution va, en l'occurrence, à l'État A.

ii. Selon le cas a) viser à faciliter l'activité criminelle ou le dessein criminel du groupe ; ou b) être faite en pleine connaissance de l'intention du groupe de commettre ce crime

289. La Chambre fait observer que cet élément se présente sous la forme d'une alternative. À la différence de l'aide et du concours visés à l'article 25-3-c du Statut, pour lesquels l'intention est toujours requise, la connaissance suffit pour déclarer engagée en vertu de l'article 25-3-d du Statut la responsabilité de celui qui a apporté sa contribution à un groupe de personnes agissant de concert dans la poursuite d'un dessein commun (682). Étant donné que la connaissance des intentions criminelles du groupe suffit pour engager la responsabilité pénale, il n'est pas requis que celui qui apporte une contribution ait l'intention de commettre un crime spécifique, ni nécessaire qu'il satisfasse à l'élément moral des crimes reprochés. C'est là une différence fondamentale par rapport à la responsabilité visée à l'article 25-3-a du Statut, dans le contexte duquel le suspect doit répondre aux éléments subjectifs des crimes qui lui sont reprochés (683).

(682) Andrea Reggio, « Aiding and Abetting in International Criminal Law: The Responsibility of Corporate Agents and Businessmen for Trading with the Enemy of Mankind », *International Criminal Law Review*, vol. 5, n° 623 (2005), p. 647 (aboutissant à la même conclusion à l'issue d'une analyse de l'article 25 du Statut).
(683) Décision *Lubanga*, par. 349 ; Décision *Bemba*, par. 351.

2. Allégations de l'Accusation

290. L'Accusation met en cause Callixte Mbarushimana, sur la base de l'article 25-3-d du Statut, pour avoir contribué à la commission de crimes par un groupe de personnes agissant de concert, dont Ignace Murwanashyaka et Sylvestre Mudacumura (684).

(684) Document de notification des charges, par. 108.

3. Conclusions de la Majorité

291. Pour commencer, la Majorité, le juge président étant en désaccord, rappelle la conclusion tirée dans le cadre de l'analyse des éléments contextuels des crimes contre l'humanité, à savoir qu'au vu de l'analyse de l'ensemble des éléments de preuve, la Majorité n'est pas en mesure d'être convaincue, conformément à la norme applicable, qu'il existe des motifs substantiels de croire que les FDLR ont mené une politique consistant à attaquer la population civile (685). Cette conclusion conduit la Majorité à considérer qu'au vu de l'analyse de l'ensemble des éléments de preuve, il n'existe pas non plus de motifs substantiels de croire que les dirigeants des FDLR constituaient « un groupe de personnes agissant de concert » dans la poursuite d'un dessein commun, au sens de l'article 25-3-d du Statut, en particulier compte tenu de l'exigence que le dessein commun poursuivi par le groupe comporte au moins un élément de criminalité (686).

(685) Voir plus haut, par. 255.
(686) Voir ICC-01/04-01/06-803, par. 344.

292. L'absence de l'un des éléments constitutifs essentiels de la forme de responsabilité consacrée par l'article 25-3-d dispenserait en soi la Majorité d'avoir à déterminer si le Suspect a apporté une contribution importante à la commission des crimes par les FDLR et, dans l'affirmative, à dire si cette contribution satisfait aux critères énoncés audit article.

Néanmoins, la Majorité a analysé les éléments de preuve tendant à établir le rôle du Suspect au sein des FDLR, afin de déterminer si les actes de celui-ci atteignent le degré de contribution requis au regard de l'article 25-3-d du Statut pour les crimes de guerre dont la Chambre a conclu qu'il existait des motifs substantiels de croire qu'ils avaient été commis par les troupes des FDLR présentes sur le terrain. La Majorité a analysé chacune des contributions qu'aurait apportées le Suspect compte tenu tant des fonctions qui étaient les siennes, telles qu'elles ressortent des textes des FDLR et des actes qu'il a posés, que de la manière dont les membres, anciens ou actuels, des FDLR percevaient ce rôle. Comme il est expliqué ci-dessous, la Majorité conclut, le juge président étant en désaccord, que le Suspect n'a apporté aucune contribution, et encore moins une « contribution importante », à la commission des crimes. (…).

7. Quel est le droit applicable aux crimes contre l'humanité reprochés à Laurent Gbagbo que constituent le meurtre, le viol, les autres actes inhumains ou tentative de meurtre et la persécution ?

Selon la Décision de confirmation des charges du 12 juin 2014, Laurent Gbagbo serait responsable, en vertu de l'article 7-1-a et des alinéas a), b) ou subsidiairement d) de l'article 25-3 du Statut de Rome, du crime contre l'humanité que constitue le meurtre d'au moins 160 personnes, commis par les forces pro-Gbagbo (*Chef 1*). Laurent Gbagbo serait responsable, en vertu de l'article 7-1-g et des alinéas a), b) ou subsidiairement d) de l'article 25-3 du Statut, du crime contre l'humanité que constitue le viol d'au moins 38 personnes, commis par les forces pro-Gbagbo (*Chef 2*). L'accusé serait responsable, en vertu de l'article 7-1-k et des alinéas a), b) ou subsidiairement d) de l'article 25-3 du Statut, du crime contre l'humanité que constituent d'autres actes inhumains, à savoir des actes ayant causé à au moins 118 personnes de grandes souffrances et des atteintes graves à leur intégrité physique, commis par les forces pro-Gbagbo ou, à titre subsidiaire, il serait responsable, en vertu des articles 7-1-a et 25-3-f, ainsi que des alinéas a), b) ou subsidiairement d) de l'article 25-3 du Statut, du crime contre l'humanité que constitue la tentative de meurtre, commis par les forces pro-Gbagbo (*Chef 3*). Enfin, Laurent Gbagbo serait responsable, en vertu de l'article 7-1-h et des alinéas a), b) ou subsidiairement d) de l'article 25-3 du Statut, du crime contre l'humanité que constitue la persécution pour des motifs d'ordre politique, national, ethnique et religieux d'au moins 316 personnes, commis par les forces pro-Gbagbo (Chef 4).

L'interprétation du droit applicable à ces crimes par la CPI inspirera nécessairement l'Accusation et la Défense dans la phase de jugement. Elle permettra aussi au lecteur de cet ouvrage de mieux appréhender ce qui est en cause et en jeu, particulièrement dans le cas de Laurent Gbagbo.

7.1. Meurtre et viol constituant des crimes contre l'humanité (Chefs 1 et 2)

La Cour pénale internationale a examiné le droit applicable aux crimes de meurtre et de viol dans la Décision du 15 juin 2009 rendue en application des alinéas a) et b) de l'article 61-7 du Statut de Rome, relativement aux charges portées par le Procureur à l'encontre de Jean-Pierre Bemba Gombo (Décision de confirmation des charges) précitée, sous le titre « *Éléments spécifiques des crimes contre l'humanité* », dont un extrait est reproduit ci-dessous dans la traduction officielle de la Cour.

EXTRAIT

Source : http://www.icc-cpi.int/iccdocs/doc/doc733862.pdf

(…) 2. *Éléments spécifiques des crimes contre l'humanité*

127. Dans le Document modifié de notification des charges, le Procureur reproche à Jean-Pierre Bemba les actes suivants constitutifs de crimes contre l'humanité.

a) Éléments spécifiques du meurtre (chef 7)

128. Dans le Document modifié de notification des charges, le Procureur avance que :

[TRADUCTION] Du 26 octobre 2002, ou vers cette date, au 15 mars 2003, Jean-Pierre BEMBA a commis, conjointement avec une autre personne, Ange-Félix Patassé, des crimes contre l'humanité par le meurtre d'hommes, de femmes et d'enfants civils en RCA, en violation [de l'article] 7-1-a du Statut de Rome (170).

(170) ICC-01/05-01/08-395-Anx3, p. 37.

129. La Chambre conclut qu'il existe des preuves suffisantes donnant des motifs substantiels de croire que, dans le cadre de l'attaque généralisée menée contre la population civile centrafricaine du 26 octobre 2002, ou vers cette date, au 15 mars 2003, et en connaissance de cette attaque, les soldats du MLC ont commis contre les civils centrafricains des meurtres, en tant que crimes contre l'humanité. La Chambre fonde cette conclusion sur les considérations suivantes.

i) Le droit applicable et son interprétation

130. La Chambre rappelle que, pour juger qu'un crime a été commis, deux éléments essentiels et distincts doivent être

établis : l'actus reus (élément matériel ou objectif) et la mens rea (élément psychologique ou subjectif).

aa) Actus reus

131. Le meurtre, en tant que crime contre l'humanité visé par l'article 7-1-a du Statut, n'est pas défini en tant que tel dans le Statut. Toutefois, les Éléments des crimes donnent quelques indications concernant l'actus reus, en précisant que « [l]'auteur a tué (171) une ou plusieurs personnes ».

(171) Les Éléments des crimes précisent à la note de bas de page 7 concernant l'article 7-1-a du Statut que le terme « tué » est interchangeable avec l'expression « causé la mort de ».

132. Comme le reconnaît la jurisprudence de la Cour, pour que le meurtre soit constitué, la victime doit être décédée et le décès doit résulter de l'acte commis (172). L'acte lui-même peut être une action ou une omission (173). La Chambre souligne que le décès de la victime peut se déduire de circonstances de fait (174) et que le Procureur doit établir l'existence d'un lien de causalité entre le meurtre et le décès de la victime (175).

(172) Chambre préliminaire I,
Décision *Katanga*, ICC-01/04-01/07-717-tFRA, par. 421 ; voir aussi TPIR, *Le Procureur c. Akayesu*, affaire n° ICTR-96-4-T, Jugement, 2 septembre 1998, par. 589 ; TPIR, *Le Procureur c. Rutaganda,* affaire n° ICTR-96-3-T, Jugement, 6 décembre 1999, par. 80 ; TPIY, *Le Procureur c/ Blaškić*, affaire n° IT-35-14, Jugement, 3 mars 2000, par. 216 et 217 ; TPIY, *Le Procureur c/ Delalić et consorts*, affaire n° IT-96-21, Jugement, 16 novembre 1998, par. 424.
(173) Voir aussi, en ce sens, Chambre préliminaire I, Décision *Katanga*, ICC-01/04-01/07-717-tFRA, par. 287.
(174) Voir, en ce sens, TPIY, *Le Procureur c/ Krnojelac*, affaire n° IT-97-25, Jugement, 15 mars 2002, par. 326 et 327.
(175) P. Currat, Les crimes contre l'humanité dans le Statut de la Cour pénale internationale, Bruylant, 2006, p. 146 ; TPIY, *Le Procureur c/ Krnojelac*, affaire n° IT-97-25, Jugement, 15 mars 2002, par. 329.

133. Pour déterminer si l'acte de meurtre remplit les conditions légales pour constituer un crime contre l'humanité, la Chambre souligne que le Procureur est tenu de fournir, dans le document de notification des charges, des éléments précis pour établir que l'auteur a tué certaines personnes (176). Si la Chambre concède qu'il n'est pas nécessaire de trouver et/ou d'identifier le corps, le Procureur doit néanmoins indiquer, dans la mesure du possible et entre autres éléments, le lieu où le meurtre aurait été commis, sa date approximative, les moyens par lesquels il a été commis (avec suffisamment de précision), les circonstances entourant le meurtre et le lien existant entre l'auteur et le crime.

(176) TPIR, *Le Procureur c. Ntakirutimana*, affaire n° ICTR-96-10 et ICTR-96-17-T, Jugement portant condamnation, 21 février 2003, par. 49 ; voir aussi W. A. Schabas, *The UN International Criminal Tribunals, The former Yugoslavia, Rwanda and Sierra Leone*, CUP, 2006, p. 360 et 361.

134. Toutefois, la Chambre garde à l'esprit la norme d'administration de la preuve associée à la phase préliminaire, à savoir le critère des « motifs substantiels (177) », et le fait que, en cas de crimes de masse, l'exigence d'un degré important de précision peut être source de difficultés d'ordre pratique (178). À cet égard, le Procureur n'est tenu d'établir, pour chacun des meurtres, ni l'identité de la victime ni celle de l'auteur direct. Il n'est pas non plus nécessaire de connaître le nombre exact de victimes (179). La Chambre peut ainsi tenir compte d'éléments de preuve évoquant de « nombreux » meurtres ou des « centaines » de meurtres sans donner de chiffre précis (180).

(177) Voir paragraphes 28 à 30 de la présente décision.
(178) Voir, en ce sens, TPIY, *Le Procureur c/ Kvočka et consorts*, affaire n° IT-98-30/1, Décision relative aux exceptions préjudicielles de la Défense portant sur la forme de l'acte d'accusation, 12 avril 1999, par. 17.
(179) Voir, en ce sens, TPIY, *Le Procureur c/ Stakić*, affaire n° IT-97-24-T, Jugement, 31 juillet 2003, par. 201.
(180) Voir, en ce sens, TPIR, *Le Procureur c. Akayesu*, affaire n° ICTR-96-40-T, Jugement, 2 septembre 1998, par. 282 : en réponse à

une question de la Chambre concernant des enseignants tués, le témoin K sans savoir exactement combien ils étaient, a dit connaître de nom certains d'entre eux ; TPIR, *Le Procureur c. Kamuhanda*, affaire n° ICTR-95-54A-T, Jugement, 22 janvier 2004, par. 345 : « Le témoin à charge GEA a déclaré ne pas pouvoir dire combien de morts il y avait eu à cet endroit ce jour là, car ils étaient très nombreux […] » ; TPIR, *Le Procureur c. Ntakirutimana*, affaire n° ICTR-96-10 et ICTR-96-17-T, Jugement portant condamnation, 21 février 2003, par. 631 : le témoin a précisé que « l'attaque avait fait beaucoup de morts ».

bb) Mens rea *requise par l'article 30 du Statut*

135. La Chambre est d'avis que l'article 30 du Statut envisage deux formes de dol, le dol direct de premier degré et le dol direct de second degré (181). Cette interprétation s'applique à tous les actes constitutifs de crimes contre l'humanité visés à l'article 7 du Statut ainsi qu'à tous les actes constitutifs de crimes de guerre énumérés à l'article 8 du Statut.

(181) Voir, aux paragraphes 357 à 359 de la partie VI de la présente décision, les développements consacrés aux différentes formes de dol.

136. Les termes exprès de l'article 30-1 du Statut montrent que cette disposition est censée s'appliquer par défaut à tous les crimes relevant de la compétence de la Cour, « sauf disposition contraire ». En conséquence, il doit être établi que les éléments Matériels (182) du crime en question ont été commis « avec intention et connaissance », à moins que le Statut ou les Éléments des crimes retiennent une norme différente pour ce qui est de la faute exigée. Cette conclusion est étayée par le paragraphe 2 de l'introduction générale aux Éléments des crimes, lequel dispose :

2. Comme le prévoit l'article 30, sauf disposition contraire, une personne n'est pénalement responsable et ne peut être punie à raison d'un crime relevant de la compétence de la Cour que si l'élément matériel du crime est commis avec intention et connaissance. Lorsqu'il n'est pas fait mention, dans les

éléments des crimes, d'un élément psychologique pour un comportement, une conséquence ou une circonstance particulière, il est entendu que l'élément psychologique pertinent, c'est-à-dire l'intention ou la connaissance ou l'une et l'autre, visé à l'article 30 s'applique. Les exceptions à la règle de l'article 30 fondées sur le Statut, y compris le droit applicable en vertu de ses dispositions pertinentes, sont énoncées ci-après.

(182) Aux paragraphes 2 et 3 de l'article 30 du Statut, les éléments objectifs (matériels) généraux des crimes sont exposés en termes de comportements, de conséquences et de circonstances.

137. La Chambre relève en outre que, aux termes du paragraphe 3 de l'introduction générale aux Éléments des crimes, l'« existence de l'intention et de la connaissance peut être déduite de faits et de circonstances pertinents ».

138. Comme aucun élément psychologique n'est précisé à l'article 7-1-a du Statut, la Chambre applique l'article 30 (183). Les conditions légales à prouver sont donc « l'intention et la connaissance ». La Chambre doit être convaincue que, comme l'exige l'article 30-2-b du Statut, l'auteur entendait causer la mort ou était conscient que le décès « adviendrait dans le cours normal des événements ». En cas de meurtre en tant que crime contre l'humanité, l'intention peut se déduire de l'utilisation d'une arme à feu contre des personnes non armées (184).

(183) Chambre préliminaire I,
Décision *Katanga*, ICC-01/04-01/07-717-tFRA, par. 423.
(184) TPIY, *Le Procureur c/ Delalić et consorts*, affaire n° IT-96-21-T, Jugement, 16 novembre 1998, par. 903 : « Dans ce cas précis, il est démontré que Miroslav Vujičić a été abattu et tué par l'un des individus prenant part aux sévices collectifs, tels que décrits plus haut, dans le camp de Čelebići. La Chambre de première instance estime que, dans de telles circonstances, le fait d'utiliser une arme à feu contre une personne désarmée démontre [...] l'intention de tuer ».

cc) Lien requis

139. Le Procureur doit établir le lien qui existe entre le meurtre et l'attaque (185), et donc démontrer que les meurtres ont été commis par les troupes du MLC dans le cadre d'une attaque généralisée ou systématique menée contre la population civile centrafricaine du 26 octobre 2002, ou vers cette date, au 15 mars 2003.

(185) Éléments des crimes, article 7-1-a du Statut, par. 2.

ii) Conclusions de la Chambre

140. Après avoir examiné dans leur ensemble les Éléments de preuve communiqués, la Chambre conclut que, pendant l'attaque menée contre la population civile centrafricaine du 26 octobre 2002, ou vers cette date, au 15 mars 2003, des soldats du MLC ont tué des civils, commettant ainsi des crimes contre l'humanité au sens de l'article 7-1-a du Statut. La Chambre se fonde sur les éléments de preuve concernant la mort de deux civils, à savoir le meurtre du cousin du témoin 22 à Bossangoa et le meurtre du frère du témoin 87 à Boy-Rabe. Elle ne tient pas compte, pour tirer cette conclusion, des deux autres cas de victimes décédées qu'a présentés le Procureur.

141. La Chambre relève que la Défense a essentiellement contesté la valeur probante des déclarations des témoins 6, 9 et 47, lesquelles fournissent des renseignements sur la commission des meurtres. Comme il est dit plus haut, si la Chambre n'accorde qu'une faible valeur probante à la déclaration du témoin anonyme 47, elle considère que les déclarations faites par les témoins 6 et 9 sont suffisamment probantes, puisqu'elles sont corroborées. Plus particulièrement, la Défense invoque la déclaration du témoin 6, qui a dit ne disposer d'aucune information indiquant que les «Banyamulenge» avaient commis des meurtres. La Chambre relève toutefois que le témoin 6 a simplement dit n'avoir aucune information sur d'éventuels meurtres commis par des soldats du MLC. La Chambre estime que le point de vue personnel de ce témoin ne saurait remettre

en cause les déclarations contraires faites par d'autres témoins. Elle se fonde en particulier sur des éléments de preuve indirects établissant que des meurtres ont été commis dans le cadre de l'attaque généralisée lancée par des soldats du MLC contre la population civile centrafricaine (186).

(186) Déclaration du témoin 80, EVD-P-02394, p. 0173 («[TRADUCTION] nous avons vu des corps jonchant les rues » en fuyant du PK12 au PK 22) ; déclaration du témoin 22, EVD-P-02359, p. 0513 (rapportant que de nombreuses personnes ont été tuées à Bossangoa) ; déclaration du témoin 42, EVD-P-02393, p. 0803 et 0841 (rapportant que des meurtres avaient été commis au PK22 et sur les axes menant à Damara, Bossembélé, Bossangoa et Mongoumba) ; EVD-P-002356, p. 0849 et 0850 (rapportant des meurtres commis à Mongoumba) ; déclaration du témoin 38, EVD-P-00150, p. 0165 (environ six crimes étaient commis par jour, notamment des meurtres) ; EVD-P-00145, p. 0032, 0033, et 0037 (meurtres à Mongoumba et Bossangoa) ; déclaration du témoin 26, EVD-P-00136, p. 0175 et 0176 (rapportant des meurtres commis au PK12) ; rapport de la FIDH : Crimes de Guerre en République Centrafricaine, « Quand les éléphants se battent, c'est l'herbe qui souffre», 1er février 2003, EVD-P-00001, p. 0048 ; EVD-P-00006, p. 0082 et 0084 (meurtres commis à Damara et Bossembélé) ; rapport de la FIDH : « République centrafricaine, Oubliées, stigmatisées : la double peine des victimes de crimes internationaux », 1er octobre 2006, EVD-P-00014, p. 0423 et 0424 ; EVD-P-00017 ; EVD-P-00019, p. 0686 et 0689 (meurtres de civils commis mi-février 2003 pendant la reprise de Bozoum, Sibut et Bossangoa) ; EVD-P-00169 (meurtres commis à Bossembélé) ; émission de RFI datée du 5 décembre 2002, EVD-P-02258, piste 01, de 8:39 à 8:57 (émission radiophonique où la personne interrogée rapporte le meurtre de son beau-frère au PK 22).

142. Se fondant sur les déclarations des témoins 44 et 80, la Défense a également maintenu qu'il n'y avait aucun lien entre les meurtres allégués et Jean-Pierre Bemba, celui-ci n'ayant même pas connaissance de ceux-là (187).

(187) Chambre préliminaire III, ICC-01/05-01/08-T-11-ENG ET, p. 55, lignes 17 à 25, p. 56, lignes 1 à 6, transcription anglaise.

143. Il n'est pas défendable de soutenir, comme le fait la Défense, que Jean-Pierre Bemba ne savait pas que des meurtres étaient commis. La déclaration du témoin 44 à laquelle il est fait référence porte sur la question de la responsabilité pénale individuelle et non pas sur celle de savoir si des soldats du MLC ont commis des meurtres en RCA. Il en va de même pour l'argument de la Défense — reposant sur une déclaration du témoin 80 — selon lequel tous les meurtres avaient été ordonnés par le Président de la RCA de l'époque, Ange-Félix Patassé. La Chambre juge que cet argument n'est pas pertinent car il se rapporte à la question de l'éventuelle responsabilité pénale individuelle d'Ange-Félix Patassé et non pas à celle de savoir si des soldats du MLC ont tué des civils. (…).

151. S'agissant de la multiplicité des actes, la Chambre a conscience que les éléments de preuve montrent avec certitude que deux meurtres ont été commis, comme il est exposé dans le Document modifié de notification des charges. Toutefois, la Chambre souligne que, conformément à la jurisprudence et à la doctrine, un individu peut être tenu responsable de crimes contre l'humanité même s'il ne commet qu'une ou deux infractions, ou même si l'infraction commise ne vise qu'un nombre restreint de civils, dès lors que ces infractions s'inscrivent dans le contexte de l'attaque (200). En conséquence, seule l'attaque, et non pas les actes individuels de l'auteur, doit présenter un caractère généralisé et systématique. Un seul meurtre peut constituer un crime contre l'humanité si se trouvent remplies les conditions légales tenant à l'élément contextuel des crimes contre l'humanité, y compris celle du lien requis (201).

(200) A. Cassese, P. Gaeta, J.R.W.D. Jones (Dir. pub.), *The Rome Statute of the International Criminal Court: A Commentary,* vol. 1, OUP, 2002, p. 360, 361 et 367 ; voir aussi TPIY, *Le Procureur c/ Tadić*, affaire n° IT-94-1-T, Jugement, 7 mai 1997, par. 653 et 654 ; TPIY, *Le Procureur c/ Kordić et Čerkez*, affaire n° IT-95-14/2, Jugement, 26 février 2001, par. 181.
(201) Voir, en ce sens, TPIY, *Le Procureur c/ Tadić*, affaire n° IT-94-1-T, Jugement, 7 mai 1997, par. 649 ; TPIR, *Le Procureur c.*

Bagilishema, affaire n° ICTR-95-1A-T, Jugement, 7 juin 2001, par. 82 ; TPIY, *Le Procureur c/ Kupreškić et consorts*, affaire n° IT-95-16-T, Jugement, 14 janvier 2000, par. 550 ; TPIY, *Le Procureur c/Mrkšić, Radić et Šljivančanin*, affaire n° IT-95-13-R61, Examen de l'acte d'accusation dans le cadre de l'article 61 du Règlement de procédure et de preuve, 3 avril 1996, par. 30 – cette dernière référence est également citée dans O. Triffterer (Dir. pub.), *Commentary on the Rome Statute of the International Criminal Court – Observer's Notes, Article by Article*, Nomos Verlag, 2e éd., 2008, p. 176. (...).

157. La Défense a critiqué l'imprécision de la date des faits indiquée par le Procureur, à savoir « entre octobre 2002 et le 31 décembre 2002 » (208).

(208) ICC-01/05-01/08-413, par. 34.

158. La Chambre, en principe, est d'accord avec le Procureur pour dire que, même si la victime n'est pas identifiée, ce fait peut être pris en compte comme preuve d'un meurtre. Elle précise en outre qu'une telle preuve peut venir étayer une conclusion si elle est corroborée par d'autres éléments de preuve (209). Elle rappelle toutefois que le témoin 47 est anonyme et que sa déclaration n'est pas corroborée. Partant, la Chambre estime qu'il n'existe pas de preuves suffisantes donnant des motifs substantiels de croire que des soldats du MLC ont abattu la victime non identifiée 36 entre octobre 2002 et le 31 décembre 2002 près de Bangui. En conséquence, la Chambre ne juge pas nécessaire d'examiner les griefs de la Défense concernant le manque de précision de la date à laquelle la victime non identifiée 36 aurait été tuée (210).

(209) Pour d'autres cas similaires de crimes en partie commis contre des victimes non identifiées, voir TPIY, *Le Procureur c/ Blaškić*, affaire n° IT-95-14-T, Jugement, 3 mars 2000, par. 415 et 416 ; TPIY, *Le Procureur c/ Kordić et Čerkez*, affaire n° IT-95-14/2, Jugement, 26 février 2001, par. 568 et 570 ; TPIR, *Le Procureur c. Musema*, affaire n° ICTR-96-13-A, Jugement et sentence, 27 janvier 2000, par. 362.

(210) ICC-01/05-01/08-413, par. 34.

b) Éléments spécifiques du viol en tant que crime contre l'humanité (chef 1)

159. Dans le Document modifié de notification des charges, le Procureur avance que :

> [TRADUCTION] Du 26 octobre 2002, ou vers cette date, au 15 mars 2003, Jean-Pierre BEMBA a commis, conjointement avec une autre personne, Ange-Félix Patassé, des crimes contre l'humanité au travers de viols perpétrés contre des hommes, des femmes et des enfants civils en RCA, en violation [de l'article] 7-1-g [...] du Statut de Rome.

160. La Chambre estime qu'il existe des preuves suffisantes donnant des motifs substantiels de croire que, dans le cadre de l'attaque généralisée menée contre la population civile centrafricaine du 26 octobre 2002, ou vers cette date, au 15 mars 2003, et en connaissance de cette attaque, les soldats du MLC ont commis des viols constitutifs de crimes contre l'humanité contre les civils centrafricains. La Chambre fonde cette conclusion sur les considérations suivantes.

i) Le droit applicable et son interprétation

aa) Actus reus

161. S'agissant de l'article 7-1-g du Statut, les Éléments des crimes exigent ce qui suit :

1. L'auteur a pris possession (211) du corps d'une personne de telle manière qu'il y a eu pénétration, même superficielle, d'une partie du corps de la victime ou de l'auteur par un organe sexuel, ou de l'anus ou du vagin de la victime par un objet ou toute partie du corps ;

2. L'acte a été commis par la force ou en usant à l'encontre de ladite ou desdites ou de tierces personnes de la menace de la force ou de la coercition, telle que celle causée par la menace de

violences, contrainte, détention, pressions psychologiques, abus de pouvoir, ou bien à la faveur d'un environnement coercitif, ou encore en profitant de l'incapacité de ladite personne de donner son libre consentement (212).

(211) Les Éléments des crimes précisent à la note de bas de page 15 concernant l'article 7-1-g du Statut que l'expression « possession » se veut suffisamment large pour être dénuée de connotation sexospécifique.
(212) Les Éléments des crimes précisent à la note de bas de page 16 concernant l'article 7-1-a du Statut qu'il est entendu qu'une personne peut être incapable de donner un libre consentement si elle souffre d'une incapacité innée, acquise ou liée à l'âge.

162. S'agissant du terme « coercition », la Chambre observe que cette notion n'exige pas nécessairement le recours à la force physique. En effet, « les menaces, l'intimidation, le chantage et d'autres formes de violence qui exploitent la peur ou le désarroi peuvent caractériser la coercition, laquelle peut être inhérente à certaines circonstances, par exemple un conflit armé ou [une] présence militaire (213) ».

(213) Voir, en ce sens, TPIR, *Le Procureur c. Akayesu*, affaire n° IT-96-4-T, Jugement, 2 septembre 1998, par. 688.

bb) Mens rea

163. S'agissant de l'élément psychologique, l'auteur doit avoir commis le viol avec l'intention et la connaissance requises par l'article 30 du Statut.

cc) Lien requis

164. Le Procureur doit établir le lien qui existe entre le viol et l'attaque (214), et donc démontrer que les viols ont été commis par les troupes du MLC dans le cadre d'une attaque généralisée ou systématique menée contre la population civile centrafricaine entre le 26 octobre 2002, ou vers cette date, et le 15 mars 2003.

(214) Éléments des crimes, article 7-1-g du Statut, par. 4.

ii) Conclusions de la Chambre

165. Après avoir examiné les Éléments de preuve communiqués et, en particulier, les déclarations des témoins directs 23, 29, 42, 68, 80, 81, 87 et 22, la Chambre constate que ceux-ci ont invariablement décrit les multiples viols qu'ils ont directement subis et comment les soldats du MLC avaient pris possession de leur corps avec leur organe sexuel, par pénétration anale ou vaginale. Les éléments de preuve montrent que les témoins directs ont été violés tour à tour par plusieurs soldats du MLC, que leurs vêtements leur ont été arrachés de force, qu'ils ont été jetés à terre, piétinés ou tenus par des soldats du MLC pour qu'ils restent immobiles, violés sous la menace d'un fusil, en public ou devant des membres de leur famille ou près d'eux. La force, la menace de la force ou la coercition constituaient donc un élément prépondérant.

166. Les éléments de preuve montrent également que les auteurs desdits viols étaient identifiés comme des soldats du MLC (215). Tous les témoins qui ont été victimes de viol ou ont assisté au viol d'autres personnes ont décrit des signes particuliers desdits auteurs, comme la langue dans laquelle ils s'exprimaient, à savoir le lingala, souvent mêlé à « un peu de français », le fait qu'ils ne pouvaient communiquer correctement en sango avec les témoins et/ou leurs familles, ainsi que leur tenue militaire, ce qui permet à la Chambre de conclure qu'il s'agissait de soldats du MLC.

(215) Voir paragraphe 106 de la présente décision.

167. Avant d'examiner chacun des cas de viol, la Chambre juge nécessaire d'exposer son point de vue sur certaines questions soulevées par la Défense. Plus particulièrement, la Chambre prend acte du fait qu'à l'Audience, la Défense, s'appuyant sur la déclaration du témoin 9, a affirmé que certaines victimes de viol avaient eu de leur plein gré des

rapports sexuels avec les soldats, contestant ainsi qu'elles y aient été contraintes par la force (216). La Défense a en outre avancé que, dans le Document modifié de notification des charges, aucune date ou des dates contradictoires ont été fournies pour les viols rapportés par le témoin 47 qu'auraient subis des victimes non identifiées 1 à 35 (« les victimes non identifiées 1 à 35 ») (217). La Défense a également souligné l'existence d'incohérences dans la déclaration du témoin 22 en ce qui concerne la date à laquelle elle aurait été violée par les soldats du MLC (218).

(216) Chambre préliminaire III, ICC-01/05-01/08-T-11-ENG ET, p. 54, lignes 12 à 20, transcription anglaise.
(217) Voir aussi ICC-01/05-01/08-413, par. 15, 18, 24 à 29 et 32.
(218) Chambre préliminaire III, ICC-01/05-01/08-T-11-ENG ET, p. 51, lignes 7 à 12, transcription anglaise.

168. La Chambre juge intenable le premier grief de la Défense, selon lequel des femmes centrafricaines auraient eu de leur plein gré des rapports sexuels avec les soldats. Elle répète que la déclaration du témoin 9, examinée à la lumière des éléments de preuve en corroborant la teneur, est suffisamment probante pour être prise en compte dans ses conclusions. En ce qui concerne toutefois l'affirmation de ce témoin selon laquelle un certain nombre de femmes centrafricaines avaient eu de leur plein gré des rapports sexuels sur le sol avec des soldats, la Chambre relève que le témoin précise lui-même qu'il ne s'agissait que d'un petit nombre de femmes et qu'un grand nombre de femmes civiles centrafricaines avaient effectivement été violées pendant la période considérée, à savoir du 26 octobre 2002, ou vers cette date, au 15 mars 2003. Le témoin 9 a également fourni des informations selon lesquelles, à la suite des viols, nombre de femmes étaient tombées enceintes, un fait qu'il ne conteste pas (219). La Chambre constate que les victimes ont librement rapporté au témoin 9 ce qui leur était arrivé (220). Par ailleurs, elle remarque que, s'agissant des autres témoins à charge qui auraient été violés (221), la Défense n'a pas opposé ce grief ni démontré qu'ils avaient eu de leur plein gré des rapports sexuels avec les soldats du MLC.

(219) EVD-P-02173. p. 0157 à 0162.
(220) Déclaration du témoin 9, EVD-P-00147, p. 0114, par. 39 et 40.
(221) Déclaration des témoins 22, 23, 29, de la fille du témoin 42, et des témoins 68, 80, 81 et 87.

169. S'agissant du grief tiré du manque de précision des dates auxquelles les victimes non identifiées 1 à 35 auraient été violées, la Chambre rappelle qu'elle n'a accordé qu'une faible valeur probante à la déclaration du témoin 47, qui est anonyme et dont les propos ne sont pas corroborés (222). Étant donné que la Chambre ne se fonde pas sur cette déclaration pour confirmer la charge de viol en tant que crime contre l'humanité, elle ne juge pas nécessaire d'examiner plus avant ce grief (223).

(222) Voir paragraphe 114 de la présente décision.
(223) Par analogie, voir le raisonnement suivi par la Chambre au paragraphe 158, où elle examine le même grief, tiré de l'imprécision de la date du meurtre de la victime non identifiée 36.

170. En conséquence, la Chambre estime que les griefs soulevés par la Défense n'ont aucune incidence sur les faits constatés par la Chambre dans la présente décision. (…).

7.2. Autres actes inhumains ou tentative de meurtre constituant des crimes contre l'humanité (Chef 3)

Décision de confirmation des charges, 12 juin 2014 (II. Qualification juridique des faits) :

Au vu des faits et des circonstances exposés plus haut, Laurent Gbagbo est responsable, en vertu de l'article 7-1-k et des alinéas a), b) ou subsidiairement d) de l'article 25-3 du Statut, du crime contre l'humanité que constituent d'autres actes inhumains, à savoir des actes ayant causé à au moins 118 personnes de grandes souffrances et des atteintes graves à leur intégrité physique, commis par les forces pro-Gbagbo ou, à titre subsidiaire, il est responsable, en vertu des articles 7-1-a et 25-3-f, ainsi que des alinéas a), b) ou subsidiairement d) de l'article

25-3 du Statut, du crime contre l'humanité que constitue la tentative de meurtre, commis par les forces pro-Gbagbo.

A cet égard, le Statut de Rome prévoit ce qui suit.

Article 7 Crimes contre l'humanité

1. Aux fins du présent Statut, on entend par crime contre l'humanité l'un quelconque des actes ci-après lorsqu'il est commis dans le cadre d'une attaque généralisée ou systématique lancée contre toute population civile et en connaissance de cette attaque : (…)

a) Meurtre ; (…)

k) Autres actes inhumains de caractère analogue causant intentionnellement de grandes souffrances ou des atteintes graves à l'intégrité physique ou à la santé physique ou mentale. (…)

Article 25 Responsabilité pénale individuelle

(Conformément à la résolution RC/Res.6 du 11 juin 2010 (en incluant le paragraphe 3 bis).

(…) 3. Aux termes du présent Statut, une personne est pénalement responsable et peut être punie pour un crime relevant de la compétence de la Cour si :

a) Elle commet un tel crime, que ce soit individuellement, conjointement avec une autre personne ou par l'intermédiaire d'une autre personne, que cette autre personne soit ou non pénalement responsable ;

b) Elle ordonne, sollicite ou encourage la commission d'un tel crime, dès lors qu'il y a commission ou tentative de commission de ce crime ; (…)

d) Elle contribue de toute autre manière à la commission ou à la tentative de commission d'un tel crime par un groupe de personnes agissant de concert. Cette contribution doit être intentionnelle et, selon le cas :

i) Viser à faciliter l'activité criminelle ou le dessein criminel du groupe, si cette activité ou ce dessein comporte l'exécution d'un crime relevant de la compétence de la Cour ; ou
ii) Être faite en pleine connaissance de l'intention du groupe de commettre ce crime ; (…)
f) Elle tente de commettre un tel crime par des actes qui, par leur caractère substantiel, constituent un commencement d'exécution mais sans que le crime soit accompli en raison de circonstances indépendantes de sa volonté. Toutefois, la personne qui abandonne l'effort tendant à commettre le crime ou en empêche de quelque autre façon l'achèvement ne peut être punie en vertu du présent Statut pour sa tentative si elle a complètement et volontairement renoncé au dessein criminel. (…)

7.3. Persécution constituant un crime contre l'humanité (Chef 4)

L'interprétation du droit applicable au crime de persécution en tant que crime contre l'humanité est éclairée par la Décision du 23 janvier 2012 relative à la confirmation des charges rendue en application des alinéas a) et b) de l'article 61-7 du Statut de Rome, dans l'affaire ICC-01/09-01/11 *Le Procureur c. William Samoei Ruto et Joshua Arap Sang* (Situation en République du Kenya).

EXTRAIT
Traduction officielle de la Cour

Source : http://www.icc-cpi.int/iccdocs/doc/doc1881736.pdf

(...) Actes constitutifs de crimes contre l'humanité

(...) C. Persécution

269. Ce crime contre l'humanité est défini à l'article 7-2-g du Statut comme étant « le déni intentionnel et grave de droits

fondamentaux en violation du droit international, pour des motifs liés à l'identité du groupe ou de la collectivité qui en fait l'objet ». Aux termes de l'article 7-1-h du Statut, la persécution doit être commise à l'encontre « de tout groupe ou de toute collectivité identifiable pour des motifs d'ordre politique, racial, national, ethnique, culturel, religieux ou sexiste au sens du paragraphe 3, ou en fonction d'autres critères universellement reconnus comme inadmissibles en droit international, en corrélation avec tout acte visé dans le présent paragraphe ou tout crime relevant de la compétence de la Cour ».

270. Aux chefs 5 et 6, le Procureur allègue que du 30 décembre 2007, ou vers cette date, jusqu'à la fin janvier 2008, des actes de persécution ont été commis notamment dans la ville de Turbo, dans l'agglomération d'Eldoret (Huruma, Kiambaa, Kimumu, Langas et Yamumbi), et dans les villes de Kapsabet et Nandi Hils, dans les districts de Uasin Gishu et Nandi (449). Selon le Procureur, des exécutants du réseau ont « [TRADUCTION] intentionnellement et de manière discriminatoire pris des civils pour cible en raison de leurs opinions politiques, commettant des meurtres, des actes de torture et des déportations ou des transferts forcés de population (450) ».

(449) ICC-01/09-01/11-261-AnxA, par. 133.
(450) ICC-01/09-01/11-261-AnxA, par. 133.

271. La Chambre souligne que le Procureur allègue que la persécution a pris la forme de meurtres et de déportations ou transferts forcés de population, qui ont déjà fait l'objet d'un examen en tant que charges distinctes de crimes contre l'humanité. À cet égard, la Chambre rappelle les conclusions qu'elle a énoncées plus haut aux paragraphes 225, 226, 228 à 236, 237 à 239, 241, 242, 248 à 251 et 253 à 266. Elle est donc convaincue qu'il existe des motifs substantiels de croire que des exécutants du réseau ont tué et déplacé de force des partisans du PNU dans la ville de Turbo, l'agglomération d'Eldoret, et les villes de Kapsabet et Nandi Hils durant la période précisée dans les paragraphes précédents.

272. Par conséquent, pour établir si le crime de persécution a été commis, la Chambre n'estime pas nécessaire de procéder à un examen distinct pour chaque lieu mentionné dans les charges de persécution, ces lieux étant les mêmes que ceux qui sont désignés dans les chefs de meurtre et de déportation ou transfert forcé de population.

273. La Chambre relève que d'après les éléments de preuve, des exécutants du réseau ont tué et déplacé de force des personnes appartenant principalement aux communautés kikuyu, kamba et kisii, qu'ils tenaient pour être des partisans du PNU. À cet égard, la Chambre rappelle ce qu'elle a dit plus haut au paragraphe 172, à savoir que le critère essentiel retenu par les exécutants du réseau pour identifier et attaquer leurs victimes était leur affiliation politique supposée au PNU. La Chambre tient à souligner qu'au vu des éléments de preuve, des exécutants du réseau ont également pris pour cible des membres d'autres communautés, dont des Kalenjin, pour peu qu'ils les aient crus favorables au PNU (451). Les témoignages de différentes personnes ayant assisté à des réunions préparatoires indiquent invariablement que des membres du réseau, dont William Ruto, ont fait des discours et donné pour instruction de prendre pour cible les Kikuyu, les Kamba et les Kisii pour le motif suivant : « [TRADUCTION] [C]es gens-là [...] ne votent pas pour nous ; la seule chose à faire est de les tuer et de les expulser de la vallée du Rift (452) ». La plupart de ces témoins, qui se trouvaient également sur place immédiatement avant et pendant les attaques contre les lieux pris pour cible, indiquent que les chefs locaux qui coordonnaient les groupes de pillards donnaient comme directives « [TRADUCTION] d'attaquer les Kikuyu parce qu'ils volaient les voix (453) » ou affirmaient qu'une fois les Kikuyu partis ou tués, il faudrait s'en prendre à « [TRADUCTION] ceux qui soutenaient Kibaki (454) ».

(451) Voir par exemple la déclaration du témoin 4, KEN-OTP-0031-0085, p. 0097.
(452) Déclaration du témoin 2, KEN-OTP-0055-0211, p. 0214 et 0215.

(453) Déclaration du témoin 4, KEN-OTP-0031-0085, p. 0096 et 0097.
(454) Déclaration du témoin 2, KEN-OTP-0055-0111, p. 0013, 0014 et 0124.

274. Au vu des éléments de preuve présentés, la Chambre est convaincue qu'il y a des motifs substantiels de croire que des exécutants du réseau ont gravement porté atteinte aux droits de personnes tenues pour être des partisans du PNU dans la ville de Turbo, le 31 décembre 2007, dans le cadre de l'attaque généralisée et systématique lancée contre la population civile. Il y a des motifs substantiels de croire que des exécutants du réseau ont gravement porté atteinte aux droits de partisans du PNU dans l'agglomération d'Eldoret, du 1er au 4 janvier 2008, dans le cadre de l'attaque généralisée et systématique lancée contre la population civile. En outre, la Chambre considère qu'il y a des motifs substantiels de croire que des exécutants du réseau ont gravement porté atteinte aux droits de partisans du PNU dans la ville de Kapsabet, du 30 décembre 2007 au 16 janvier 2008, dans le cadre de l'attaque généralisée et systématique lancée contre la population civile. Enfin, il y a des motifs substantiels de croire que des exécutants du réseau ont gravement porté atteinte aux droits de partisans du PNU dans la ville de Nandi Hils, du 30 décembre 2007 au 2 janvier 2008, dans le cadre de l'attaque généralisée et systématique lancée contre la population civile.

275. Dans ce contexte, la Chambre rappelle la requête qui lui a été présentée par le représentant légal des victimes lors de l'audience de confirmation des charges (455) et qui a été réitérée dans le cadre d'écritures ultérieures, notamment les observations finales écrites, dans lesquelles il est demandé à la Chambre « [TRADUCTION] d'exercer le pouvoir que lui confère l'article 61-7-c-ii du Statut [d'ajourner l'audience de confirmation des charges et de] demander au Procureur d'envisager de modifier les charges ». Dans sa requête, le représentant légal des victimes engage le Procureur à :

[TRADUCTION] précis[er] expressément que les chefs 5 et 6 comprennent également des destructions de biens, des actes de pillage et le fait d'infliger des blessures physiques ; et [à] ajout[er] aux chefs, en corrélation avec les destructions de biens, les actes de pillage et le fait d'infliger des blessures physiques, le crime contre l'humanité consistant en d'autres actes inhumains de caractère analogue causant intentionnellement de grandes souffrances ou des atteintes graves à l'intégrité physique ou à la santé physique ou mentale (article 7-1-k du Statut) (456).

(455) ICC-0/09-01/11-T-12-ENG ET, p. 33 et 34.
(456) ICC-01/09-01/11-344, en particulier par. 11 à 13.

276. Tout d'abord, la Chambre reconnaît les souffrances endurées par les victimes en raison de l'attaque lancée contre la population civile kényane et tient à exprimer son indignation face à de telles pratiques. Toutefois, en tant qu'organe judiciaire, elle doit toujours s'exprimer dans l'optique du droit et, partant, s'acquitter de ses fonctions dans les limites des paramètres dictés par les textes de la Cour.

277. La Chambre relève que, contrairement à ce qu'affirme le représentant légal des victimes, selon lequel les destructions de biens, les actes de pillage et les blessures physiques infligées ont été « [TRADUCTION] ignorés (457 », le Procureur mentionne de tels actes dans différents paragraphes du Document modifié de notification des charges, parmi les moyens employés par les exécutants du réseau pour déplacer de force et persécuter les partisans du PNU (458). La Chambre a conclu plus haut dans les sections VI A) et VI B) qu'il y a des motifs substantiels de croire que des membres du réseau ont commis des actes de pillage, et incendié et détruit des biens, forçant les partisans du PNU à aller vivre ailleurs. Elle a donc déjà statué que les incendies, les actes de pillage et les destructions de biens constituaient les « moyens coercitifs » (voir à cet égard le premier élément du crime de déportation ou transfert forcé dans les Éléments des crimes) ayant permis au déplacement forcé d'avoir lieu. La Chambre ayant déjà conclu

que les actes de déplacement forcé constituent également des actes de persécution dans la mesure où ils étaient dirigés contre un groupe particulier en raison de son affiliation politique présumée, elle considère que les actes de destruction de biens et de pillage sont déjà compris dans les chefs 5 et 6, contrairement à ce qu'affirme le représentant légal des victimes.

(457) ICC-01/09-01/11-34, par. 12.
(458) ICC-01/09-01/11-261-AnxA, par. 31, 37, 39, 41, 44, 74, 75, 79, 88, 89 et 94.

278. La Chambre considère de plus que l'article 61-7-c-ii du Statut l'autorise uniquement à demander au Procureur d'envisager de modifier une charge. En conséquence, elle ne saurait se fonder sur cette disposition pour demander à celui-ci d'envisager d'ajouter une nouvelle charge, ainsi que le représentant légal des victimes le sollicite. C'est pourquoi la Chambre rejette la requête du représentant légal des victimes.

279. Enfin, la Chambre estime devoir rappeler à ce stade que, lors de l'audience de confirmation des charges, la Défense de William Ruto s'est appuyée sur une conclusion de la présente chambre dans la Décision relative à la confirmation des charges dans l'affaire *Bemba* pour s'opposer à la pratique du cumul de qualifications. Elle a donc demandé à la Chambre de confirmer uniquement, si tant est qu'il y ait lieu de le faire, le chef de persécution (459). Dans ses observations finales écrites, la Défense de Joshua Sang a formulé la même demande, soutenant que « [TRADUCTION] les éléments du meurtre et de la déportation ou du transfert forcé sont inclus dans les charges de persécution (460) ».

(459) ICC-01/09-01/11-T-6-Red-ENG, p. 119.
(460) ICC-01/09-01/11-354, par. 134, 135 et 140 à 148.

280. La Chambre ne souscrit pas à l'argument des équipes de la Défense. La définition de la persécution comprend un élément

nettement distinct qui ne figure pas dans la définition du meurtre, à savoir l'exigence de la preuve qu'un groupe particulier a été pris pour cible pour des motifs discriminatoires énoncés à l'article 7-1-h du Statut. Pour ce qui est du meurtre, il faut prouver que l'accusé a causé la mort d'une ou plusieurs personnes, que l'acte ou l'omission homicide ait consisté en une discrimination de fait ou ait procédé d'une intention discriminatoire.

281. Il en va de même pour la persécution et la déportation ou le transfert forcé. L'élément « nettement » distinct de la persécution qui ne figure pas dans la définition de la déportation ou du transfert forcé est qu'il faut rapporter la preuve de l'intention discriminatoire. Au contraire, la déportation ou le transfert forcé exigent, entre autres choses, la preuve que l'auteur a déplacé une ou plusieurs personnes, que le comportement en cause ait été accompagné d'une intention discriminatoire ou non. Partant, pour ces crimes, le cumul de qualifications à raison d'un même comportement est possible (461).

(461) Voir aussi *Le Procureur c/ Dario Kordić et Mario Čerkez*, Arrêt, affaire n° IT-95-14/2-A, 17 décembre 2004, par. 1040 à 1042 ; *Le Procureur c/ Vidoje Blagojević et Dragan Jokić*, Jugement, affaire n° IT-02-60-T, 17 janvier 2005, par. 807 à 810 ; *Le Procureur c/ Milomir Stakić*, Arrêt, affaire n° IT-97-24-A, 2 mars 2006, par. 358. (…). Sur la notion de persécution, voir aussi : Situation en République démocratique du Congo, Affaire ICC-01/04-02/06 *Le Procureur c. Bosco Ntaganda,* Décision de confirmation des charges du 09/06/2014, Chambre préliminaire II : *Decision Pursuant to Article 61(7)(a) and (b) of the Rome Statute on the Charges of the Prosecutor Against Bosco Ntaganda.*. Disponible en Anglais et en Kinyarwanda. :http://www.icc-cpi.int/FR_Menus/icc/situations%20and%20cases/situations/situation%20icc%200104/related%20cases/icc%200104%200206/court%20records/chambers/ptc

8. Quid des quatre événements survenus à Abidjan au cours desquels les forces pro-Gbagbo auraient commis des crimes retenus contre Laurent Gbagbo ?

Décision de confirmation des charges, 12 juin 2014 :

271. Entre le 16 décembre 2010 et le 12 avril 2011 ou vers cette date, les forces pro-Gbagbo ont tué au moins 160 personnes lors des quatre événements ci-après :
a) Entre le 16 et le 19 décembre 2010, elles ont tué au moins 45 personnes à Abidjan pendant et après la marche de partisans d'Alassane Ouattara qui se rendaient au siège de la RTI ;
b) Le 3 mars 2011, elles ont tué sept femmes qui avaient pris part à une manifestation de partisanes d'Alassane Ouattara dans la commune d'Abobo à Abidjan ;
c) Le 17 mars 2011, elles ont tué au moins 40 personnes au marché d'Abobo ou dans les environs en bombardant au mortier un secteur densément peuplé ;
d) Le 12 avril 2011 ou vers cette date, elles ont tué dans la commune de Yopougon à Abidjan 68 personnes au moins, originaires pour la plupart du nord de la Côte d'Ivoire et de pays voisins de l'Afrique de l'Ouest. (...)

273. Entre le 16 décembre 2010 et le 12 avril 2011 ou vers cette date, les forces pro-Gbagbo ont infligé à 118 personnes au moins de grandes souffrances et des atteintes graves à leur intégrité physique, lors des quatre événements ci-après :
a) Entre le 16 et le 19 décembre 2010, elles ont blessé au moins 54 personnes à Abidjan pendant et après la marche de partisans d'Alassane Ouattara qui se rendaient au siège de la RTI ;
b) Le 3 mars 2011, elles ont blessé trois personnes au moins qui avaient pris part à une manifestation de partisanes d'Alassane Ouattara à Abobo ;
c) Le 17 mars 2011, elles ont blessé au moins 60 personnes au marché d'Abobo ou dans les environs en bombardant au mortier un secteur densément peuplé ;
d) Le 12 avril 2011 ou vers cette date, elles ont blessé au moins une personne à Yopougon.

Ces quatre événements sont également relevés dans le rapport de la Commission d'enquête internationale indépendante de l'ONU sur la Côte d'Ivoire, précité. Vu la gravité des faits et leur importance, ces événements constitueront probablement l'un des points saillants du procès Gbagbo-Blé Goudé sur les plans factuel, juridique et judiciaire. Ils feront à n'en pas douter l'objet de débats vigoureux devant la Cour et pèseront de manière substantielle sur l'issue du procès. L'on devrait assister à des interrogatoires et contre-interrogatoires d'une extrême tension, à des rebondissements et revirements de témoins à charge ou à décharge, à de faux témoignages ou témoignages « forgés », quelques incidents et suspensions de séance, des transports sur les lieux permettant aux juges de la Cour, afin de les vérifier eux-mêmes, de prendre une connaissance personnelle des faits litigieux, les parties présentes ou appelées le cas échéant.

Sur le plan politique, les avocats de Laurent Gbagbo entendent aussi faire de son procès celui de la Françafrique. Selon Emmanuel Altit, conseil principal de l'ex-président, interrogé par « Marianne », « Ce procès nous permettra d'éclairer l'opinion publique sur ce qui s'est vraiment passé en Côte d'Ivoire, le rôle qu'y ont joué la Françafrique et les Etats-Unis... »[54].

9. Pourquoi le président Ouattara et des membres de son camp ne sont-ils pas traduits devant la CPI ?

Malgré la conclusion du rapport de la Commission d'enquête internationale sur la Côte d'Ivoire précité, selon

[54] *Les avocats de Gbagbo veulent faire de son procès celui de la Françafrique*, par Alain Léauthier, vendredi 13 juin 2014 à 14 :30, Source : http://www.marianne.net/Les-avocats-de-Gbagbo-veulent-faire-de-son-proces-celui-de-la-Francafrique_a239461.html

laquelle « les deux camps (pro-Gbagbo et pro-Ouattara) ont commis de nombreuses violations des droits de l'homme et du droit international humanitaire dont certaines pourraient constituer des crimes contre l'humanité et des crimes de guerre », aucun partisan du président Ouattara ayant commis de tels crimes n'a été traduit devant la Cour jusqu'à la date d'ouverture du procès Gbagbo-Blé Goudé. Manifestement, le président Ouattara aurait pris le parti de se soustraire lui-même et ses partisans à la justice. Comme on l'a dit plus haut, le fait que Laurent Gbagbo et Charles Blé Goudé soient, pour l'heure, les seuls à devoir répondre devant la CPI des crimes considérés consacre une « justice des vainqueurs » et alimente un sentiment d'injustice.

Cet argument sera à coup sûr développé par la défense de Laurent Gbagbo afin de fragiliser l'Accusation et démontrer notamment le caractère non équitable et partial du procès, en violation de l'article 67 (1) du Statut de Rome, qui dispose : « 1. Lors de l'examen des charges portées contre lui, l'accusé a droit à ce que sa cause soit entendue publiquement, compte tenu des dispositions du présent Statut, équitablement et de façon impartiale. (…) ». Il induit une double question dont la Défense pourra se prévaloir : le président Ouattara (a) et ses proches (b) peuvent-ils, en droit et en fait, être traduits devant la Cour pénale internationale ?

a) Le président Ouattara peut-il, en droit et en fait, être traduit devant la Cour pénale internationale ?

Ceci est possible en droit, mais difficile à réaliser en fait, car il faudrait surmonter plusieurs obstacles pour y parvenir.

1. En droit

1.1. Défaut de pertinence de la qualité officielle

L'article 27 du Statut de Rome intitulé « Défaut de pertinence de la qualité officielle » dispose :

« 1. Le présent Statut s'applique à tous de manière égale, sans aucune distinction fondée sur la qualité officielle. En particulier, la qualité officielle de chef d'État ou de gouvernement, de membre d'un gouvernement ou d'un parlement, de représentant élu ou d'agent d'un État, n'exonère en aucun cas de la responsabilité pénale au regard du présent Statut, pas plus qu'elle ne constitue en tant que telle un motif de réduction de la peine.

2. Les immunités ou règles de procédure spéciales qui peuvent s'attacher à la qualité officielle d'une personne, en vertu du droit interne ou du droit international, n'empêchent pas la Cour d'exercer sa compétence à l'égard de cette personne ».

En vertu de cet article, le président Ouattara peut être traduit devant la Cour pénale internationale, si une enquête du Procureur de la CPI vient à le présumer coupable d'avoir commis directement ou indirectement des crimes relevant de la compétence de la Cour, et si les charges retenues contre lui sont confirmées par une Chambre préliminaire comme dans l'affaire Gbagbo-Blé Goudé.

Dans sa Déclaration liminaire du 28 janvier 2016, le Procureur de la CPI, Fatou Bensouda, a affirmé :

Mon Bureau entend veiller à ce que justice soit rendue et à ce que les responsables de ces crimes rendent des comptes quel que soit leur camp. Cela doit être clair ; mon Bureau enquête actuellement sur les deux parties au conflit. C'est ce que requiert le mandat juridique du Bureau, c'est ce que les victimes méritent et c'est ce que l'Accusation a vraiment à cœur d'accomplir et ce qu'elle s'emploie à faire.

On sait désormais que même les présidents de la République en exercice peuvent répondre de leurs actes devant les Tribunaux pénaux internationaux et par conséquent devant la Cour pénale internationale. Leur qualité officielle ne les exonère plus de la responsabilité pénale.

Les cas des mandats d'arrêt lancés par la CPI à l'encontre des présidents soudanais Omar El-Béchir et libyen Mouammar Kadhafi avant sa mort et la chute de son régime en sont des illustrations. Outre le cas Gbagbo, on peut citer deux autres exemples concernant des ex-présidents : l'arrestation, l'emprisonnement et le procès devant le Tribunal pénal international pour l'ex-Yougoslavie de l'ex-président serbe Slobodan Milosevic, poursuivi pour crimes contre l'humanité et décédé en prison quelques semaines avant la fin de son procès ; la condamnation à mort pour crimes contre l'humanité par le Tribunal Spécial Irakien de l'ancien président irakien Saddam Hussein et son exécution par pendaison le 30 décembre 2006, même si on peut/doit contester le bienfondé de la peine de mort, y compris par pendaison, laquelle est interdite dans la grande majorité des pays membres de l'Organisation des Nations Unies.

1.2. Responsabilité pénale en qualité de président de la République, de chef de l'Etat et de supérieur hiérarchique de la nouvelle armée ivoirienne (FRCI)

Par ordonnance n° 2011-002 du 17 mars 2011, le président Ouattara a créé la nouvelle armée ivoirienne appelée les Forces Républicaines de Côte d'Ivoire (FRCI), en fusionnant les Forces de défense et de sécurité (FDS), qui étaient placées sous le commandement de l'ancien président Laurent Gbagbo, chef suprême des armées selon la Constitution ivoirienne jusqu'au 17 mars 2011 et les

Forces Armées des Forces Nouvelles (FAFN, ex-Armée rebelle), qui constituaient l'armée des Forces nouvelles de Côte d'Ivoire, dont le secrétaire général était Guillaume Soro. L'organisation des FAFN était calquée sur celle de l'armée nationale, avec pour chef d'état-major le Général Soumaïla Bakayoko. Son quartier général était basé à Bouaké et contrôlait 10 zones placées sous la direction de commandants de zones (com'zones) qui exerçaient des pouvoirs militaires et administratifs.

Les liens de subordination hiérarchique, militaire, juridique et politique des nouvelles Forces Républicaines de Côte d'Ivoire (FRCI) vis-à-vis du président Ouattara sont incontestables. Dès lors, le président Ouattara pourrait répondre devant la CPI des violations des droits de l'homme et du droit international humanitaire qui seraient commises par les FRCI à partir de l'ordonnance du 17 mars 2011, en sa qualité de président de la République, de chef de l'Etat et de supérieur hiérarchique de ces Forces, sur les fondements juridiques des articles 27 et 28 du Statut de Rome. C'est en vertu de ces dispositions que Jean-Pierre Bemba, l'ancien vice-président congolais (RDC), a été traduit devant la Cour pénale internationale. Appliquées à la Côte d'Ivoire, elles pourraient concerner des responsables militaires des deux camps.

A ce sujet, le rapport de la Commission d'enquête de l'ONU sur la Côte d'Ivoire révèle au point 117 que :

« De toutes les personnalités rencontrées, la Commission a noté que l'ancien Président Gbagbo et le Chef d'Etat Major Philippe Mangou sont les seuls à avoir admis une certaine forme de responsabilité dans les évènements survenus. Le premier a indiqué qu'en tant que Chef de l'Etat, il était également Chef des armées et dans ce contexte il est responsable des actes que les Forces de Défense et de Sécurité auraient pu commettre, tout en précisant que s'il y a eu à l'intérieur d'un conflit des crimes de guerre, les responsables de tels crimes devraient être interrogés. Le second a indiqué que s'il y a eu des choses entre la période après les élections et son départ pour l'Ambassade d'Afrique du sud, il ne fuirait pas ses responsabilités ».

Toutefois, Philippe Mangou aurait-il changé de camp avant ou après l'ouverture du procès de Laurent Gbagbo en devenant témoin à charge contre ce dernier ? En effet, les identités de quatre anciens partisans de Laurent Gbagbo ont été dévoilées par inadvertance lors d'une audience « à huis clos » tenue le vendredi 5 février 2016 à la Cour pénale internationale, comme étant des témoins protégés à charge. Parmi les noms cités par le président du tribunal, l'Italien Cuno Tarfusser, figure celui de Philippe Mangou, Général des Forces armées ivoiriennes et Chef d'Etat Major au moment des faits[55].

Le cas échéant, il appartiendra au président Ouattara de prendre ou de ne pas prendre ses responsabilités.

L'article 28 du Statut de Rome, intitulé « Responsabilité des chefs militaires et autres supérieurs hiérarchiques » dispose :

« Outre les autres motifs de responsabilité pénale au regard du présent Statut pour des crimes relevant de la compétence de la Cour :

a) Un chef militaire ou une personne faisant effectivement fonction de chef militaire est pénalement responsable des crimes relevant de la compétence de la Cour commis par des forces placées sous son commandement et son contrôle effectifs, ou sous son autorité et son contrôle effectifs, selon le cas, lorsqu'il ou elle n'a pas exercé le contrôle qui convenait sur ces forces dans les cas où :

---

[55] *Exclusif : Affaire témoins dévoilés à la CPI/ Philippe Mangou : ''Je reste serein et calme''.* Publié le dimanche 7 fevrier 2016 | Abidjan.net. Source : http://news.abidjan.net/h/580803.html

i) Ce chef militaire ou cette personne savait, ou, en raison des circonstances, aurait dû savoir, que ces forces commettaient ou allaient commettre ces crimes ; et

ii) Ce chef militaire ou cette personne n'a pas pris toutes les mesures nécessaires et raisonnables qui étaient en son pouvoir pour en empêcher ou en réprimer l'exécution ou pour en référer aux autorités compétentes aux fins d'enquête et de poursuites ;

b) En ce qui concerne les relations entre supérieur hiérarchique et subordonnés non décrites au paragraphe a), le supérieur hiérarchique est pénalement responsable des crimes relevant de la compétence de la Cour commis par des subordonnés placés sous son autorité et son contrôle effectifs, lorsqu'il ou elle n'a pas exercé le contrôle qui convenait sur ces subordonnés dans les cas où :

i) Le supérieur hiérarchique savait que ces subordonnés commettaient ou allaient commettre ces crimes ou a délibérément négligé de tenir compte d'informations qui l'indiquaient clairement;

ii) Ces crimes étaient liés à des activités relevant de sa responsabilité et de son contrôle effectifs ; et

iii) Le supérieur hiérarchique n'a pas pris toutes les mesures nécessaires et raisonnables qui étaient en son pouvoir pour en empêcher ou en réprimer l'exécution ou pour en référer aux autorités compétentes aux fins d'enquête et de poursuites ».

2. En fait : principaux obstacles

Le droit ouvre la possibilité de sanctionner tous les crimes quels qu'en soient les auteurs et notamment ceux les plus graves relevant de la compétence de la CPI. Cependant, l'action de la Cour face aux crimes présumés commis par les partisans du président Ouattara ou par les Forces Républicaines de Côte d'Ivoire (FRCI) semble freinée par divers obstacles dont les principaux sont liés à la probable protection juridico-politique de la communauté internationale dont pourrait bénéficier le camp Ouattara (2.1.), au caractère complémentaire de la CPI par rapport aux juridictions nationales et à l'obligation de coopération des autorités ivoiriennes avec la Cour (2.2.).

2.1. Probable protection juridico-politique de la communauté internationale

Dans sa lettre du 14 décembre 2010 précitée portant confirmation de la déclaration de compétence de la Cour pénale internationale, le président Ouattara souligne :

« Depuis le 02 décembre 2010, suite à l'élection présidentielle de sortie de crise qu'elle a organisée les 31 octobre et 28 novembre 2010, la Côte d'Ivoire a un nouveau Président de la République dont la victoire a été proclamée par la Commission Electorale Indépendante. Le Représentant spécial du Secrétaire Général de l'ONU a certifié les résultats de cette élection, conformément aux accords politiques de sortie de crise. L'ensemble de la Communauté internationale, notamment le Conseil de Sécurité de l'ONU, les Etats-Unis d'Amérique, la France, l'Union Africaine, la Communauté Economique des Etats d'Afrique de l'Ouest et l'Union Européenne, a reconnu les résultats de cette élection et m'a apporté son soutien ».

Le « soutien » qui lui a été ainsi « apporté » par « l'ensemble de la Communauté internationale » en sa qualité de « nouveau Président de la République » de Côte d'Ivoire semble lui garantir, pour une période incertaine, l'immunité juridictionnelle et politique.

2.2. Caractère complémentaire de la CPI et obligation de coopération des Etats avec la Cour

De quelle marge de manœuvre dispose la CPI pour obtenir l'arrestation, la remise et le transfèrement d'un suspect à la Haye ? Ainsi que nous l'avons rappelé dans le premier chapitre de cet ouvrage, le Statut de Rome prévoit que la Cour pénale internationale est complémentaire des juridictions nationales. Cela signifie que lorsqu'une juridiction nationale est saisie d'une affaire relevant de sa compétence, la CPI ne peut intervenir que si la juridiction nationale n'a pas la volonté (ne veut pas) ou est dans l'incapacité (ne peut pas) de mener véritablement à bien l'enquête ou les poursuites. Il y a manque de volonté lorsqu'un pays essaie clairement de soustraire les personnes concernées à leur responsabilité pénale pour un crime relevant de la compétence de la Cour. Il y a incapacité lorsque son appareil judiciaire n'a pas les moyens de juger les personnes concernées ou s'est par exemple effondré. Dans la pratique, cela pose quelques problèmes quant à l'obligation de coopération des Etats avec la Cour prévue à l'article 86 du Statut de Rome intitulé « Obligation générale de coopérer ». Cet article dispose :

« Conformément aux dispositions du présent Statut, les Etats parties coopèrent pleinement avec la Cour dans les enquêtes et poursuites qu'elle mène pour les crimes relevant de sa compétence ».

La Côte d'Ivoire ayant ratifié le Statut de Rome le 15 février 2013, après l'avoir signé le 30 novembre 1998, est devenue le 122e État partie et le 33e membre africain de la Cour pénale internationale. Toutefois, par divers moyens ou artifices, les Etats, au nom de la souveraineté nationale, ou d'intérêts particuliers, peuvent ne pas (ou ne plus) coopérer pleinement avec la Cour pour soustraire ou essayer de soustraire la ou les personnes concernée(s) à sa (leur) responsabilité pénale pour des crimes relevant de la compétence de la Cour.

Comme le stipule son règlement, la CPI ne peut intervenir qu'avec l'appui et la volonté des autorités nationales qui appliquent ses décisions. Elle peut ouvrir les procédures, engager les poursuites, mais ne peut appliquer ou faire appliquer ses sentences de manière autonome, car elle ne dispose d'aucun moyen de coercition à cet effet. En un mot, les autorités ivoiriennes pourraient ne pas coopérer avec la Cour si le cas Ouattara se présentait. Sans cette coopération, la Cour ne pourrait pas faire grand chose.

b) Les proches du président Ouattara peuvent-ils, en droit et en fait, être traduits devant la Cour pénale internationale ?

Comme quiconque (le président Alassane Ouattara compris), ces proches pourraient être traduits devant la CPI, notamment en vertu des dispositions de l'article 25 du Statut de Rome qui dispose :

« *Art. 25. Responsabilité pénale individuelle*

1. La Cour est compétente à l'égard des personnes physiques en vertu du présent Statut.
2. Quiconque commet un crime relevant de la compétence de la Cour est individuellement responsable et peut être puni conformément au présent Statut.
3. Aux termes du présent Statut, une personne est pénalement responsable et peut être punie pour un crime relevant de la compétence de la Cour si :

a) Elle commet un tel crime, que ce soit individuellement, conjointement avec une autre personne ou par l'intermédiaire d'une autre personne, que cette autre personne soit ou non pénalement responsable ;
b) Elle ordonne, sollicite ou encourage la commission d'un tel crime, dès lors qu'il y a commission ou tentative de commission de ce crime ;
c) En vue de faciliter la commission d'un tel crime, elle apporte son aide, son concours ou toute autre forme d'assistance à la

commission ou à la tentative de commission de ce crime, y compris en fournissant les moyens de cette commission ;
d) Elle contribue de toute autre manière à la commission ou à la tentative de commission d'un tel crime par un groupe de personnes agissant de concert. Cette contribution doit être intentionnelle et, selon le cas :
i) Viser à faciliter l'activité criminelle ou le dessein criminel du groupe, si cette activité ou ce dessein comporte l'exécution d'un crime relevant de la compétence de la Cour ; ou
ii) Être faite en pleine connaissance de l'intention du groupe de commettre ce crime ;
e) S'agissant du crime de génocide, elle incite directement et publiquement autrui à le commettre ;
f) Elle tente de commettre un tel crime par des actes qui, par leur caractère substantiel, constituent un commencement d'exécution mais sans que le crime soit accompli en raison de circonstances indépendantes de sa volonté. Toutefois, la personne qui abandonne l'effort tendant à commettre le crime ou en empêche de quelque autre façon l'achèvement ne peut être punie en vertu du présent Statut pour sa tentative si elle a complètement et volontairement renoncé au dessein criminel.
4. Aucune disposition du présent Statut relative à la responsabilité pénale des individus n'affecte la responsabilité des États en droit international ».

Rappelons que le verrou que constituait l'excuse d'obéissance a sauté grâce au Tribunal pénal international pour l'ex-Yougoslavie. Même un officier subordonné ne peut plus s'abriter derrière les ordres reçus pour commettre des crimes relevant de la compétence de la CPI. Le temps de la réflexion personnelle et collective, même sous les képis, est venu[56].

[56] Voir Préface de Loïc Hervouët, *Justice internationale et liberté d'expression – Les médias face aux crimes internationaux,* Joseph Bemba, L'Harmattan, 2008, collection Justice internationale.

10. Qu'en est-il de l'affaire ICC-02/11-01/12 *Le Procureur c. Simone Gbagbo ?* Quelles incidences sur l'affaire *Laurent Gbagbo et Charles Blé Goudé ?*

Condamnée à 20 ans de prison par la justice ivoirienne

Est connexe à l'affaire ICC-02/11-01/15 *Le Procureur c. Laurent Gbagbo et Charles Blé Goudé,* l'affaire ICC-02/11-01/12 *Le Procureur c. Simone Gbagbo,* épouse de Laurent Gbagbo.

Fiche d'information selon le site de la CPI : De nationalité ivoirienne. Requête de l'Accusation aux fins de délivrance d'un mandat d'arrêt : 7 février 2012. Mandat d'arrêt : délivré sous scellés, levée des scellés le 22 novembre 2012. Charges : Simone Gbagbo aurait engagé sa responsabilité pénale individuelle, en tant que coauteur indirect, pour quatre chefs de crimes contre l'humanité : a) de meurtres, b) de viols et d'autres violences sexuelles, c) d'actes de persécution et d) d'autres actes inhumains, qui auraient été perpétrés dans le contexte des violences postélectorales survenues sur le territoire de la Côte d'Ivoire entre le 16 décembre 2010 et le 12 avril 2011.

Le 11 décembre 2014, la Chambre préliminaire I de la Cour pénale internationale a rejeté l'exception d'irrecevabilité soulevée par la Côte d'Ivoire dans l'affaire concernant Simone Gbagbo. Une demande soulevant une exception d'irrecevabilité concernant une affaire devant la CPI est accordée si l'affaire fait l'objet d'une enquête ou de poursuites de la part d'un État ayant compétence en l'espèce, à moins que cet État n'ait pas la volonté ou soit dans l'incapacité de mener véritablement à bien l'enquête ou les poursuites. Pour qu'une affaire soit déclarée irrecevable, l'enquête et/ou les poursuites nationales doivent concerner la même personne et substantiellement le même comportement allégué dans la procédure devant la Cour.

Après un examen approfondi de la documentation pertinente, conformément à l'article 17-1-a du Statut de Rome, la Chambre a conclu que les autorités nationales de la Côte d'Ivoire ne prenaient pas de mesures tangibles, concrètes et progressives pour déterminer si Simone Gbagbo était pénalement responsable du même comportement que celui allégué dans le cadre de l'affaire portée devant la Cour. En conséquence, la Chambre préliminaire I a rejeté l'exception d'irrecevabilité. Ayant jugé cette affaire recevable devant la CPI, la Chambre a rappelé à la Côte d'Ivoire son obligation de remettre sans délai Simone Gbagbo à la Cour. Ce qu'elle a réitéré maintes fois ultérieurement[57]. Le 27 mai 2015, la Chambre d'appel de la Cour pénale internationale a rendu un arrêt rejetant l'appel de la République de Côte d'Ivoire et confirmant la décision de la Chambre préliminaire I de la CPI du 11 décembre 2014[58].

---

[57] Communiqué de presse CPI : 11/12/2014. *Affaire Simone Gbagbo : la Chambre préliminaire I de la CPI rejette l'exception d'irrecevabilité soulevée par la Côte d'Ivoire et rappelle à la Côte d'Ivoire son obligation de remettre Simone Gbagbo.* ICC-CPI-20141209-PR1075. Situation : République de Côte d'Ivoire. Affaire : *Le Procureur c. Simone Gbagbo.* Source : http://www.icc-cpi.int/fr_menus/icc/press%20and%20media/press%20releases/Pages/pr1075.aspx.

[58] Communiqué de presse CPI, 27/05/2015 : *La Chambre d'appel confirme la recevabilité de l'affaire Simone Gbagbo devant la CPI.* ICC-CPI-20150527- PR1112. Situation : Côte d'Ivoire, Affaire : *Le Procureur c. Simone Gbagbo*. Source : http://www.icc-cpi.int/fr_menus/icc/press%20and%20media/press%20releases/Pages/pr-1112.aspx. Voir aussi : *La CPI confirme son mandat d'arrêt contre Simone Gbagbo, Abidjan conteste.* Première publication : 28/05/2015 ; Dernière modification : 28/05/2015. Source : http://www.france24.com/fr/20150528-cote-

Le gouvernement ivoirien a longtemps hésité, puis refusé de remettre Simone Gbagbo à la CPI, estimant que celle-ci devait être jugée en Côte d'Ivoire, la justice ivoirienne remplissant désormais les conditions d'un procès juste et équitable garantissant les droits de la défense[59].

---

ivoire-cpi-appel-transferement-simone-gbagbo-crime-humanite-justice-laurent-gbagbo. Avec *AFP.*

[59] *La Côte-d'Ivoire ne veut pas livrer Simone Gbagbo*, AFP 20 septembre 2013 à 16 :58. Source : http://www.liberation.fr/monde/2013/09/20/la-cote-d-ivoire-ne-veut-pas-livrer-simone-gbagbo_933453. ; *La Côte d'Ivoire refuse de transférer Simone Gbagbo devant la CPI*, AFP 20 septembre 2013 à 16 :30 (mis à jour : 21 septembre 2013 à 00 :45). Source : http://www.liberation.fr/monde/2013/09/20/la-cote-d-ivoire-refuse-de-transferer-simone-gbagbo-devant-la-cpi_933448 ; *Simone Gbagbo retenue par la Côte-d'Ivoire*, AFP 20 septembre 2013 à 21 :26, Source : http://www.liberation.fr/monde/2013/09/20/simone-gbagbo-retenue-par-la-cote-d-ivoire_933586 ; *La Côte d'Ivoire refuse de transférer Simone Gbagbo à la CPI*, Le Monde.fr avec AFP | 20.09.2013 à 16h24, Source : http://www.lemonde.fr/afrique/article/2013/09/20/la-cote-d-ivoire-refuse-de-transferer-simone-gbagbo-a-la-cpi_3481927_3212.html ; *Côte d'Ivoire: Simone Gbagbo ne sera pas transférée devant la CPI*, Article publié le : vendredi 20 septembre 2013 à 18:55 - Dernière modification le: samedi 21 septembre 2013 à 02:57, Source : http://www.rfi.fr/afrique/20130920-cote-ivoire-simone-gbagbo-transfert-cpi-justice-internationale-crime-humanite ; *La Côte d'Ivoire refuse de transférer Simone Gbagbo devant la CPI*, Abidjan (AFP), Source : http://www.nicematin.com/monde/la-cote-divoire-refuse-de-transferer-simone-gbagbo-devant-la-cpi.1450996.html ; *La Côte d'Ivoire refuse de livrer Simone Gbagbo à la CPI,* vendredi 20 septembre 2013, par Assanatou Baldé, Source : http://www.afrik.com/la-cote-d-ivoire-refuse-de-livrer-simone-gbagbo-a-la-cpi ; *Simone Gbagbo jugée en Côte d'Ivoire*, Source : http://www.lefigaro.fr/flash-actu/2013/09/20/97001-20130920FILWWW00437-simone-gbagbo-jugee-en-cote-d-ivoire.php ; *Simone Gbagbo sera jugée en Côte d'Ivoire*, 20/09/2013 à 15:53, par Mathieu Olivier, Source :

A l'occasion d'une rencontre avec certains représentants des familles des victimes, le président Ouattara aurait affirmé qu'il refuserait tout nouveau transfert devant la CPI. Il aurait déclaré :

« Je trouve inadmissible que ces personnes qui ont tué, qui ont brûlé des gens, qui ont violé des femmes, se conduisent aujourd'hui comme s'ils étaient des anges, comme s'ils n'avaient rien fait. Ce n'est pas acceptable. [...] Nous allons continuer de juger ceux qui ont commis ces crimes et ils doivent être jugés en Côte d'Ivoire. Personne n'ira à la CPI »[60].

De même, à l'issue d'une rencontre jeudi 4 février 2016, avec son homologue français, François Hollande, à Paris, le président ivoirien, Alassane Dramane Ouattara, a déclaré qu'il n'enverrait plus d'Ivoiriens à la Cour pénale

---

http://www.jeuneafrique.com/Article/ARTJAWEB20130920155339/simone-gbagbo-laurent-gbagbo-alassane-ouattara-cote-d-ivoiresimone-gbagbo-sera-jugee-en-cote-d-ivoire ; *Côte d'Ivoire : Simone Gbagbo ne sera pas transférée devant la CPI*, publié le 20-09-2013, modifié le 21-09-2013 à 02:57, Source : http://www.rfi.fr/afrique/20130920-cote-ivoire-simone-gbagbo-transfert-cpi-justice-internationale-crime-humanite ; *Côte d'Ivoire – La CPI deviendrait-elle un réel souci pour Alassane Ouattara ?* Mis en ligne par La Rédaction | dimanche 25 janv 2015. Source : http://www.connectionivoirienne.net/106863/la-cpi-deviendrait-elle-un-reel-souci-pour-alassane-ouattara.

[60] *Côte d'Ivoire : Ouattara refuse tout nouveau transfert devant la CPI.* Par RFI. Publié le 13-04-2015. Modifié le 14-04-2015 à 11:57. Source : http://www.rfi.fr/afrique/20150413-cote-ivoire-alassane-ouattara-cpi-justice-internationale-crise-post-electorale/ ; *Côte d'Ivoire CPI - des ONG de droits de l'homme demandent à Ouattara de « respecter ses engagements ».* Mis en ligne par La Rédaction | mercredi 15 avril 2015. Par Anselme Blagnon.
Source : http://www.connectionivoirienne.net/109321/cote-divoire-cpi-des-ong-de-droits-de-lhomme-demandent-a-ouattara-de-respecter-ses-engagements

internationale et que la Côte d'Ivoire n'envisage pas de se retirer de la CPI[61].

Cela n'a pas empêché la CPI d' « intensifier » ses enquêtes sur « les autres camps »[62]. Après plusieurs reports, le procès de Simone Gbagbo (avec 82 autres personnalités de l'ancien régime) a été formellement ouvert le vendredi 26 décembre 2014 au palais de justice d'Abidjan, pour « atteinte à la sûreté de l'Etat ». Il s'agit du premier procès civil de la crise postélectorale[63]. Le mardi 10 mars 2015 dans la matinée, la justice ivoirienne a condamné Simone Gbagbo à 20 ans de prison, pour son rôle durant la crise postélectorale de 2010-2011. À l'unanimité des jurés, elle a été reconnue coupable d'"attentat contre l'autorité de l'État, participation à un mouvement insurrectionnel et trouble à l'ordre public", ce, malgré le fait que le parquet général avait requis une peine moitié moindre, soit 10 ans d'emprisonnement contre elle. Une quinzaine de personnes ont été acquittées. Mais la plupart des cadres politiques de l'ancien régime et des hommes accusés d'avoir appartenu à des milices ont été condamnés à des peines allant de quelques mois avec sursis à plusieurs années de prison.

Simone Gbagbo et ses coaccusés restent néanmoins susceptibles de bénéficier d'une grâce présidentielle ou

---

[61] *Alassane Ouattara promet de ne plus envoyer d'Ivoiriens à la CPI*, 05 février 2016 à 09h04. Par Jeune Afrique avec AFP. Source : http://www.jeuneafrique.com/299821/societe/alassane-ouattara-promet-de-ne-plus-envoyer-divoiriens-a-cpi/

[62] *Côte d'Ivoire : La CPI va « intensifier » ses enquêtes sur « les autres camps »*. Par Abdoul Razak Dembélé. Mis en ligne par La Rédaction | mardi 21 avril 2015.
Source : http://www.connectionivoirienne.net/109524/cote-divoire-la-cpi-va-intensifier-ses-enquetes-sur-les-autres-camps

[63] *Ouverture du procès de Simone Gbagbo et 82 coaccusés à Abidjan*. Publié le 26-12-2014 par RFI. Modifié le 26-12-2014 à 13:55. Source : http://www.rfi.fr/afrique/20141226-cote-ivoire-ouverture-proces-simone-gbagbo-82-co-accuses-abidjan/

d'une amnistie. Toutefois, ce verdict ne change rien à la situation de l'intéressée vis-à-vis de la CPI, puisque celle-ci continue de la poursuivre pour des crimes relevant de sa compétence qui ne sont pas ceux pour lesquels elle a été condamnée par la justice ivoirienne[64].

L'une des questions qui pourrait se poser est de savoir si la lourde condamnation de Simone Gbagbo par la justice ivoirienne ne va pas « obliger » la Cour pénale internationale, le cas échéant, à condamner également Laurent Gbagbo en raison de la connexité entre l'affaire *Laurent Gbagbo et Charles Blé Goudé* et l'affaire *Simone Gbagbo* devant la Cour. Tel ne peut être le cas puisque Simone Gbagbo a été condamnée pour des crimes nationaux ("'attentat contre l'autorité de l'État, participation à un mouvement insurrectionnel et trouble à l'ordre public") et non pour les crimes contre l'humanité qui lui sont reprochés par la CPI. En principe et en droit, c'est de ces seuls crimes contre l'humanité qu'elle devra répondre devant la CPI. Il n'en demeure pas moins que cette condamnation pourrait avoir un certain impact sur le déroulement du procès de Laurent Gbagbo et Charles Blé Goudé devant la Cour.

Autre question : dans l'hypothèse où Simone Gbagbo venait à être jugée par la CPI, son affaire serait-elle ou non jointe à celle de Laurent Gbagbo et Charles Blé Goudé ?

---

[64] *Procès de Simone Gbagbo : un verdict « scandaleux » selon sa défense.* 10/03/2015 à 19 : 05. Par Jeune Afrique.
Source :http://www.jeuneafrique.com/Article/ARTJAWEB20150310183915/ ; *Côte d'Ivoire : l'ex-première dame Simone Gbagbo condamnée à vingt ans de prison.* Le Monde.fr avec AFP. Le 10.03.2015 à 07h59. Mis à jour le 10/03/2015 à 11h21.
Source :http://www.lemonde.fr/afrique/article/2015/03/10/cote-d-ivoire-l-ex-premiere-dame-simone-gbagbo-condamnee-a-vingt-ans-de prison_4590293_3212.html ; *Côte d'Ivoire : Simone Gbagbo, la prison, l'amnistie ou la CPI.* 19/03/2015 à 08:50. Par Haby Niakaté.
Source : http://www.jeuneafrique.com/Article/JA2827p014.xml0/.

En raison de leur connexité et afin d'assurer l'efficacité de la procédure, il est probable que ces trois affaires soient jointes en une seule affaire qui deviendrait ainsi l'affaire *Le Procureur c. Laurent Gbagbo, Charles Blé Goudé et Simone Gbagbo* devant la Chambre de première instance I de la Cour pénale internationale, les trois affaires étant initialement confiées à la Chambre préliminaire I. Il faudrait alors que la jonction se fasse à court ou moyen terme, sinon il y aurait des difficultés pratiques pour y procéder, par exemple dans le cas où le procès Gbagbo-Blé Goudé serait trop avancé.

La CPI considère que Simone Gbagbo est, avec Charles Blé Goudé, un membre important de l'entourage immédiat de Laurent Gbagbo. Cela pourrait également justifier la jonction des trois affaires. En ce sens, on peut lire ce qui suit aux paragraphes 61 et 62 de la Décision relative à la confirmation des charges portées contre Charles Blé Goudé du 11 décembre 2014[65] :

61. Un autre membre important de l'entourage immédiat, avec Charles Blé Goudé, était Simone Gbagbo. Il ressort des preuves qu'elle a exercé une influence considérable sur les institutions de l'État, se prévalant de sa qualité d'épouse de Laurent Gbagbo et des fonctions politiques qu'elle exerçait en son nom propre. Au cours de la crise, elle a joué un important rôle de coordination, présidant des réunions de crise régulières. Des éléments de preuve montrent spécifiquement qu'elle entretenait des relations directes avec les commandants de haut rang des FDS, ainsi qu'avec les chefs des organisations de jeunes et des miliciens, notamment en sa qualité de secrétaire général du Congrès national de la résistance pour la démocratie (CNRD). La Chambre relève également les preuves indiquant que

[65] Décision relative à la confirmation des charges portées contre Charles Blé Goudé, 11 décembre 2014
http://www.icc-cpi.int/iccdocs/doc/doc1904569.pdf

Simone Gbagbo coordonnait les activités avec Laurent Gbagbo et Charles Blé Goudé.

62. Les preuves indiquent que, outre Simone Gbagbo et Charles Blé Goudé, l'entourage immédiat de Laurent Gbagbo comprenait un nombre limité de partenaires politiques de confiance, comme des ministres du gouvernement, certains autres leaders de mouvements de jeunes pro-Gbagbo, des commandants de haut rang des FDS et d'autres chefs militaires de confiance.

Le lundi 16 mars 2015, l'Accusation et la Défense se sont pourvues en cassation contre la condamnation de Simone Gbagbo à 20 ans de prison[66].

Pourquoi la remise et le transfèrement de Simone Gbagbo sont-ils importants pour la CPI ?

La CPI doit montrer qu'elle fait son travail. Elle est dans sa mission en demandant la remise et le transfèrement de Simone Gbagbo à la Haye. Il s'agit du cours normal de la justice internationale. La Cour souhaite également répondre aux sévères critiques dont elle fait l'objet relativement à son incapacité à être impartiale, à réprimer comme il convient des crimes massifs commis dans le monde. Le message lancé est que, tôt ou tard, tous les présumés coupables de crimes internationaux répondront de leurs actes devant la CPI, y compris les partisans du président Ouattara. Les crimes relevant de la compétence de la CPI étant imprescriptibles, le bras de la

---

[66] *Accusation et défense se pourvoient en cassation après la condamnation de Simone Gbagbo.* Le Monde.fr avec AFP. Le 17.03.2015 à 05h25.
Source : http://www.lemonde.fr/afrique/article/2015/03/17/accusation-et-defense-se-pourvoient-en-cassation-apres-la-condamnation-de-simone-gbagbo_4594739_3212.html

Cour ne tremblera pas[67]. Toutefois, il convient de ne pas perdre de vue que les procès devant les tribunaux pénaux internationaux en général et devant la CPI en particulier sont des « procès politiques » à multiples pressions et interférences.

Est-il particulier de juger une femme à la CPI ? Qu'est-ce que cela change ?

Du point de vue du droit, il n'y a rien de particulier à juger une femme à la CPI, sauf que ce serait la première fois devant cette juridiction. La Cour ne fait pas de distinction entre les femmes et les hommes pour poursuivre et juger les crimes qui relèvent de sa compétence. L'article 25 du Statut de Rome précité sur la responsabilité pénale individuelle est explicite à cet égard. Il dispose :

« 1. La Cour est compétente à l'égard des personnes physiques en vertu du présent Statut. 2. *Quiconque* commet un crime relevant de la compétence de la Cour est individuellement responsable et peut être puni conformément au présent Statut. (…) ».

Le terme « quiconque » souligne que les femmes et les hommes sont égaux devant la Cour, comme ils le sont en dignité et en droit. L'article 1er de la Déclaration universelle des droits de l'homme du 10 décembre 1948 dispose en ce sens que « Tous les êtres humains naissent libres et égaux en dignité et en droit. Ils sont doués de raison et de conscience et doivent agir les uns envers les autres dans un esprit de fraternité. L'article 2 ajoute : « 1. Chacun peut se prévaloir de tous les droits et de toutes les libertés proclamés dans la présente Déclaration, sans

[67] Statut de Rome, *Art. 29. Imprescriptibilité.* Les crimes relevant de la compétence de la Cour ne se prescrivent pas. (…)

distinction aucune, notamment de race, de couleur, *de sexe*, de langue, de religion, d'opinion politique ou de toute autre opinion, d'origine nationale ou sociale, de fortune, de naissance ou de toute autre situation. (…) ».

Il y a eu un précédent sur le sujet dans l'affaire dite de *Butare*, communément appelée « *affaire de Butare* », devant le Tribunal pénal international pour le Rwanda (TPIR) à propos du génocide rwandais de 1994. Cette affaire concernait six personnes accusées de génocide, de crimes contre l'humanité et de violations de l'article 3 commun aux Conventions de Genève et du Protocole additionnel II. Dans ce procès joint, le plus important en nombre devant le TPIR, il y avait une femme, Pauline Nyiramasuhuko, ancienne ministre de la Famille et des Affaires féminines du Rwanda à l'époque des faits. C'est la première femme à être poursuivie par un Tribunal pénal international (avec son fils Arsène Shalom Ntahobali) et seule femme accusée par le Tribunal pénal international pour le Rwanda. Pauline Nyiramasuhuko a été condamnée à l'emprisonnement à vie par le TPIR en première instance. En appel, cette peine a été réduite à 47 ans d'emprisonnement.

Il convient de relever que le nombre de femmes traduites devant les juridictions pénales internationales est presque nul. Cela pourrait signifier qu'elles ne seraient pas portées à la commission des crimes les plus graves qui relèvent de la justice internationale.

Simone Gbagbo serait-t-elle « responsable et coupable » ou « coupable mais pas responsable » ?

Cette question sera tranchée par la CPI lors d'un éventuel procès de Simone Gbagbo devant elle. On ne saurait à ce stade préjuger de la décision des juges. Pour l'heure, retenons que des crimes les plus graves lui sont reprochés par la Cour pénale internationale. Le moment venu, il appartiendra au Procureur de prouver la commission de ces crimes par Simone Gbagbo et d'en convaincre les juges au-delà de tout doute raisonnable. D'ici là, Simone Gbagbo bénéficiera de la présomption d'innocence prévue à l'article 66 du Statut de Rome.

Pour quelles raisons le président Ouattara refuse t-il la remise et le transfèrement de Simone Gbagbo à La Haye ?

Plusieurs raisons pourraient expliquer ce refus. Nous évoquerons ici, brièvement, les plus généralement partagées. Certains y voient une façon de soutenir l'indépendance de la justice ivoirienne, qui a déjà condamné Simone Gbagbo à 20 ans de prison. Après avoir longtemps estimé qu'il n'y a pas de justice plus indépendante que la CPI, que la Côte d'Ivoire n'avait pas les instruments judiciaires pour juger les crimes de guerre et les crimes contre l'humanité, ouvrant les bras à la CPI et lui remettant Laurent Gbagbo, Alassane Ouattara assure que la justice ivoirienne est désormais capable de traiter les dossiers liés à la crise postélectorale.

D'autres expliquent que la CPI ne laisse qu'une alternative à Ouattara : livrer Simone Gbagbo ou refuser son transfèrement, avec de lourdes conséquences dans l'un et l'autre cas. S'il livre Simone Gbagbo, il devra se résoudre à livrer toutes les autres personnes dont les noms sont inscrits sur la liste noire de la CPI, et notamment certains de ses partisans soupçonnés de crimes. Ce serait ouvrir la boîte de pandore de laquelle lui-même ne serait à l'abri. Dès lors, protéger Simone Gbagbo serait se protéger lui-même et ses partisans. S'il refuse de livrer Simone Gbagbo comme c'est le cas actuellement, la CPI en tirerait toutes les conséquences.

Pour sa part, Simone Gbagbo préfère être jugée dans son pays s'agissant des crimes contre l'humanité qui lui sont reprochés par la CPI. Comme le confirme son avocate Habiba Touré dans un entretien accordé à la Radio britannique (BBC), « C'est quelqu'un et, tout son parcours le démontre, qui est très souverainiste et qui estime que si elle doit rendre compte de tous les faits qui lui sont reprochés, elle doit rendre compte devant la Justice ivoirienne »[68].

De quelle marge de manœuvre dispose la CPI pour obtenir la remise et le transfèrement de Simone Gbagbo à la Haye ?

Suite à la levée des scellés du mandat d'arrêt délivré à l'encontre de Simone Gbagbo, le Procureur de la CPI a déclaré : *« Les juges ont rendu leur décision, il appartient désormais aux autorités ivoiriennes de remettre Mme Simone Gbagbo à la Cour »* (Communiqué de presse de la CPI : 22.11.2012). Dans la même déclaration, le Procureur a souligné que depuis l'ouverture des enquêtes, la Côte d'Ivoire coopère pleinement avec son Bureau en ce qui concerne ces dernières. Il a exhorté les autorités ivoiriennes de continuer à le faire et de remettre Simone Gbagbo à la Cour. Ces déclarations ainsi que le refus du gouvernement ivoirien de faire droit à cette demande soulignent les limites de la marge de manœuvre dont dispose la CPI pour obtenir la remise et le transfèrement de Simone Gbagbo.

Cette marge de manœuvre dépend du respect ou du non respect de l'obligation de coopération des Etats avec la Cour prévue à l'article 86 du Statut de Rome précité.

---

[68] *Côte d'Ivoire – Simone Gbagbo reste « souverainiste » et préfère être jugée dans son propre pays* (avocate).
Source :http://www.connectionivoirienne.net/110592/cote-divoire-simone-gbagbo-reste-souverainiste-et-prefere-etre-jugee-dans-son-propre-pays-avocate. Avec Soir Info.

Comme nous l'avons souligné plus haut à propos des obstacles qui pourraient empêcher de traduire le président Ouattara et certains de ses proches ou partisans devant la Cour, sans la coopération de la Côte d'Ivoire, la CPI ne pourra pas faire grand-chose pour obtenir la remise et le transfèrement de Simone Gbagbo à la Haye[69].

11. Présomption d'innocence et autres droits de l'accusé

Avant de conclure ce livre, nous avons souhaité rappeler le principe fondamental de la présomption d'innocence et les autres droits de l'accusé dont bénéficient Laurent Gbagbo et Charles Blé Goudé :

Statut de Rome, Article 66 - Présomption d'innocence

1. Toute personne est présumée innocente jusqu'à ce que sa culpabilité ait été établie devant la Cour conformément au droit applicable.
2. Il incombe au Procureur de prouver la culpabilité de l'accusé.
3. Pour condamner l'accusé, la Cour doit être convaincue de sa culpabilité au-delà de tout doute raisonnable.

Ce principe est garanti par divers autres textes internationaux et ceux régissant les juridictions pénales internationales. Voir par exemple les textes suivants :

Déclaration universelle des droits de l'homme, Paris, 10 décembre 1948. Art. 11.

---

[69] *Pourquoi Ouattara hésite-t-il à livrer Simone Gbagbo à la CPI ?* Par Joseph Bemba |Publié le 19 Décembre 2012.http://www.atlantico.fr/fiche/joseph-bemba-1500579.

1. Toute personne accusée d'un acte délictueux est présumée innocente jusqu'à ce que sa culpabilité ait été légalement établie au cours d'un procès public où toutes les garanties nécessaires à sa défense lui auront été assurées.

Pacte international relatif aux droits civils et politiques. New York, 16 décembre 1966. Art. 14.

2. Toute personne accusée d'une infraction pénale est présumée innocente jusqu'à ce que sa culpabilité ait été légalement établie.

Convention de sauvegarde des droits de l'homme et des libertés fondamentales. Rome, 4.XI.1950 (telle qu'amendée par les Protocoles nos 11 et 14 accompagnée du Protocole additionnel et des Protocoles nos 4, 6, 7, 12 et 13), art. 6. Droit à un procès équitable.

2. Toute personne accusée d'une infraction est présumée innocente jusqu'à ce que sa culpabilité ait été légalement établie.

Tribunal pénal international pour l'ex-Yougoslavie (TPIY) - *Règlement portant régime de détention des personnes en attente de jugement ou d'appel devant le Tribunal ou détenues sur l'ordre du Tribunal (« Règlement sur la détention préventive »). Principes fondamentaux, art. 5.*

Tout détenu autre qu'une personne condamnée par le Tribunal est présumé innocent tant qu'il n'a pas été reconnu coupable et doit à tout moment être traité en tant que tel.

Tribunal pénal international pour le Rwanda (TPIR) - *Règlement portant régime de détention des personnes en attente de jugement ou d'appel devant le Tribunal ou détenues sur l'ordre du Tribunal (« Règlement sur la détention préventive »). Dispositions fondamentales, art. 5.*

Tout détenu autre qu'une personne condamnée par le Tribunal est présumé innocent tant qu'il n'a pas été reconnu coupable et doit à tout moment être traité en tant que tel.

S'agissant des autres droits de l'accusé, l'article 67 du Statut de Rome prévoit ce qui suit :

Article 67 - Droits de l'accusé

1. Lors de l'examen des charges portées contre lui, l'accusé a droit à ce que sa cause soit entendue publiquement, compte tenu des dispositions du présent Statut, équitablement et de façon impartiale. Il a droit, en pleine égalité, au moins aux garanties suivantes :

a) Être informé dans le plus court délai et de façon détaillée de la nature, de la cause et de la teneur des charges dans une langue qu'il comprend et parle parfaitement ;

b) Disposer du temps et des facilités nécessaires à la préparation de sa défense et communiquer librement et confidentiellement avec le conseil de son choix ;

c) Être jugé sans retard excessif ;

d) Sous réserve des dispositions du paragraphe 2 de l'article 63, être présent à son procès, se défendre lui-même ou se faire assister par le défenseur de son choix ; s'il n'a pas de défenseur, être informé de son droit d'en avoir un et, chaque fois que l'intérêt de la justice l'exige, se voir attribuer d'office un défenseur par la Cour, sans frais s'il n'a pas les moyens de le rémunérer ;

e) Interroger ou faire interroger les témoins à charge et obtenir la comparution et l'interrogatoire des témoins à décharge dans les mêmes conditions que les témoins à charge.

L'accusé a également le droit de faire valoir des moyens de défense et de présenter d'autres éléments de preuve admissibles en vertu du présent Statut ;

f) Se faire assister gratuitement d'un interprète compétent et bénéficier des traductions nécessaires pour satisfaire aux exigences de l'équité, si la langue employée dans toute procédure suivie devant la Cour ou dans tout document présenté à la Cour n'est pas une langue qu'il comprend et parle parfaitement ;

g) Ne pas être forcé de témoigner contre lui-même ou de s'avouer coupable, et garder le silence sans que ce silence soit pris en considération pour déterminer sa culpabilité ou son innocence ;

h) Faire, sans prêter serment, une déclaration écrite ou orale pour sa défense ; et

i) Ne pas se voir imposer le renversement du fardeau de la preuve ni la charge de la réfutation.

2. Outre toute autre communication prévue par le présent Statut, le Procureur communique à la défense, dès que cela est possible, les éléments de preuve en sa possession ou à sa disposition dont il estime qu'ils disculpent l'accusé ou tendent à le disculper ou à atténuer sa culpabilité, ou sont de nature à entamer la crédibilité des éléments de preuve à charge. En cas de doute quant à l'application du présent paragraphe, la Cour tranche.

12. Quel sort pour Laurent Gbagbo ?

Alassane Ouattara a remporté l'élection présidentielle du 25 octobre 2015 avec 83,66 % des voix dès le premier tour. Il a été ainsi réélu comme président de la Côte d'Ivoire pour un second mandat. Son principal challenger, Pascal Affi Nguessan, le candidat du Front Populaire Ivoirien (FPI, parti de Laurent Gbagbo), n'a obtenu que 9,29 % des voix. Le taux de participation a été de 53 % et l'élection s'est déroulée plutôt dans la paix, contrairement à la précédente qui avait entraîné la crise postélectorale de 2010-2011. Comme une coïncidence, l'annonce du report de l'ouverture du procès de Laurent Gbagbo au 28 janvier 2016 a été faite par la CPI le 28 octobre 2015, trois jours après la réélection d'Alassane Ouattara.

Les principaux enjeux de ce nouveau mandat restent la poursuite du développement économique du pays, la paix et la réconciliation nationale, qui n'est pas encore tout à fait effective, car les rancœurs demeurent vives entre les camps Ouattara et Gbagbo qui se sont affrontés en 2010-2011[70].

Quelles vont être les incidences de cette réélection sur l'affaire Laurent Gbagbo et Charles Blé Goudé ? Cela ne devrait pas changer grand-chose. Alassane Ouattara devrait persister dans sa position de voir la Cour pénale internationale condamner Laurent Gbagbo et Charles Blé Goudé, en maintenant autant que possible son refus de transférer Simone Gbagbo et certains membres de son camp (camp Ouattara) à la Haye[71].

---

[70] *En Côte-d'Ivoire, Alassane Ouattara écrase la concurrence.* Par Maria Malagardis, Envoyée spéciale à Abidjan — 28 octobre 2015 à 13:38.
Source : http://www.liberation.fr/planete/2015/10/28/en-cote-d-ivoire-alassane-ouattara-ecrase-la-concurrence_1409454 ; *Résultats des élections présidentielles 2015 / Affi N'Guessan : "Je prends acte (...), ce n'est pas un signe de santé démocratique".*
Par D. Assoumou. Publié le mercredi 28 octobre 2015 | Abidjan.net. Source : http://news.abidjan.net/h/572176.html ;
Réélection de Ouattara : les réactions politiques en Côte d'Ivoire. Par RFI. Publié le 28-10-2015. Modifié le 28-10-2015 à 11:59. Source : http://www.rfi.fr/afrique/2min/20151028-reelection-alassane-ouattara-president-cote-ivoire-reactions-politiques.

[71] *La CPI, entre faiblesse et lâcheté.* Par Marie-France Chatin. Publié le 22-01-2016. Modifié le 22-01-2016 à 19:10.
Source :http://www.rfi.fr/europe/20160122-cpi-cour-penale-internationale-faiblesse-justice-diplomatie-gbagbo-el-bechir ; *CPI : Une jeune togolaise écrit au président Gbagbo*, 23 janvier 2016, par Diagola, Blog : Le blog de Diagola. Farida Nabourema, Citoyenne Togolaise Désabusée. Source : https://blogs.mediapart.fr/diagola/blog/230116/cpi-une-jeune-

Les premières déclarations annoncent un procès qui risque d'être long, particulièrement complexe, tendu et riche en rebondissements. On peut en juger par le contenu des déclarations liminaires du Procureur de la CPI, Mme Fatou Bensouda et du premier substitut du Procureur, Eric MacDonald, à l'ouverture du procès, en particulier la déclaration liminaire du Procureur ci-après reproduite, à laquelle la Défense de Laurent Gbagbo n'a pas manqué de réagir. Sans oublier les déclarations de Paolina Massidda, représentante légale des victimes dans cette affaire.

---

togolaise-ecrit-au-president-gbagbo ; *Soutien à Laurent Gbagbo - Appel d'anciens chefs d'Etat africains à la CPI*, 25 janvier 2016, par Fraternafrique, Blog Fraternafrique : *Un appel africain urgent à la CPI : la Côte d'Ivoire et l'Afrique ont besoin de l'ancien Président Laurent Koudou Gbagbo pour réaliser la paix et la justice,* 9 septembre 2015, Joaquim Alberto Chissano, Ex-président de la République du Mozambique ; Nicephore Soglo, Ex président de la République du Bénin. Source : https://Blogs. Mediapart.fr/Fraternafrique/blog/250116/Soutien-Laurent-Gbagbo-appel-danciens-chefs-detat-africains-la-CPI. Le Club est l'espace de libre expression des abonnés de Madiapart. Ses contenus n'engagent pas la rédaction. *Stéphanie Maupas : dans le procès de Gbagbo, « la théorie de l'accusation est très partielle »,* 22 janvier 2016 à 14h20. Mis à jour le 22 janvier 2016 à 14h27. Par Vincent Duhem. Source : http://www.jeuneafrique.com/295917/societe/stephanie-maupas-proces-gbagbo-theorie-de-laccusation-tres-partielle/ ; *Côte d'Ivoire Gbagbo et Blé Goudé « On part sur un procès de trois, quatre ans ». Mise en ligne par* La Rédaction, samedi 23 janvier 2016. Par Serge Alain Koffi. Source : http://www.connectionivoirienne.net/116036/cote-divoire-gbagbo-et-ble-goudecpi-on-part-sur-un-proces-de-trois-quatre-ans-journaliste ; *Les procès de Gbagbo et Blé Goudé à la CPI monopolisent la Une des journaux ivoiriens.* Publié le lundi 25 janvier 2016 | APA. Source : http://news.abidjan.net/h/579802.html

Déclaration liminaire du Procureur à l'ouverture du procès à l'encontre de M. Laurent Gbagbo et M. Charles Blé Goudé
(Déclaration : 28/01/2016)

Monsieur le Président,

Madame le juge,

Monsieur le juge,

Messieurs Laurent Gbagbo et Charles Blé Goudé doivent répondre de crimes contre l'humanité – meurtre, viol, atteinte grave et persécution – commis à Abidjan à la suite des élections présidentielles qui se sont tenues en Côte d'Ivoire en 2010.

Que les choses soient bien claires dès le départ. Dans cette affaire, il ne s'agit pas de déterminer qui a gagné les élections de 2010, ni qui aurait dû les remporter. Il s'agit d'établir la responsabilité pénale individuelle des deux accusés pour ce qui est des crimes commis dans le cadre des violences postélectorales de 2010 qui relèvent de la compétence de cette Cour.

Il s'agit d'établir leur responsabilité au sujet des crimes commis par les forces armées de la Côte d'Ivoire, ainsi que par des groupes de jeunes, des milices et des mercenaires, en exécution d'un plan visant à maintenir coûte que coûte Laurent Gbagbo au pouvoir.

Principalement, en raison de la crise politico-militaire en Côte d'Ivoire (2002-2007), les élections de 2010 ont été les premières élections qui se sont tenues au cours des dix années où Gbagbo était au pouvoir. Elles devaient marquer l'unité du pays, mais ce ne fut pas le cas.

En fait, pendant cinq mois environ, du 27 novembre 2010 au 12 avril 2011, la Côte d'Ivoire a sombré dans le chaos et a été le théâtre de violences innommables, déclenchées par des discours de division selon lesquels seuls les Ivoiriens qui soutenaient

Laurent Gbagbo étaient de vrais patriotes. Tous les autres étaient qualifiés d'ennemis de la République.

Monsieur Laurent Gbagbo n'a pas eu l'intention d'abandonner le pouvoir. Il s'était préparé à l'éventualité d'une défaite électorale en posant les fondations du recours à la violence. Puis, lorsqu'il a compris que la présidence allait lui échapper, avec l'aide de son entourage immédiat, il a lancé une campagne d'attaques orchestrée contre les civils assimilés à ses opposants : d'abord, les partisans de l'opposant politique de Gbagbo, Monsieur Alassane Ouattara, et ensuite, tous ceux qui étaient considérés comme acquis à la cause de ce dernier compte tenu de leur origine ethnique, de leur religion ou de leur nationalité, ou encore de ces trois critères à la fois. Les groupes ethniques comme les Dioula, généralement de confession musulmane, et les Ivoiriens d'origine ouest-africaine ou les citoyens de pays d'Afrique de l'ouest comme le Mali et le Burkina Faso, ont tous été considérés comme des partisans de Ouattara.

Les membres de ces groupes ethniques, nationaux et religieux ont tous été pris pour cible lors de manifestations politiques, à des barrages routiers et dans les communes les plus peuplées d'Abidjan comme celle d'Abobo. Leurs foyers et les marchés qu'ils fréquentaient ont été bombardés et leurs édifices religieux attaqués.

Monsieur le Président, Madame le juge, Monsieur le juge,

Au vu des éléments de preuve qu'elle a recueillis, l'Accusation est aujourd'hui ici pour poursuivre deux hommes : Monsieur Laurent Gbagbo, ancien Président de la Côte d'Ivoire, et Monsieur Charles Blé Goudé, allié de longue date de Gbagbo et chef de file des jeunes partisans de ce dernier, qui l'a nommé Ministre de la jeunesse, de la formation professionnelle et de l'emploi après les élections.

Nous sommes ici aujourd'hui pour envoyer un message fort et ferme à tous ceux qui complotent pour se hisser au pouvoir ou s'y maintenir en ayant recours à la force et à la brutalité, à savoir qu'ils doivent répondre et répondront de leurs actes conformément aux dispositions du Statut de Rome.

Nous sommes ici aujourd'hui pour rappeler au monde entier que les crimes tels que ceux qui sont au cœur de cette affaire – le meurtre, le viol, les actes inhumains, la persécution (des crimes contre l'humanité) menacent la paix, la sécurité et le bien-être non seulement des communautés touchées mais aussi de l'humanité toute entière. Quiconque commet des violences à grande échelle, commet des violences contre toute l'humanité.

Je tiens à souligner une fois de plus que ce procès n'est pas de nature politique. Nous poursuivons une mission purement juridique dans le cadre du Statut de Rome. Guidés par les éléments de preuve que nous recueillons à travers nos enquêtes menées en toute indépendance, nous entendons engager des poursuites contre les auteurs des crimes commis lors de violences postélectorales qui ont emporté et détruit les vies de tant de femmes, d'hommes et d'enfants de Côte d'Ivoire.

Bon nombre d'Ivoiriennes et d'Ivoiriens suivront ce procès attentivement. Certaines et certains se demanderont pourquoi l'Accusation ne poursuit que ces deux hommes et personne d'autre – pour le moment.

L'Accusation tient vraiment à ce que les principaux responsables des violences perpétrées contre des civils de Côte d'Ivoire, dans le cadre des élections de 2010, soient traduits en justice.

Trois mille civils auraient été tués par les forces armées des deux camps lors de ces violences postélectorales.

Nos enquêtes se poursuivent dans le pays. Mais il faut du temps. Je demande au peuple de Côte d'Ivoire de faire preuve de patience, et j'encourage vivement les autorités nationales à continuer de coopérer avec mon Bureau.

Mon Bureau entend veiller à ce que justice soit rendue et à ce que les responsables de ces crimes rendent des comptes quel que soit leur camp. Cela doit être clair ; mon Bureau enquête actuellement sur les deux parties au conflit. C'est ce que requiert le mandat juridique du Bureau, c'est ce que les victimes méritent et c'est ce que l'Accusation a vraiment à cœur d'accomplir et ce qu'elle s'emploie à faire.

Les accusés

Comme mon éminent collègue, M. Eric MacDonald, premier substitut du Procureur en l'espèce, l'exposera en détail lors de son intervention, l'Accusation établira au-delà de tout doute raisonnable que Messieurs Laurent Gbagbo et Charles Blé Goudé sont tous deux, à titre individuel, pénalement responsables des crimes contre l'humanité commis contre des civils à Abidjan entre le 27 novembre 2010 et le 12 avril 2011.

L'Accusation démontrera que Laurent Gbagbo, Charles Blé Goudé et d'autres membres du cercle immédiat de M. Gbagbo ont conçu et mis en œuvre un plan commun destiné à maintenir Laurent Gbagbo au pouvoir par tous les moyens.

L'un de ces moyens consistait à faire usage de la violence et de la force armée. Le 27 novembre 2010 au plus tard, il s'est également agi de la mise en œuvre d'une politique visant à lancer une attaque généralisée et systématique contre les civils considérés comme des partisans de M. Alassane Ouattara.

Comme nous l'expliquerons, cette politique s'est traduite par la commission des crimes dont les deux accusés doivent répondre au regard du Statut de Rome.

Monsieur le Président, Madame le juge, Monsieur le juge,

Laissez-moi vous parler d'abord du premier accusé, **M. Laurent Gbagbo**.

Depuis le moment où il a accédé au pouvoir à la suite des élections présidentielles de 2000, il a cherché à s'y maintenir par tous les moyens, notamment par le recours à la violence, comme les élections présidentielles qui se sont tenues en 2010 en Côte d'Ivoire permettront de le démontrer.

Il a invoqué des lois discriminatoires pour empêcher ses opposants politiques de se présenter aux élections. Il a signé des traités de paix mais a empêché leur application. Il s'est servi des forces armées ivoiriennes et des milices, des groupes de jeunes et des mercenaires acquis à sa cause pour anéantir l'opposition par la violence et il n'a jamais demandé à ces groupes ou à qui que ce soit de répondre de violences ou de persécutions commises contre des civils.

Dans les mois qui ont précédé les élections d'octobre 2010, l'accusé a pris des mesures pour se préparer à l'éventualité d'une défaite politique, afin de s'assurer la mise en place de structures sur lesquelles il pourrait s'appuyer pour recourir, si nécessaire, à la violence. Plus rien ne pourrait provoquer la défaite de M. Gbagbo – si la voie politique échouait, la violence devenait un autre moyen de s'imposer.

En s'autoproclamant Président de Côte d'Ivoire, Gbagbo s'est servi des Forces de défense et de sécurité ivoiriennes (FDS) pour attaquer les civils. Il a également utilisé des mercenaires à cette fin. Il s'est servi de groupes de jeunes et de milices, galvanisés par les discours de haine de son coaccusé, M. Blé Goudé, pour s'en prendre à des civils.

Laurent Gbagbo exerçait un contrôle sur les FDS depuis 10 ans en tant que Président et commandant en chef des forces armées. Il a continué à l'exercer en tant que nouveau Président autoproclamé à la suite des élections de 2010.

Monsieur le Président, Madame le juge, Monsieur le juge,

Nous démontrerons que M. Gbagbo a exercé ce contrôle par la voie hiérarchique officielle, ainsi que par le biais d'une structure parallèle composée d'unités militaires placées sous les ordres de commandants qui lui étaient fidèles.

M. Gbagbo contrôlait également les jeunes, les milices et les mercenaires acquis à sa cause. Ces groupes étaient intégrés aux unités des FDS qui lui étaient fidèles au sein de cette structure parallèle ou collaboraient avec celles-ci. M. Gbagbo exerçait donc un contrôle via la chaîne de commandement officielle et la structure parallèle et grâce aux relations qu'il entretenait avec Blé Goudé et d'autres membres de son entourage immédiat.

Je vais à présent vous parler de **M. Charles Blé Goudé.**

M. Blé Goudé était le porte-parole de Gbagbo, son spécialiste de la communication. Il s'enorgueillissait de sa faculté à faire passer le message de Gbagbo, à mobiliser les foules et à transmettre les mots d'ordres ou les instructions. M. Blé Goudé organisait et guidait les groupes de jeunes partisans de Gbagbo, appelés les « Jeunes Patriotes ». Il s'était autoproclamé le « Général de la rue ».

Charles Blé Goudé était le lien entre Laurent Gbagbo et les Jeunes Patriotes. Il manipulait les jeunes au moyen de discours de haine, dans lesquels les partisans de Ouattara étaient l'ennemi et constituaient des cibles légitimes, invoquant une forme de patriotisme pour justifier les persécutions. Il a répandu l'idée que les partisans de Laurent Gbagbo étaient les vrais patriotes, les vrais Ivoiriens. Tous les autres étaient les ennemis de la République et ce message a été martelé dans les médias contrôlés par l'État et d'autres médias pro-Gbagbo.

Charles Blé Goudé voulait également que Laurent Gbagbo se maintienne par tous les moyens au pouvoir. Il exerçait un contrôle sur les jeunes et guidait leurs actions grâce à ses discours et aux instructions spécifiques qu'il leur donnait. Lorsqu'il les incitait à agir, les jeunes s'exécutaient. Ils répondaient immédiatement à ses appels et exécutaient ses instructions sans l'ombre d'une hésitation.

Permettez-moi de vous donner un exemple.

Vous constaterez au vu des éléments que nous vous présenterons que le 25 février, M. Blé Goudé a ordonné aux jeunes pro-Gbagbo « de contrôler les allées et venues dans leurs quartiers et de dénoncer toute personne inconnue et tout étranger qui y entrerait ». Obéissant à cet ordre, des jeunes et des miliciens ont installé des barrages routiers dans la commune de Yopougon, peuplée d'habitants appartenant à diverses ethnies, afin de contrôler le passage des « étrangers » présumés, à savoir les Dioula, les ressortissants d'États ouest-africains ou les Ivoiriens d'ascendance ouest-africaine. Et ce jour-là, à Yopougon – ainsi que dans les jours et les semaines qui ont suivi – les quartiers habités par les Dioula ont subi de violentes attaques, au cours desquelles des femmes et des hommes ont été tués – certaines personnes ont été brûlées vives à des barrages routiers, d'autres ont été grièvement blessées.

Crimes reprochés

Du fait de leurs actes, les deux accusés sont conjointement responsables des crimes commis au cours des quatre événements en cause dans le cadre desquels au moins 142 personnes ont été tuées, au moins 24 femmes et filles ont été violées et 119 personnes au moins ont subi des atteintes graves à l'intégrité physique et de grandes souffrances. Par ailleurs, ils doivent également répondre de persécution.

Charles Blé Goudé est en outre accusé des crimes commis au cours de l'épisode que je viens d'évoquer – il s'agit des crimes qui ont été perpétrés entre le 25 et le 28 février, entraînant le massacre d'au moins 22 personnes, des atteintes graves à l'intégrité physique d'au moins sept personnes et de grandes souffrances subies par celles-ci, et la commission du crime de persécution.

Enquêtes menées

Monsieur le Président, Madame le juge, Monsieur le juge,

En 2011, la Chambre préliminaire a autorisé mon Bureau à ouvrir une enquête sur les crimes relevant de la compétence de la Cour commis en Côte d'Ivoire lors des violences postélectorales de 2010 et 2011.

Depuis lors, nous avons recueilli un grand nombre d'éléments de preuve contre les deux accusés – nous avons rencontré nombre de personnes, interrogé de nombreux témoins, recueilli des milliers de documents et consulté beaucoup d'experts.

Actuellement, 138 personnes figurent sur la liste des témoins à charge. Des victimes et des témoins vous relateront les crimes horribles qui sont au cœur de l'espèce. Des chercheurs et des réalisateurs de films, des témoins de l'intérieur proches des accusés, notamment des hommes politiques, des membres des

FDS, des jeunes pro-Gbagbo, des miliciens et des mercenaires, viendront aussi déposer.

Vous entendrez les témoignages des enquêteurs et d'autres membres de mon Bureau : ils décriront les scènes des crimes, qu'ils ont étudiées et photographiées, et indiqueront les lieux à Abidjan où ils ont recueilli des documents émanant des FDS et du gouvernement. Nous nous appuierons sur un grand nombre de preuves documentaires : des documents des FDS et du gouvernement, des séquences vidéo saisies à la RTI (la chaîne de télévision de l'État), des séquences vidéo des scènes de crimes filmées par des témoins, les listes des visiteurs retrouvées dans le palais présidentiel de M. Gbagbo, et bien d'autres éléments de preuve.

Nous entendons citer à comparaître des experts pour témoigner sur tout un éventail de questions ayant trait à la balistique, aux preuves numériques, aux analyses d'ADN et aux pathologies médico-légales.

Monsieur le Président, Madame le juge, Monsieur le juge,

Permettez-moi de relater brièvement l'expérience extrêmement pénible vécue par l'un des témoins que l'Accusation appellera à la barre – il s'agit d'une victime de viol. Nous l'appellerons P-0350 dans ce procès afin de ne pas dévoiler son identité.

P-0350 viendra témoigner que le 16 décembre 2010, elle a participé à une manifestation qui se dirigeait vers le siège de la RTI. Elle soutenait le Rassemblement des Républicains (RDR) – le parti politique de Ouattara. Elle a été arrêtée par les gendarmes en raison de son appartenance politique, puis a été placée en détention à la préfecture de police à l'instar d'autres civils. D'autres femmes et elle ont été détenues séparément pendant trois jours. Pendant ces trois horribles journées, elle a été violée – victime de viols collectifs – à la préfecture de police, par des gendarmes armés – dont la fonction était justement de protéger les civils des actes de violence. Les autres femmes détenues en même temps que le témoin ont, elles aussi, subi des viols collectifs à plusieurs reprises.

P-0350 a enduré ces crimes atroces simplement parce qu'elle avait rejoint une marche pour soutenir M. Ouattara.

Cette Cour doit redonner espoir aux victimes de ces crimes si abominables et garantir que justice sera rendue et qu'elle triomphera.

Monsieur le Président, Madame le juge, Monsieur le juge,

Il vous sera démontré que le 24 février 2011, Laurent Gbagbo a enjoint à son armée de ne pas perdre Abobo.

Monsieur le Président, Madame le juge, Monsieur le juge,

Abobo est un quartier d'Abidjan densément peuplé. La majorité de ses habitants vient du nord de la Côte d'Ivoire. Après que cet ordre a été donné, Abobo est devenu le théâtre de violentes persécutions commises par les forces pro-Gbagbo.

Le 3 mars 2011, plus de 3000 femmes se sont rassemblées à Abobo pour exiger la démission de M. Gbagbo et manifester contre les violations des droits de l'homme perpétrées dans leur quartier. Elles étaient simplement munies de branches d'arbres et de banderoles. Elles n'étaient pas armées et manifestaient de manière pacifique.

C'est alors qu'un convoi des FDS venant d'un de leur camp basé à Abobo a ouvert le feu sur ces manifestantes désarmées. Sept femmes ont été tuées de sang-froid, plusieurs autres ont été blessées ; leurs corps ensanglantés et mutilés ont été abandonnés sur la route.

Vous constaterez qu'à l'époque des faits, la réaction du gouvernement de M. Gbagbo et des FDS face à cette tragédie a été de nier, sur la chaîne de télévision contrôlée par l'État, toute responsabilité dans ce massacre. Vous constaterez également que les médias pro-Gbagbo ont prétendu que cette tragédie avait été mise en scène, que le Conseil des ministres de Gbagbo a rétorqué que les allégations portées contre les FDS étaient inventées de toutes pièces, et que, le 23 mars 2011, Charles Blé Goudé a déclaré que les FDS ne pouvaient en aucun cas être responsables parce qu'à ce moment-là, Abobo était aux mains des rebelles.

Monsieur le Président, Madame le juge, Monsieur le juge,

Face aux preuves irréfutables que ces femmes ont été tuées par des tirs provenant d'un véhicule des FDS, ces démentis répétés à propos de la responsabilité des FDS trahissent la vérité. La vérité, c'est que M. Gbagbo et son entourage immédiat entendaient dissimuler ces crimes et qu'ils étaient en fait perpétrés en exécution de leur plan commun.

Monsieur le Président, Madame le juge, Monsieur le juge,

L'Accusation démontrera que ces démentis étaient fabriqués de toutes pièces et ce, de manière coordonnée. Nous vous montrerons notamment une séquence vidéo haute-définition de la manifestation en question.

Cette séquence est éprouvante car elle immortalise la réalité brutale des faits survenus le 3 mars 2011.

Vous visionnerez cette séquence et vous entendrez le témoignage d'un expert qui viendra attester de son authenticité. Il confirmera qu'il ne s'agit pas d'un montage. Vous pourrez constater que de la fumée s'échappe du canon fixé sur un véhicule blindé des FDS lorsqu'il fait feu sur les manifestantes pacifiques.

L'Accusation prouvera, au-delà de tout doute raisonnable, que les FDS ont tué sept femmes le 3 mars 2011. Nous prouverons l'identité de ces victimes grâce aux témoignages de leurs proches et de leurs amis, et grâce aux analyses ADN. Ces femmes avaient un nom, c'étaient des mères, des filles, des sœurs et des épouses. Ces femmes, qui ont eu une mort violente, existaient bel et bien.

Elles ont grossi le nombre des victimes de la politique menée par tous les moyens par les accusés.

Monsieur le Président, Madame le juge, Monsieur le juge,

Malgré la gravité de ces crimes, aucune enquête officielle n'a été menée sur le meurtre de ces sept femmes. En réalité, aucune enquête n'a été véritablement menée sur quelque crime que ce soit commis par les FDS ou les jeunes, les miliciens et les mercenaires acquis à la cause de Gbagbo. Il n'y a eu que des dissimulations.

Le Président n'a jamais ordonné l'arrêt des meurtres, des violences physiques, des viols et des persécutions de civils perpétrés en son nom. Ses actes et son inaction délibérée ont conduit à la commission de ces crimes. Le 27 août 2010, M. Gbagbo a déclaré aux FDS : « Si des erreurs sont commises, nous gérerons la situation. » Et c'est ce qu'il a fait. Nous vous démontrerons comment il s'y est pris tout au long du procès.

Il été soutenu dans ses efforts par Charles Blé Goudé. Ce dernier n'a jamais enjoint aux jeunes de s'abstenir de recourir à quelque forme de violence physique que ce soit. Bien au contraire. Nous apporterons la preuve qu'en réalité, il est intervenu pour diriger leurs actions, pour leur dire de mieux s'organiser et de continuer à faire du « bon travail ».

Monsieur le Président, Madame le juge, Monsieur le juge,

Les forces pro-Gbagbo ont, entre autres :

- Blessé, tué et violé des manifestantes pacifiques ;
- Bombardé à l'artillerie des hommes, des femmes et des enfants dans leurs quartiers ; et
- Massacré des hommes et des garçons à des barrages routiers simplement en raison de leur identité et de leurs affiliations, simplement pour ce qu'ils étaient.

Les crimes en cause ont été commis en exécution du plan commun dont l'objectif était de maintenir Laurent Gbagbo au pouvoir à tout prix.

Conclusion

Monsieur le Président, Madame le juge, Monsieur le juge,

Je conclurai en disant que l'objectif de ce procès est d'obtenir justice pour les centaines de victimes des violences postélectorales survenues en Côte d'Ivoire et de s'assurer que les responsables de ces crimes ne bénéficieront d'aucune impunité, quel que soit leur pouvoir ou leur position.

Je réaffirme que les accusations qui seront au cœur de ce procès ne se rapportent qu'aux actes et à la responsabilité pénale individuelle de MM. Laurent Gbagbo et Charles Blé Goudé.

Elles ne sont en aucune manière portées contre le peuple de Côte d'Ivoire, ni contre l'une ou l'autre partie de la population, ni contre des groupes politiques, nationaux, ethniques ou religieux dans le pays.

Elles visent deux personnes accusées en application des dispositions du Statut de Rome et sur la base des éléments de preuve recueillis par l'Accusation.

La présente affaire est la première à parvenir au stade du procès dans le cadre de la situation en cause. D'autres suivront car notre détermination à poursuivre les principaux responsables des violences postélectorales commises dans ce pays, quel que soit leur camp ou appartenance politique, ne faiblit pas. Nous persévérerons jusqu'à ce que cette tâche soit accomplie.

Monsieur le Président, Madame le juge, Monsieur le juge,

Je vous remercie de votre attention. Si vous le permettez, je cède maintenant la parole à M. Eric MacDonald, qui va vous exposer plus en détail le dossier à charge et les moyens de preuve qui seront présentés à l'appui des accusations portées contre les deux accusés en l'espèce.

OTPNewsDesk@icc-cpi.int

Source : Bureau du Procureur : ICC Presse et média. Communiqués de presse. Déclaration liminaire du Procureur à l'ouverture du procès à

l'encontre de M. L. Gbagbo et M. Ch. Blé Goudé (Déclaration : 28/01/2016).
https://www.icc-cpi.int/fr_menus/icc/press%20and%20media/press%20releases/Pages/otp-stat-29-01-2016.aspx

Au deuxième jour du procès, le vendredi 29 janvier 2016, les parties civiles ont « brisé le silence » et se sont exprimées. Briser le silence enfin : voilà ce qu'attendent les victimes, selon Paolina Massidda, représentante légale des victimes dans cette affaire, où 726 victimes au total cherchent encore des réponses. Cette dernière a rappelé à quel point ces victimes étaient encore marquées physiquement ou psychologiquement, cinq ans après les faits : des hommes, des femmes et des enfants qui ont parfois vu leurs proches, « *froidement abattus sous leurs yeux* ». Selon ses dires, toutes les victimes insistent sur la cruauté des crimes commis et jugés à La Haye et aussi leur caractère systématique et généralisé parce que leurs auteurs ciblaient des quartiers entiers ou des communautés sans distinction. Elle a expliqué que certains auraient même été obligés de se cacher simplement, à cause de leurs noms de famille, en s'attardant sur des attaques qui auraient visé des lieux de culte, en particulier des mosquées.

Paolina Massidda est ensuite revenue sur l'histoire politique récente de la Côte d'Ivoire. Selon elle, en toile de fond de la crise qui explose fin 2010, il y a le concept d'*ivoirité* largement instrumentalisé dans les années 1990 par la classe politique semant la méfiance dans la population[72].

---

[72] *Laurent Gbagbo devant la CPI : les parties civiles «brisent le silence».* Par RFI. Publié le 29-01-2016. Modifié le 30-01-2016 à 06:20. Florence Morice, envoyée spéciale à La Haye. Source : http://www.rfi.fr/afrique/20160129-proces-laurent-gbagbo-ble-goude-cpi-justice-internationale-victimes-crimes

Au troisième jour du procès, le lundi 1er février 2016, la défense de Laurent Gbagbo a réagi vivement à ces déclarations et, en particulier, à la déclaration liminaire du Procureur. Voici ce que l'on peut retenir des grandes lignes du discours d'ouverture de la défense de l'ex-président, qui constitueront l'essentiel de la stratégie de défense :

La défense de Laurent Gbagbo s'est d'abord attaquée à l'argumentation du Procureur. Elle a regretté que le rôle des acteurs extérieurs à la crise ivoirienne (en particulier la France et le Burkina Faso) ne soit pas abordé.

Elle a également critiqué l'approche, selon elle, « ethnicisée » du Procureur, en rappelant le contexte de «conflit armé» dans lequel se sont déroulés les quatre événements mis en avant par l'Accusation, remettant en cause certains d'entre eux.

Les avocats de Laurent Gbagbo ont dressé un portrait sans concession des rebelles qui ont occupé le nord de la Côte d'Ivoire à partir de 2002, lesquels sont accusés de nombreuses exactions et ont permis l'arrivée au pouvoir d'Alassane Ouattara.

Enfin, les défenseurs de Gbagbo ont tenté de démonter les modes de responsabilité (c'est-à-dire les niveaux de responsabilité) retenus contre lui[73]. Dans les détails, voici, pêle-mêle, quelques déclarations fortes de la défense de l'accusé.

Le conseil principal de Laurent Gbagbo, Me Emmanuel Altit, a clairement affiché sa position, qui consistera durant ce procès à « *combler les silences du procureur, donner à voir un autre scénario* ». Pour lui, « *la*

---

[73] *CPI : à La Haye, la défense de Gbagbo pointe le rôle de la France et du Burkina.* 01 février 2016 à 10h12 — Mis à jour le 01 février 2016 à 17h25. Par Vincent Duhem.
Source : http://www.jeuneafrique.com/298608/societe/cpi-proces-gbagbo-ble-goude-parole-a-defense-suivez-direct/

préméditation est avérée, Alassane Ouattara et ses soutiens voulaient se saisir du pouvoir par la force et la bataille d'Abidjan est la mise en application de cette stratégie ». « *En les faisant disparaitre du récit, veut-on faire oublier que l'armée de combattants pro-Ouattara venue du Nord à la fin du mois de mars 2011 avait laissé derrière elle un sillage de sang, commettant des massacres innombrables ?* ». « *Peut-être veut-on faire oublier qu'à leur arrivée à Abidjan, ces soldats s'étaient livrés à toutes sortes de crimes sur la population, dont des viols massifs. Veut-on faire oublier les crimes, les pillages et les viols dont s'étaient aussi rendus coupables à Abidjan dès décembre 2010 soldats et mercenaires pro-Ouattara ?* ».

A propos du rôle de la France dans cette crise, Me Altit a développé une thèse contraire à celle de l'Accusation. Niant que son client ait établi dès les années 2000 un plan meurtrier pour se maintenir au pouvoir, il a renvoyé l'Accusation sur Alassane Ouattara, accusé d'avoir préparé sa prise de pouvoir par la force, avec l'aide de mercenaires recrutés dès début 2010 au Burkina Faso : « *Si ce sont les forces de sécurité qui étaient attaquées, tout le récit du procureur s'écroule et les preuves en ce sens sont innombrables. Si ce sont des groupes d'assaillants, organisés militairement et lourdement armés, qui lançaient des attaques et qu'une stratégie visant la prise du pouvoir par la force est discernable, alors le récit du procureur s'écroule* ».

Me Altit a souligné, en renvoyant également à M. Ouattara l'argument de la préméditation brandie par le Procureur contre Laurent Gbagbo, que : « *Si ces groupes de soldats et mercenaires ont été, dès avant les élections, infiltrés à Abidjan pour certains, transférés à l'hôtel du Golfe pour d'autres, organisés dans le nord du pays en vue de l'assaut final pour les derniers, alors la préméditation est avérée* ». L'avocat principal reproche au Procureur de la CPI d'avoir ignoré les exactions commises, selon lui, par les forces pro-Ouattara et le rôle joué par la France dans cette crise. Il accuse Paris d'avoir fourni des armes aux forces pro-Ouattara malgré un embargo décrété par l'ONU, et d'avoir appuyé en sous-main l'offensive qui a mené à la chute de Laurent Gbagbo en avril 2011[74].

Les avocats de Laurent Gbagbo ont présenté leur client comme un « *démocrate* », un homme de « *paix* » et une victime de la « Françafrique ». Selon eux, les forces françaises ont cherché à « *punir* » l'ex-président pour avoir voulu s'opposer à l'ingérence de l'ancienne puissance coloniale, qui ne voulait pas d'une paix négociée.

Jennifer Naouri, l'une des avocates de l'ex-chef d'Etat, a déclaré : « *L'accord signé sous le nom d'* "accord de défense" *donne la priorité de l'exploitation des ressources du pays à la France. C'est pour avoir envisagé de le remettre en question, ainsi que de remettre en question le système du franc CFA, que Laurent Gbagbo sera condamné à la destitution par les autorités françaises* ».

Sur les fondements d'une vraie réconciliation et estimant que Laurent Gbagbo serait victime de la Françafrique, Emmanuel Altit a ainsi déclaré : « *Il est donné à des juges internationaux et indépendants le pouvoir de dire non, le pouvoir de condamner les manœuvres d'intérêts économiques et politiques puissants* […]. *En proclamant la vérité, vous rendrez son histoire à la Côte d'Ivoire, vous rendrez leur dignité aux*

[74] *CPI : le camp Gbagbo contre-attaque et charge les soutiens de Ouattara*. Par RFI. Publié le 01-02-2016. Modifié le 01-02-2016 à 18:07. Source : http://www.rfi.fr/afrique/20160201-cpi-le-camp-gbagbo-contre-attaque-charge-soutiens-ouattara

Ivoiriens et vous poserez enfin les fondements d'une vraie réconciliation »[75].

Des signes de tension à la CPI ont été rapportés notamment par RFI, sous le titre « *Procès Gbagbo : bourde de la CPI qui diffuse le nom de témoins protégés* ».

Voici un extrait de ce texte :

Dans une vidéo de près de trois minutes, la parole est donnée au substitut du procureur, Eric Mc Donald. Alors que décision a été prise de continuer l'audience à huis clos, la retransmission du procès continue.

On entend le substitut du procureur faire part de son inquiétude concernant les blogueurs qui suivent de près le procès dans les couloirs de la CPI et qui commentent en direct les audiences sur Twitter. « *Ces derniers cherchent à savoir qui se cachent derrière les témoins 9, 10 et 11* », explique Eric Mc Donald. A la suite de quoi le substitut du procureur divulgue lui-même l'identité des témoins.

Il évoque aussi le cas numéro 44 et dévoile là encore son nom, ajoutant : « *Son nom est confidentiel, il est sous le sceau de la*

---

[75] *CPI : Laurent Gbagbo victime de la Françafrique, selon ses avocats.* Par RFI. Publié le 02-02-2016. Modifié le 02-02-2016 à 09:33.
Source : http://www.rfi.fr/afrique/20160202-proces-gbagbo-defense-antipodes-accusations -cpi-altit-ouattara-cote-ivoire
Voir aussi : *Procès Gbagbo : la défense accuse Ouattara d'avoir pris le pouvoir avec l'aide de la France.* Texte par France 4. Avec AFP. Première publication : 01/02/2016. Dernière modification : 01/02/2016. Source : http://www.france24.com/fr/20160201-proces-laurent-gbagbo-cpi-defense-ouattara-pouvoir-force-aide-france-cote-ivoire ; *Procès Gbagbo : la défense accuse la France d'avoir porté Ouattara au pouvoir.* Le Monde.fr avec AFP. Le 01/02/2016 à 16h29. Mis en ligne le 01/02/2016 à 19h51. Source :
http://www.lemonde.fr/afrique/article/2016/02/01/proces-gbagbo-la-defense-accuse-la-france-d-avoir-porte-ouattara-au-pouvoir_4857369_3212.html

protection et ne peut donc pas être révélé au public alors j'implore la chambre pour voir comment nous allons faire pour gérer cela », souligne le substitut du procureur.

Embarras.

Des noms qui sont donc désormais connus du public. L'enregistrement a très rapidement été mis en ligne sur internet et fait depuis le tour des réseaux sociaux. Cette affaire, inédite, plonge la Cour pénale internationale dans l'embarras. Au bureau de la procureure, on parlait d'ailleurs de « *catastrophe* ».

Même si officiellement on cherche à minimiser les conséquences d'une telle erreur sur la suite du procès et sur la sécurité des témoins. « *A ce stade, nous n'avons pas d'informations qui laissent penser qu'il y aura une quelconque conséquence sur le procès*, affirme Pascal Turlan, conseiller au bureau du procureur de la CPI. *La procédure va continuer sous le même régime concernant certains témoins, sous un régime d'auditions publiques pour d'autres témoins, mais nous ne pouvons pas dire aujourd'hui qu'il y aura des conséquences dans un sens ou dans un autre dans ce procès. (...) Ce régime [de huis clos] reste valable et donc il y a une interdiction qui reste en vigueur de diffuser ou de commenter le nom des témoins protégés dans cette affaire* »[76].

De son côté, France 24 a signalé que la CPI a ouvert une enquête, samedi 6 février 2016, pour déterminer comment les noms des témoins concernés ont été dévoilés par erreur. Selon France 24, ceci constituait la « deuxième erreur en moins de 48 heures ». Et d'expliquer :

La protection des témoins dans le cadre des procès devant la justice internationale est cruciale. Nombreux redoutent des représailles s'ils témoignent contre ceux qui sont jugés et la

---

[76] *Procès Gbagbo : bourde de la CPI qui diffuse le nom de témoins protégés.* Par RFI. Publié le 06-02-2016. Modifié le 06-02-2016 à 05:26. Source : http://www.rfi.fr/afrique/20160206-proces-gbagbo-bourde-cpi-diffuse-nom-temoins-proteges-huis-clos

CPI tente de cacher leur identité, certains changeant de pays à plusieurs reprises pour démarrer une nouvelle vie.

Déjà mercredi, au cinquième jour du procès de Laurent Gbagbo et Charles Blé Goudé, une erreur similaire avait eu lieu : le premier témoin de l'accusation, identifié sous le matricule P547, a accidentellement donné son nom alors qu'il racontait comment les forces loyales à l'ex-président ivoirien avaient ouvert le feu sur des manifestants non armés. Le juge Tarfusser avait immédiatement mis fin à l'audition et ordonné aux journalistes de ne pas citer le nom de ce témoin[77].

Le lundi 8 février 2016, le juge Cuno Tarfusser, qui préside la Chambre de première instance I chargée de juger l'affaire Gbagbo-Blé Goudé, a présenté ses excuses, pour cette erreur, au nom de la CPI[78]. RFI a rapporté les

---

[77] *Procès Gbagbo : la CPI révèle par erreur l'identité de témoins protégés*. Texte par France 24. *Avec AFP*. Première publication : 06/02/2016. Dernière modification : 06/02/2016.
Source : http://www.france24.com/fr/20160206-proces-gbagbo-cpi-noms-temoins-revele-erreur-proteges-bourde-ble-goude.
Voir aussi : *Nouvel impair au procès de Laurent Gbagbo, la CPI va enquêter*. Par Stéphanie Maupas. Le Monde.fr avec AFP, le 06/02/2016 à 11h55. Mis à jour le 06/02/2016 à 15h21.
Source : http://www.lemonde.fr/afrique/article/2016/02/06/nouvel-impair-au-proces-de-laurent-gbagbo_4860710_3212.html ;

Procès Gbagbo : l'identité de 4 témoins protégés dévoilée, la CPI enquête. AFP. Publié le samedi 06 février 2016 à 15h16 - Mis à jour le samedi 06 février 2016 à 15h17.
Source :http://www.lalibre.be/actu/international/proces-gbagbo-l-identite-de-4-temoins-proteges-devoilee-la-cpi-enquete-56b5ff763570b1fc10f684ac ; *Procès Gbagbo : la bourde du témoin P547 et les soupçons du juge*. Par Stéphanie Maupas. Le Monde, le 04/02/2016 à 10h41. Mis à jour le 04/02/2016 à 11h22. Source : http://www.lemonde.fr/afrique/article/2016/02/04/proces-gbagbo-la-bourde-du-temoin-p547-et-les-soupcons-du-juge_4859285_3212.html
[78] *La CPI présente ses excuses pour une terrible erreur*. Par Marie-France Cros. Publié le lundi 08 février 2016 à 14h51 - Mis à jour

propos suivants, attribués au juge Cuno Tarfusser, qui aurait signifié :

« *La Chambre ne veut pas donner l'impression de continuer comme si rien ne s'était passé vendredi dernier, l'impression que nous n'avons pas pris la mesure de ce qui est arrivé. Ce qui s'est passé est extrêmement grave. La Chambre et toute la Cour pénale internationale d'ailleurs présente ses excuses aux personnes dont les noms ont été rendus publics* ». « *C'est d'une telle gravité que nous avons demandé une enquête interne pour savoir comment cela a pu arriver. On ne sait pas pour l'instant si c'est de l'incompétence, de la stupidité, de la négligence ou je ne sais quoi... et je ne veux même pas me lancer dans des conjectures. Nous attendons le rapport pour savoir exactement ce qui s'est passé* »[79].

Nul ne peut nier le caractère politique du procès de Laurent Gbagbo. Mais les considérations juridiques doivent l'emporter sur les considérations politiques. Sans oublier les victimes, le monde appelle la Cour pénale internationale à juger Laurent Gbagbo et Charles Blé Goudé en toute indépendance et en toute impartialité conformément au droit. En tant qu'organe judiciaire, la CPI devrait toujours s'exprimer dans l'optique du droit et,

---

le lundi 08 février 2016 à 14h54. Source : http://www.lalibre.be/actu/international/la-cpi-presente-ses-excuses-pour-une-terrible-erreur-56b89d003570b1fc110064da ; *Audiences tendues au procès de Laurent Gbagbo devant la CPI.* Par Stéphanie Maupas (La Haye, correspondance). Le Monde.fr Le 09/02/2016 à 19h45. Mis à jour le 09/02/2016 à 20h11.
Source : http://www.lemonde.fr/afrique/article/2016/02/09/audiences-tendues-au-proces-de-laurent-gbagbo-devant-la-cpi_4862311_3212.html

[79] *Procès Gbgabo : le mea culpa de la CPI sur l'affaire des témoins.* Par RFI. Publié le 09-02-2016. Modifié le 09-02-2016 à 07:07. Source : http://www.rfi.fr/afrique/20160209-proces-gbagbo-cpi-temoins-excuses-mea-culpa

partant, s'acquitter de ses fonctions dans les limites des paramètres dictés par les textes qui la régissent.

On ne peut préjuger à ce stade du sort de Laurent Gbagbo à l'issue du procès. Néanmoins, au regard des éléments exposés dans ce livre, on peut raisonnablement estimer à 50% la probabilité pour l'accusé d'être libéré ou acquitté et à 50% celle d'être condamné. Avec toutefois un léger avantage en faveur de la libération ou de l'acquittement en l'état de son dossier et de ses perspectives à la date d'ouverture du procès.

TABLE DES MATIERES

INTRODUCTION 7
Laurent Gbagbo 7
Charles Blé Goudé 11
Jonction des affaires concernant Laurent Gbagbo et Charles Blé Goudé 12

Chapitre 1. COMPETENCE DE LA COUR PENALE INTERNATIONALE ET RECEVABILITE 19

Déclaration du 14 décembre 2010 22
Déclaration du 18 avril 2003 23

Chapitre 2. RAPPORT DE LA COMMISSION D'ENQUETE INTERNATIONALE DE L'ONU SUR LA COTE D'IVOIRE 31

Section 1. Conclusions : les deux camps (pro-Gbagbo et pro-Ouattara) ont commis de nombreuses violations des droits de l'homme et du droit international humanitaire dont certaines pourraient constituer des crimes contre l'humanité et des crimes de guerre 34

a) Responsabilités partagées 34
1) Responsabilité de l'Etat Ivoirien 35
2) Responsabilité d'acteurs non étatiques et responsabilités individuelles 36
b) Autres éléments des conclusions de la Commission d'enquête 37
c) Description, qualification des faits et nomenclature des crimes commis 38
1) Description des faits 39
2) Qualification des faits et nomenclature des crimes commis 45
2.1. Violations des droits de l'homme 45
2.2. Violations du droit humanitaire international 62

2.3. Violations du droit pénal international............63
3) Inquiétudes sur la situation des droits de l'homme en Côte d'Ivoire..64

Section 2. Recommandations..65

a) Recommandations au gouvernement ivoirien...........66
b) Recommandations au Conseil des droits de l'homme..67
c) Recommandations au Haut-Commissariat des Nations Unies pour les droits de l'homme.........67
d) Recommandations à l'Organisation des Nations Unies, aux organisations humanitaires et à la communauté internationale en général..68

Chapitre 3. RECONCILIATION NATIONALE......................69

Section 1. Du point de vue du droit, le procès de Laurent Gbagbo devant la Cour pénale internationale est censé aider à la réconciliation nationale....................................71

Section 2. Dans les faits, le procès de Laurent Gbagbo n'aide pas à la réconciliation nationale...........................73

a) L'influence non négligeable de Gbagbo....................73
b) Les cicatrices vivaces de l'ère Gbagbo......................80
c) Une « justice des vainqueurs » ?..............................80

Chapitre 4. VICTOIRE D'ETAPE POUR LAURENT GBAGBO...83

Section 1. Reports successifs de l'audience de confirmation des charges..84

Section 2. Période de référence concernant l'enquête du Procureur...84

Section 3. Gbagbo « indigent »..87

Section 4. La riposte du Procureur...................................88

Section 5. Renforcement des stratégies de l'Accusation et de la Défense 90

Section 6. Conférence de mise en état du 4 novembre 2014 concernant l'affaire Gbagbo 91

Section 7. Conférence de mise en état du 21 avril 2015 concernant l'affaire *Le Procureur c. Laurent Gbagbo et Charles Blé Goudé* 94

Section 8. Ouverture du procès : 28 janvier 2016 97

Chapitre 5. L'EPREUVE DES FAITS ET DU DROIT ET QUESTIONS SENSIBLES 101

Section 1. Faits et qualification juridique des faits reprochés à Laurent Gbagbo tels que confirmés par la Chambre préliminaire I et droit applicable 101

I. Faits et circonstances décrits dans les charges et confirmés par la Chambre 103

II. Qualification juridique des faits 108

Section 2 Les modes de responsabilité 110

a) Laurent Gbagbo aurait engagé sa responsabilité pénale individuelle, en tant que coauteur indirect, au sens de l'article 25-3-a du Statut de la CPI 110

b) Responsabilité pénale individuelle pour avoir ordonné, sollicité ou encouragé la commission de ces crimes 111

c) Responsabilité pénale individuelle pour avoir contribué de toute autre manière à la commission ou à la tentative de commission des crimes par un groupe de personnes agissant de concert 112

d) Absence de responsabilité en vertu de l'article 28 (a) et (b) du Statut de Rome 113

e) Différence entre les modes de responsabilité de l'article 25 et de l'article 28 115

f) Pouvoir de la Chambre de première instance de modifier la qualification juridique des faits 115

Section 3. Opinion dissidente de la Juge Van den Wyngaert : impact sur le déroulement du procès du point de vue de la Défense 117

Section 4. Questions sensibles 129

1. *Quel est le droit applicable à la responsabilité pénale individuelle en vertu de l'article 25-3-a du Statut de Rome ?* 132

2. *Y avait-il un plan ou un accord commun visant à maintenir Laurent Gbagbo au pouvoir par tous les moyens nécessaires ?* 141

a) Le plan ou l'accord commun 142
b) La contribution essentielle 145
c) L'élément psychologique 153
d) Conclusions de la Chambre 157

3. *Du 27 novembre 2010 jusqu'au 12 avril 2011 ou vers cette date, à Abidjan, les forces pro-Gbagbo ont-elles mené une attaque généralisée et systématique contre la population civile considérée comme soutenant Alassane Ouattara et les actes de Laurent Gbagbo se sont-ils inscrits dans le cadre de cette attaque ?* 160

4. *Les forces pro-Gbagbo (forces de défense et de sécurité, jeunes pro-Gbagbo, miliciens et mercenaires) ont-elles été utilisées en vue de maintenir Laurent Gbagbo à la Présidence ? Autrement dit, peut-on déduire la concertation criminelle de la collaboration entre Gbagbo, son entourage immédiat et les forces pro-Gbagbo au niveau personnel et au niveau de la coordination institutionnelle ?* 171

a) Sur la collaboration entre Gbagbo, son entourage immédiat et les forces pro-Gbagbo au niveau personnel 173

b) Sur la coordination institutionnelle et l'utilisation des forces pro-Gbagbo 177

5. *Les crimes reprochés à Laurent Gbagbo auraient-ils été commis pour des motifs d'ordre politique, national, ethnique ou religieux ?* 179

6. *Laurent Gbagbo serait-il pénalement responsable des crimes qui lui sont reprochés pour avoir, subsidiairement, au sens de l'article 25-3-d du Statut de Rome, contribué « de toute autre manière » à la commission de ces crimes ?* 182

7. *Quel est le droit applicable aux crimes contre l'humanité reprochés à Laurent Gbagbo que constituent le meurtre, le viol, les autres actes inhumains ou tentative de meurtre et la persécution ?* 206

7.1. Meurtre et viol constituant des crimes contre l'humanité (Chefs 1 et 2).. 207

7.2. Autres actes inhumains ou tentative de meurtre constituant des crimes contre l'humanité (Chef 3) ... 221

7.3. Persécution constituant un crime contre l'humanité (Chef 4) 223

8. *Quid des quatre événements survenus à Abidjan au cours desquels les forces pro-Gbagbo auraient commis des crimes retenus contre Laurent Gbagbo ?* 230

9. *Pourquoi le président Ouattara et des membres de son camp ne sont-ils pas traduits devant la CPI ?* 231

a) Le président Ouattara peut-il, en droit et en fait, être traduit devant la Cour pénale internationale ? 232
1. En droit 233

1.1. Défaut de pertinence de la qualité officielle 233
1.2. Responsabilité pénale en qualité de président de la République, de chef de l'Etat et de supérieur hiérarchique de la nouvelle armée ivoirienne (FRCI)..234

2. En fait : principaux obstacles..............................237
2.1. Probable protection juridico-politique de la communauté internationale 238
2.2. Caractère complémentaire de la CPI et obligation de coopération des Etats avec la Cour..................238

b) Les proches du président Ouattara peuvent-ils, en droit et en fait, être traduits devant la Cour pénale internationale ?...240

10. *Qu'en est-il de l'affaire ICC-02/11-01/12* Le Procureur c. Simone Gbagbo *? Quelles incidences sur l'affaire* Laurent Gbagbo et Charles Blé Goudé *?* 242

11. *Présomption d'innocence et autres droits de l'accusé* 254

12. *Quel sort pour Laurent Gbagbo ?* 257

Côte d'Ivoire

aux éditions L'Harmattan

Dernières parutions

BUDGET (LE) DE L'ÉTAT IVOIRIEN
Financer le développement
Kouyaté Mohamed D. - Préface de Daniel Kablan Duncan
Cet ouvrage dédié au budget de l'État participe de la mise en oeuvre de la stratégie de vulgarisation d'un concept largement sanctuarisé. Il veut s'essayer à la cristallisation des enseignements relatifs aux finances publiques de l'État de Côte d'Ivoire vue sous l'angle du budget. Ce livre est une invite à explorer davantage les différentes composantes de ce redoutable instrument de politique économique et sociale qu'est le budget de l'État.
(Coll. Harmattan Côte-d'Ivoire, 32.00 euros, 314 p.)
ISBN : 978-2-343-03852-0, ISBN EBOOK : 978-2-336-36495-7

CÔTE D'IVOIRE : LE VOILE EST DÉCHIRÉ
Doué Jean Jaurès - Préface d'Arsène Touho - Postface de Me Seri Zokou
La crise militaire et politique qui a secoué la Côte d'Ivoire de 2002 à 2011 a été le choc entre deux Côte d'Ivoire antagoniques : celle qui aspire à naître et celle vassalisée qui refuse de disparaître. Les acteurs de cette crise doivent assumer devant l'histoire leurs responsabilités. Et cela passe par la restitution des faits. C'est à cela que répond ce livre.
(16.50 euros, 162 p.)
ISBN : 978-2-343-04862-8, ISBN EBOOK : 978-2-336-36646-3

CÔTE D'IVOIRE (LA) FACE AU DÉFI DE LA SORTIE DE LA CRISE
Théorie et pratique des médiations africaines et débats actuels
Edou Mvelle Alain-Roger
Préface de Jean-Emmanuel Pondi ; Postface de Marcellin Nguele Abada
La problématique de ce livre tourne autour de l'apport de la diplomatie intergouvernementale africaine à la résolution de la crise ivoirienne. Partant d'une réflexion sur l'africanité des solutions offertes, l'auteur propose un modèle de décryptage du fonctionnement de la médiation à travers la routinisation d'un mouvement circulaire entre les parties au conflit et les tiers : la «roue de la médiation».
(Coll. Harmattan Cameroun, 23.00 euros, 228 p.)
ISBN : 978-2-343-05162-8, ISBN EBOOK : 978-2-336-36735-4

DROIT DES TRANSPORTS MARITIMES

Dakouri Jean-Claude

Cet ouvrage inclut les plus récentes dispositions du droit maritime ivoirien et des conventions internationales. Il présente les conventions internationales qui régissent la navigation sur la mer, les dispositions qui favorisent le financement des navires et la garantie des investisseurs ainsi que celles qui décrivent les relations entre assureurs, armateurs et autres opérateurs intervenant dans l'exploitation des bâtiments de mer marchands.

(Coll. Le droit en marche, 28.50 euros, 290 p.)

ISBN : 978-2-343-04868-0, ISBN EBOOK : 978-2-336-36521-3

ÈRE (L') DE L'ÉCONOMIE DES PLANTATIONS EN CÔTE D'IVOIRE (1900-1983)

Settie Louis E.

Depuis les années 60, «la prospérité de la Côte d'Ivoire repose sur l'agriculture» ; nombreux sont ceux qui ne voient que le café et le cacao, alors qu'il y a eu des cultures comme le coton, l'ananas, la banane, la canne à sucre, l'hévéa, le palmier à huile, avec la politique de diversification des cultures des pouvoirs publics de l'époque. C'est pourquoi cette période a été qualifiée «d'ère de l'économie des plantations». Comment celle-ci s'est mise en place ? Et comment a-t-elle évolué ?

(Coll. Harmattan Côte-d'Ivoire, 14.00 euros, 130 p.)

ISBN : 978-2-343-04072-1, ISBN EBOOK : 978-2-336-36657-9

MALADIE (LA) CHEZ LES KROU DE CÔTE D'IVOIRE

De la mémoire à l'histoire des représentations collectives

Tchero Joachim - Préface de Simon-Pierre Ekanza

Cet ouvrage permet de saisir la représentation de la maladie chez les Krou à travers un double concept : tantôt religieux d'un blâme par les puissances célestes, tantôt maléfique d'un pouvoir occulte par le sorcier. La maladie est insérée dans l'histoire d'une personne et la connaissance des maux est ainsi basée sur des jugements de valeur. Le thérapeute n'est qu'un guide et le traitement thérapeutique, une «médiation» entre le justicier et le coupable (le malade).

(Coll. Harmattan Côte-d'Ivoire, 21.50 euros, 216 p.)

ISBN : 978-2-343-04964-9, ISBN EBOOK : 978-2-336-36477-3

FEMMES VICTIMES DE VIOLENCES PENDANT LES CONFLITS

Sofia, la belle solitude

Récit

Sastre Danièle

Ce livre retrace le parcours d'une jeune femme ivoirienne ayant été contrainte de quitter son pays en y laissant ses enfants, après avoir été victime de violences sexuelles perpétrées par un groupe armé. Sofia, 32 ans, après un long périple, découvre en France l'accueil froid fait aux réfugiés victimes de violations des droits humains. Puis, grâce à sa vitalité, à son courage et à l'aide d'associations, elle apprend petit à petit à vivre une nouvelle vie de femme, de mère et de citoyenne.

(10.00 euros, 68 p.)

ISBN : 978-2-343-04762-1, ISBN EBOOK : 978-2-336-36319-6

MUTUELLES (LES) DE DÉVELOPPEMENT EN CÔTE D'IVOIRE
Idéologie de l'origine et modernisation villageoise
Yao Gnabéli Roch
Préface de Laurent Bazin
«Mutuelles de développement» est le nom générique qu'ont pris en Côte d'Ivoire les associations regroupant cadres et travailleurs originaires d'un même village ou d'une même région. Comment expliquer la permanence de tels groupements ? Pourquoi leurs organisateurs doivent-ils sans relâche réunir, interpeller les membres villageois ou citadins pour obtenir leur participation ? Les mutuelles de développement constituent en Côte d'Ivoire des dispositifs sociaux où se fabrique l'ancrage des rapports sociaux et politiques.
(Coll. Anthropologie Critique, 25.00 euros, 256 p.)
ISBN : 978-2-343-04765-2, ISBN EBOOK : 978-2-336-36388-2

LAURENT GBAGBO : LA PASSION D'UNE ESPÉRANCE DÉMOCRATIQUE
Dagbo Raphaël
Préface de Alain Cappeau
L'Afrique de l'Ouest a été balkanisée pour répondre aux besoins de colonies d'exploitation que voulaient les colonisateurs. Ils en ont fait un espace de micro-États peu fiables politiquement et économiquement. Les nombreux coups d'État, pilotés de l'extérieur ou non, en sont la triste illustration. La Côte d'Ivoire qui faisait partie des exceptions bascule à son tour dans l'engrenage infernal en 1999. Au milieu d'un tableau d'apocalypse, la voix de Laurent Gbagbo se fait fortement entendre.
(Coll. Afrique liberté, 25.00 euros, 248 p.)
ISBN : 978-2-343-03243-6, ISBN EBOOK : 978-2-336-36072-0

BÔGÔBLÔ (LE)
Musique dans la société Atchan (Côte d'Ivoire)
Djoke Théophile Bodjé
Le bôgôblô est un instrument ancestral de prédilection du peuple Atchan, dont l'auteur est natif. Dans cet ouvrage, il développe des aspects de la musique du bôgôblô des Tchaman propres à la société Atchan, à savoir la musique de réjouissance, la musique funéraire et la musique militaire.
(Coll. Harmattan Côte-d'Ivoire, 15.50 euros, 150 p.)
ISBN : 978-2-336-30576-9, ISBN EBOOK : 978-2-336-35762-1

GUERRE (LA) EN CÔTE D'IVOIRE
Récits et réflexions pour sortir des sentiers battus
Kouadio Jean
Le 19 septembre 2002, quand éclate ce que certains observateurs et analystes ont qualifié de «La guerre de la France contre la Côte d'Ivoire», le jeune prêtre d'alors qu'est le père Kouadio Jean sent une révolte sourdre en lui. Il s'engage aux côtés des patriotes qui luttent pour libérer le pays de l'emprise néocoloniale. Il se met donc à réfléchir sur l'impérialisme et ses conséquences dans le monde et surtout dans celui des peuples pauvres et humiliés, et exprime ses réflexions.
(Coll. Études africaines, 16.50 euros, 160 p.)
ISBN : 978-2-343-03510-9, ISBN EBOOK : 978-2-336-35964-9

CÔTE D'IVOIRE (LA), D'UNE CRISE À L'AUTRE
Sous la direction de Viti Fabio
Le caractère composite de ces approches fait de ce recueil une contribution interdisciplinaire : politistes, anthropologues, sociologues, donnent une lecture croisée des évènements qui ont profondément secoué la Côte d'Ivoire. Il s'agit ici d'élargir le regard, de l'actualité immédiate à une plus longue durée, comprenant la colonisation jusqu'à la dernière crise postélectorale de 2010-2011.
(24.00 euros, 246 p.)
ISBN : 978-2-343-02959-7, ISBN EBOOK : 978-2-336-35346-3

CÔTE D'IVOIRE
Sous le règne du faux
Holy Bedi
«Le monde est faux» aurait écrit l'écrivain malien Yambo Ouologuem, qui traîne aujourd'hui dans les rues parmi les nombreux malheureux que ce monde faux n'arrive pas à intégrer. La fausse apparence est devenue le modèle de vie, la tricherie et la fourberie ont été élevées au rang de règle, on a fait de la duplicité une méthode de réussite, de la prostitution une preuve de capacité d'attirance et de la corruption un système de régulation des relations au quotidien : l'imposture dans ce monde est grande ! Et elle l'est encore plus en Afrique.
(Coll. Afrique liberté, 14.00 euros, 130 p.)
ISBN : 978-2-343-03551-2, ISBN EBOOK : 978-2-336-35548-1

COMMERCE (LE) DANS LA RÉGION DE MAN
Côte d'Ivoire (1896-1940)
Sohi Blesson Florent
À l'époque ancienne, le commerce met en mouvement des populations aussi diverses que les Bété, les Gouro, les Toura, les Guéré, les Wobé et les Yacouba, sur leur quête de produits de consommation courante mais aussi dans l'acquisition de biens rares et convoités. Le commerce colonial se greffe à ces échanges anciens, accroissant la misère et les souffrances des populations. L'auteur souligne ici les ruptures diverses introduites dans la société «Dan-Wè» à l'avènement de ce commerce colonial.
(Coll. Racines du Présent, 41.00 euros, 434 p.)
ISBN : 978-2-343-03789-9, ISBN EBOOK : 978-2-336-35636-5

CÔTE D'IVOIRE : ON IRA JUSQU'AU BOUT !
Ohouochi Clotilde
«On ira jusqu'au bout» est la célèbre formule lancée par le président Laurent Gbagbo lors de sa première comparution à la Cour pénale internationale, en décembre 2011. Cette formule est reprise en écho par Clotilde Ohouochi qui raconte comment, en tant que personnalité proche de Laurent Gbagbo, elle a vécu les douloureux événements de la guerre postélectorale.
(Coll. IREA (Institut de recherche et d'études africaines), 19.00 euros, 194 p.)
ISBN : 978-2-343-00622-2, ISBN EBOOK : 978-2-296-53899-3

L'HARMATTAN ITALIA
Via Degli Artisti 15; 10124 Torino
harmattan.italia@gmail.com

L'HARMATTAN HONGRIE
Könyvesbolt ; Kossuth L. u. 14-16
1053 Budapest

L'HARMATTAN KINSHASA
185, avenue Nyangwe
Commune de Lingwala
Kinshasa, R.D. Congo
(00243) 998697603 ou (00243) 999229662

L'HARMATTAN CONGO
67, av. E. P. Lumumba
Bât. – Congo Pharmacie (Bib. Nat.)
BP2874 Brazzaville
harmattan.congo@yahoo.fr

L'HARMATTAN GUINÉE
Almamya Rue KA 028, en face
du restaurant Le Cèdre
OKB agency BP 3470 Conakry
(00224) 657 20 85 08 / 664 28 91 96
harmattanguinee@yahoo.fr

L'HARMATTAN MALI
Rue 73, Porte 536, Niamakoro,
Cité Unicef, Bamako
Tél. 00 (223) 20205724 / +(223) 76378082
poudiougopaul@yahoo.fr
pp.harmattan@gmail.com

L'HARMATTAN CAMEROUN
BP 11486
Face à la SNI, immeuble Don Bosco
Yaoundé
(00237) 99 76 61 66
harmattancam@yahoo.fr

L'HARMATTAN CÔTE D'IVOIRE
Résidence Karl / cité des arts
Abidjan-Cocody 03 BP 1588 Abidjan 03
(00225) 05 77 87 31
etien_nda@yahoo.fr

L'HARMATTAN BURKINA
Penou Achille Some
Ouagadougou
(+226) 70 26 88 27

L'HARMATTAN SÉNÉGAL
10 VDN en face Mermoz, après le pont de Fann
BP 45034 Dakar Fann
33 825 98 58 / 33 860 9858
senharmattan@gmail.com / senlibraire@gmail.com
www.harmattansenegal.com

L'HARMATTAN BÉNIN
ISOR-BENIN
01 BP 359 COTONOU-RP
Quartier Gbèdjromèdé,
Rue Agbélenco, Lot 1247 I
Tél : 00 229 21 32 53 79
christian_dablaka123@yahoo.fr

Achevé d'imprimer par Corlet Numérique - 14110 Condé-sur-Noireau
N° d'Imprimeur : 126262 - Dépôt légal : février 2016 - *Imprimé en France*

www.ingramcontent.com/pod-product-compliance
Lightning Source LLC
LaVergne TN
LVHW011253061026
849535LV00005B/1238